古典文獻研究輯刊

三四編

潘美月・杜潔祥 主編

第39冊

肩水金關漢簡分類校注
（第二冊）

王錦城 著

國家圖書館出版品預行編目資料

肩水金關漢簡分類校注（第二冊）／王錦城 著 -- 初版 -- 新
北市：花木蘭文化事業有限公司，2022〔民111〕
目 2+262 面；19×26 公分
（古典文獻研究輯刊 三四編；第 39 冊）
ISBN 978-986-518-894-8（精裝）
1.CST：居延漢簡 2.CST：簡牘文字
011.08　　　　　　　　　　　　　　　　110022688

ISBN-978-986-518-894-8

9 789865 188948

古典文獻研究輯刊
三四編　第三九冊　　　　　ISBN：978-986-518-894-8

肩水金關漢簡分類校注（第二冊）

作　　者	王錦城
主　　編	潘美月、杜潔祥
總 編 輯	杜潔祥
副總編輯	楊嘉樂
編輯主任	許郁翎
編　　輯	張雅淋、潘玟靜、劉子瑄　美術編輯　陳逸婷
出　　版	花木蘭文化事業有限公司
發 行 人	高小娟
聯絡地址	235 新北市中和區中安街七二號十三樓
	電話：02-2923-1455／傳真：02-2923-1452
網　　址	http://www.huamulan.tw 信箱 service@huamulans.com
印　　刷	普羅文化出版廣告事業
初　　版	2022 年 3 月
定　　價	三四編 51 冊（精裝）台幣 130,000 元　　版權所有 · 請勿翻印

肩水金關漢簡分類校注
（第二冊）

王錦城　著

目

次

第二冊

肩水金關 T10

☑行乎外之胃行道☐者☐☐最　　　　　　　　　73EJT10：2A

☑……卅三☐冊三　　　　　　　　　　　　　　73EJT10：2B

☑壬☐通道廄〔1〕佐敢言之：謹移穀出入簿……　　　73EJT10：3

【校釋】

「通道廄佐」原作「☐☐☐富☐」，「出入簿」原未釋，李均明（2011E）、姚磊（2017H5）釋。

【集注】

〔1〕通道廄：李均明（2011E，256～266）：「通道」具交通要道之義，《漢書・鼂錯傳》：「平地通道，則以輕車材官制之。」《漢書・陳湯傳》：「老棄敦煌，正當西域通道。」「通道廄」位於沿額濟納河（古弱水）東岸的交通線上，道路兩旁都是大沙漠，是河西走廊通向漠北的唯一孔道，故此廄取名「通道」十分貼切……昭帝時，金關與通道廄已同時見存，此後長期並存。通道廄是金關的一個部門，首長為嗇夫，與關門嗇夫、傳舍嗇夫等並列，秩斗食。廄佐為嗇夫助手，負責日常事務管理。廄御為骨幹，承擔主要業務。廄卒則從事勤雜事務。通道廄的規模遠小於敦煌懸泉廄，但其功能大致相同：負責車馬的保養與使用；負責傳送持有規定憑證的過客；負責供給過客傳馬所需糧草；承擔一部分傳遞郵件的任務。

今按，說是。通道廄是金關下屬負責車馬養護及傳送過客等有關事宜的部門，廄嗇夫為其長，另有廄佐、廄御等成員。

……☑　　　　　　　　　　　　　　　　　　73EJT10：12A

三月庚申，騂北卒☐以來☑　　　　　　　　　　73EJT10：12B

【校釋】

「騂北卒☐以來」原作「馬少☐☐☐☐」，張俊民（2011B）、（2014B），何茂活（2014C）、（2016A）釋。

☑……遣丞從史造昌〔1〕歸隴西〔2〕取衣用〔3〕，與從☑
☑河津關，毋苛留止，如律令，敢言之……☑　　　73EJT10：15

【集注】

〔1〕造昌：人名，為從史。

〔2〕隴西：《漢書‧地理志下》：「隴西郡，秦置。莽曰厭戎。」顏師古注引應劭曰：
「有隴坻，在其西也。」顏師古曰：「隴坻謂隴阪，即今之隴山也。此郡在隴
之西，故曰隴西。」

〔3〕取衣用：張英梅（2014，124 頁）：此「傳」為吏員因私事出關，其頒發的程式
為：有縣級官員在「傳」中說明緣由後，直接向出行吏員頒發「傳」。
今按，說是。此簡「取衣用」即申請傳的緣由，衣用當泛指日常生活用品。

☑章錢封遣致言教　　　　　　　　　　　　　　　　73EJT10：17

【校釋】

「章錢」原作「☐寄」，張俊民（2014B）釋。

游君匡足下☑　　　　　　　　　　　　　　　　　73EJT10：18A
近衣強幸酒食☑　　　　　　　　　　　　　　　　73EJT10：18B

☑……千秋自言☐田武威　　　　　　　　　　　　73EJT10：20

【校釋】

該簡張俊民（2014B）釋作「……敢言之☐☐里王千秋自言客田武威」。今按，
釋或可從，但該簡僅存右半，字多不能確知，暫從整理者釋。

☑☐家私市張掖、酒泉郡中，持牛一，車一兩　　　73EJT10：21

☑☐夫人喪來〔1〕毋忘寄喪善也　　☑　　　　　73EJT10：23

【集注】

〔1〕喪來：劉倩倩（2015B，102 頁）：喪期歸來。今按，說或是，但簡文較短，文
義不明。

／掾☐、守令史誼〔1〕　　☑　　　　　　　　　73EJT10：24

【集注】

〔1〕誼：人名，為守令史。

☑崔獲☑毋恙，幸為☑	73EJT10：29A
……☑	73EJT10：29B
☑謂金關	73EJT10：32
甲子乙☑甲人史☑　寅	73EJT10：37A
甲子乙丑壬　丞君☑妻建昭	73EJT10：37B
☑☑張掖大守吏☑（習字）	73EJT10：38A
☑大守府以郵亭行……☑（習字）	73EJT10：38B
言為家私市張掖郡中，毋官獄徵事☑	73EJT10：40A
章曰河南右尉　　☑	73EJT10：40B
癸未☑　☑	73EJT10：44
☑大大大夫大☑（削衣）	73EJT10：46
☑今相見幸不一└二，幸☑	73EJT10：47A
☑息息賜☑	73EJT10：47B

【校釋】

　　「└」原作「、」，「二」原缺釋。「不一└二」漢簡常見，此據文義改釋。又從圖版來看，第二個「幸」字似為「二」字上加了豎筆，下部殘缺，因此或非「幸」字，存疑待考。

☑☑☑☑言聽☑輒移名如☑	73EJT10：48
☑報益多☑	73EJT10：49
☑卅井候	73EJT10：50
☑　篋　☑（削衣）	73EJT10：51
☑石宗（削衣）	73EJT10：52
☑　☑	
樂　☑	
☑　☑（削衣）	73EJT10：53
☑　承☑（削衣）	73EJT10：54
☑　史延☑（削衣）	73EJT10：55
☑相知願　☑（削衣）	73EJT10：56
☑幸毋☑☑（削衣）	73EJT10：57

☑☑☑☑☑
☑采之都倉〔1〕☑
☑各丈取☑（削衣）   73EJT10：58

【校釋】

首行何茂活（2014C）、（2016A）補作「幸甚敢」。今按，補釋或可從，但該行
文字右半缺失，不能確知，此從整理者作未釋字處理。

又中間一行「都倉」原未釋，其圖版分別作 ![字]、![字]，可釋为「都倉」。「都」字
漢簡中常作 ![字]（敦煌漢簡488A）形，可以參看。其中「倉」字僅存左半，但其為
倉字仍較明顯。「都倉」金關簡習見，如73EJF1：70：「平樂隧長武白馬月十五日持
之都倉糧未還請還持詣治所」。「采之都倉」於文義也較通順。

【集注】

〔1〕都倉：冨谷至（1998，202頁）：都倉是一個單獨的倉名，它不是候官、部、
　　　燧中任何一個的名稱。正像認定城倉是居延城倉一樣，也可以假定都倉就是肩
　　　水都倉。
　　　　　　今按，說是。居延都尉府的倉漢簡稱作城倉，而都倉為肩水都尉府所屬
　　　倉。

☑☑……☑
☑候行塞☑（削衣）   73EJT10：59
☑☑子文印以取☑
☑☑☑☑更☑☑（削衣）   73EJT10：60

甘露二年五月己丑朔丙辰〔1〕，東鄉守嗇夫壽〔2〕以私印行事，斗食佐譚〔3〕、
佐護〔4〕敢言之☑   73EJT10：61

【集注】

〔1〕甘露二年五月己丑朔丙辰：甘露，漢宣帝劉詢年號。據徐錫祺（1997，1579頁），
　　　甘露二年五月丙辰即公曆公元前52年7月12日。
〔2〕壽：人名，為東鄉守嗇夫。
〔3〕譚：人名，為斗食佐。
〔4〕護：人名，為佐。

丞相臣衡〔1〕、御史大夫臣譚〔2〕昧死言：執金吾〔3〕章〔4〕兼大

□□□　　　　　　　　　　　　　　　　　　　　　　73EJT10：114

【集注】

〔1〕衡：漢代丞相名衡的只有匡衡，據《漢書・百官公卿表下》，建昭三年六月甲
辰，丞相玄成薨。七月癸亥，御史大夫匡衡為丞相。建始三年十二月丁丑，丞
相衡免。建昭為漢元帝劉奭年號，建昭三年為公元前 36 年。建始為漢成帝劉
驁年號，建始三年為公元前 29 年。則匡衡任丞相歷元成二帝，任期在公元前
36 年至前 30 年。《漢書・匡衡傳》：「衡為少傅數年，數上書陳便宜，及朝廷
有政議，傅經以對，言多法義。上以為任公卿，由是為光祿勳、御史大夫。建
昭三年，代韋玄成為丞相，封安樂侯，食邑六百戶。」

〔2〕譚：漢代御史大夫名譚的只有張譚，據《漢書・百官公卿表下》，竟寧元年三
月丙寅，太子少傅張譚為御史大夫，三年坐選。竟寧為漢成帝年號，竟寧元年
為公元前 33 年。則張譚任御史大夫在公元前 33 年至前 30 年之間。

〔3〕執金吾：漢掌管京城治安警衛之官。《漢書・百官公卿表上》：「中尉，秦官，
掌徼循京師，有兩丞、候、司馬、千人。武帝太初元年更名執金吾。」

〔4〕章：據《漢書・百官公卿表下》，建始二年執金吾王章為太僕，五年病免。則
此簡執金吾章當為王章。建始二年為公元前 31 年，則王章任執金吾的下限為
公元前 31 年。

八月癸亥，宛〔1〕獄守丞乘之〔2〕兼行丞事，寫移武關〔3〕，如律令☑

／掾弘〔4〕、守令史林〔5〕☑　　　　　　　　　　　　　73EJT10：115A

章曰宛獄丞印〔6〕☑　　　　　　　　　　　　　　　　　73EJT10：115B

【集注】

〔1〕宛：鄭威（2015，224 頁）：《漢志》南陽郡有宛縣，在今河南南陽市老城區東
北蔡莊村。

今按，說是。宛為漢南陽郡屬縣，為郡治所在。《漢書・地理志上》：「宛，
故申伯國。有屈申城。縣南有北筮山。戶四萬七千五百四十七。有工官、鐵官。
莽曰南陽。」

〔2〕乘之：人名，為宛獄守丞。

〔3〕武關：關名。《史記・楚世家》：「王取武關、屬、漢之地。」張守節《正義》
曰：「武關在商州東一百八十里商洛縣界。」《漢書・高帝紀上》：「八月，沛公

攻武關，入秦。」顏師古注引應劭曰：「武關，秦南關，通南陽。」引文穎曰：
「武關在析西百七十里。」

〔4〕弘：人名，為掾。

〔5〕林：人名，為守令史。

〔6〕宛獄丞印：勞榦（1939，168 頁）：凡兼行之職仍用本職印信，而不用兼職印
信。其無官印者，則與私印行事，蓋漢世官易人則易印，而兼職代行者皆無之，
是則與後世之制異矣。

汪桂海（1997，87 頁）：二百石以上長吏若兼攝秩別比自己高的職官，代
其行文書事，使用的官印也是其本任職官官印，不用（也未授予）所兼攝職官
的官印。

今按，諸說是。該簡宛獄守丞兼行丞事，所用為宛獄丞印，不用所兼行之
宛縣丞印。

甘露四年正月庚辰朔乙酉〔1〕，南鄉嗇夫胡〔2〕敢告尉史：臨利〔3〕里大夫陳
同〔4〕，自言為家私市張掖居延界中。謹案，同毋
官獄徵事，當得傳，可期言廷〔5〕，敢言之。正月乙酉，尉史贛〔6〕敢言之：
謹案，同年爵如書，毋官獄徵
事，當得傳，移過所縣侯國，毋苛留，敢言之。正月乙酉，西鄂〔7〕守丞、樂
成侯國〔8〕尉如昌〔9〕移過所，如律令。／掾干將〔10〕、令史章〔11〕。

　　　　　　　　　　　　　　　　　　　　　　　　73EJT10：120A

西鄂守丞印　　　　　　　　　　　　　　　　　　　73EJT10：120B

【校釋】

A 面第六行「樂成」之「成」字何茂活（2014D）、（2016C）釋作「歲」。今按，
該字圖版作 ▨ 形，和「歲」字有明顯區別，當釋「成」不誤，「樂成侯國」史籍
習見，亦可為證。

【集注】

〔1〕甘露四年正月庚辰朔乙酉：甘露，漢宣帝劉詢年號。據徐錫祺（1997，1583 頁），
甘露四年正月乙酉即公曆公元前 50 年 2 月 1 日。

〔2〕胡：人名，為南鄉嗇夫。

〔3〕臨利：里名，屬西鄂縣。

〔4〕陳同：人名，為申請傳者。

〔5〕可期言廷：劉倩倩（2015B，104 頁）：可以在官府說，是保證之語。

今按，劉說似非。「廷」當指縣廷而言，該簡文書先由鄉嗇夫向尉史發出，再由尉史上報縣丞，「可期言廷」大概是鄉嗇夫希望尉史能以某日期上報縣廷的意思。

〔6〕贛：人名，為尉史。

〔7〕西鄂：漢南陽郡屬縣。《漢書・地理志上》「西鄂」顏師古注引應劭曰：「江夏有鄂，故加西云。」

〔8〕樂成侯國：侯國名，屬漢南陽郡。《漢書・外戚傳上》：「後四年，復封廣漢兩弟，舜為博望侯，延壽為樂成侯。」

〔9〕如昌：人名，為樂成侯國尉。

〔10〕干將：人名，為掾。

〔11〕章：人名，為令史。

甘露四年二月己酉朔丙辰〔1〕，南鄉有秩過〔2〕、佐贛〔3〕敢告尉史：宛當利〔4〕里公乘陳賀〔5〕年卅二，自言為家私市
張掖居延。案，毋官徵事，當為傳，移過所關邑，毋苛留。尉史幸〔6〕謹案，
毋徵事，謹案，年爵　　　　　　　　　　　　　　　73EJT10：121A
章曰宛丞印　　　　　　　　　　　　　　　　　　73EJT10：121B

【校釋】

「贛敢告」之「贛」原作「賴」，何茂活（2014D）、（2016C）釋。

【集注】

〔1〕甘露四年二月己酉朔丙辰：甘露，漢宣帝劉詢年號。據徐錫祺（1997，1583 頁），甘露四年二月丙辰即公曆公元前 50 年 3 月 4 日。

〔2〕過：人名，為南鄉有秩嗇夫。

〔3〕贛：人名，為佐。

〔4〕當利：里名，屬宛縣。

〔5〕陳賀：人名，為申請傳者。

〔6〕幸：人名，為尉史。

河平二年十二月甲戌〔1〕，騂北〔2〕亭長章〔3〕敢言之：治所檄〔4〕曰
　　　　　　　　　　　　　　　　　　　　　　　73EJT10：125

【集注】

〔1〕河平二年十二月甲戌：河平，漢成帝劉驁年號。據徐錫祺（1997，1630頁），河平二年十二月甲戌即公曆公元前26年1月15日。

〔2〕騂北：亭名。

〔3〕章：人名，為騂北亭長。

〔4〕治所檄：薛英群（1984，283～284頁）：竇融領河西五郡大將軍時期的治所書……這時的河西走廊是處於一個特殊情況下，而「治所書」僅見於這一時期的文書，這就不能不使我們考慮，「治所書」似非傳統的專用文書，也許是一種臨時性文書名稱，正確點說，是河西這一歷史時期一種文書的專稱……簡文中的治所則指地方官吏的辦事機構，具體說可能是指「府」而言，如果我們所說不誤，那麼在這裏「治所書」與「府書」略同。所云「治所書」而不稱「府書」者，是避免與領河西五郡大將軍府書相同，發生混淆。

汪桂海（1999，12頁）：治所書為大將軍府所下文書，其得名亦類府書、莫書，乃發自治所之文書，非文書之專稱。有的學者將府書、莫書、治所書作為文書類別來討論，是不正確的。

初昉、世賓（2012，214頁）：循行各地，住所不定，故曰治所書。

劉釗、譚若麗（2017，206頁）：綜合衡量傳世史籍和出土文獻所提示的各種因素之後可知，「治所書」應理解為隗囂派往河西地區的某位使者下達給對隗囂勢力有一定依附關係的河西諸郡的文書。

今按，居延漢簡可見「治所書」，如簡16·4和簡16·10兩簡，這兩枚簡也即薛英群所謂竇融領河西五郡大將軍時期的治所書。但「治所書」當如汪桂海所說為發自治所之書，至於是誰的治所則難以確定。因此本簡「治所檄」當為發自某位官吏治所的檄書。

☑占用馬一匹，軺車一乘，謁　　　　　　　　　　　　73EJT10：133

☑延廣都〔1〕里陳得〔2〕俱，乘所占用馬一匹，軺車一乘，謁　73EJT10：134

【集注】

〔1〕廣都：里名，當屬居延縣。

〔2〕陳得：人名。

嗇夫吏移居延縣索關：遣休各如☐☐☑　　　　　　　　73EJT10：135

賞□疑要虜〔1〕隧長尹恭〔2〕（削去）　　驗問起居治責恭，恭丁卯夜昏

73EJT10：149

【集注】

〔1〕要虜：何茂活（2017C，137 頁）：「要」是「腰」的本字。《說文》臼部：「要，
　　象人要自臼之形。」《漢書·武帝紀》：「樂通侯欒大坐誣罔要斬。」「六月，丞
　　相屈氂下獄要斬，妻梟首。」引申為攔腰阻截之意。

　　　　　今按，說是。要虜為隧名。

〔2〕尹恭：人名，為要虜隧長。

☑守有秩勳〔1〕敢言之尉史：楊里〔2〕公乘史元□☑　　73EJT10：155

【集注】

〔1〕勳：人名，當為鄉守有秩嗇夫。

〔2〕楊里：里名。

☑肩水金關：遣傳舍嗇夫〔1〕福〔2〕將　　　　73EJT10：163A

☑　　佐安世〔3〕　　　　　　　　　　　　　　　73EJT10：163B

【集注】

〔1〕傳舍嗇夫：裘錫圭（1981C，261～262 頁）：秦漢時代各地設有廚、傳，以解
　　決來往官吏等的食宿問題。《晉書·刑法志》引《魏律·序略》：「秦世舊有廄
　　置乘傳副車食廚，漢初丞秦不改，後以費廣稍省，故後漢但設騎置而無車馬。」
　　《漢書·宣帝紀》元康三年九月詔「或擅興徭役，飾廚、傳，稱過使客，越職
　　逾法，以取名譽」，《集解》引韋昭注：「廚謂飲食，傳謂傳舍。」……傳舍嗇
　　夫顯然都是縣的官嗇夫。

　　　　　今按，說是。傳舍嗇夫為傳舍的首長，為官嗇夫的一種。

〔2〕福：人名，為傳舍嗇夫。

〔3〕安世：人名，為佐。

☑六月丙申朔辛丑，廣地守候、塞尉奉☑　　　73EJT10：177A

☑令史咸〔1〕以來　　☑　　　　　　　　　　　73EJT10：177B

【校釋】

該簡年代黃艷萍（2014A，120 頁）定為永光元年（前 43）。今按，其說或是。據徐錫祺（1997，1597 頁），永光元年六月辛丑即公曆公元前 43 年 7 月 10 日。

【集注】

〔1〕咸：人名，為令史。

☑關、居延縣索關☑　　　　　　　　　　　　　　　73EJT10：185

元鳳五年十二月乙巳朔癸卯，通道廄佐讓〔1〕敢言☑

謹移穀出入簿一編，敢言之。　　☑　　　　　　73EJT10：203A

財……☑

……☑　　　　　　　　　　　　　　　　　　73EJT10：203B

【校釋】

A 面第一行「通道廄佐讓」原作「□□□□□乘」，何茂活（2014D）、（2016C）釋。其中「通道」曹方向（2011）亦釋，且认為「乘」或是「護」字。

又「癸卯」羅見今、關守義（2013）認為當釋「癸亥」，何茂活（2014D）、（2016C），黃艷萍（2014C，83 頁）認為原簡誤書。今按，從圖版來看，釋「癸卯」不誤，當是原簡書誤。

又 B 面「財」原作「賦」，任達（2014，183 頁）作「財」。今按，該字作　形，釋「財」可從。

【集注】

〔1〕讓：人名，為通道廄佐。

竟寧元年十一月丙寅朔癸酉〔1〕，肩水候□☑

候行塞，書到，賞〔2〕兼行候事□□……☑　　　73EJT10：204

【校釋】

第一行「候□」原作「金關」，郭偉濤（2017A，248 頁）釋。

【集注】

〔1〕竟寧元年十一月丙寅朔癸酉：竟寧，漢元帝劉奭年號。據徐錫祺（1997，1618頁），竟寧元年十一月癸酉即公曆公元前 33 年 12 月 16 日。

〔2〕賞：侯旭東（2014A，194 頁）：賞為關嗇夫，竟寧元年（前 33）十一月因肩水
　　候行塞而兼行候事。

　　　　今按，說是。賞為金關關嗇夫名。

☑……☑

☑過所縣邑，毋何留，敢言之。三月庚寅壬子，雒陽守丞宗〔1〕移所過縣邑，

毋何留☑　　　　　　　　　　　　　　　　　　　　　　73EJT10：205A

☑印　　　　　　　　　　　　　　　　　　　　　　　　73EJT10：205B

【集注】

〔1〕宗：人名，為雒陽守丞。

☑朔庚子，令史勳〔1〕敢言之：爰書〔2〕士吏〔3〕商〔4〕、候長光〔5〕、隧長昌
〔6〕等☑

☑□即射候賞前，令史□署發矢數于牒，它如爰書，敢☑　　73EJT10：206

【校釋】

　　第二行「署」原作「辱」，李燁、張顯成（2015）釋。

【集注】

〔1〕勳：人名，為令史。

〔2〕爰書：陳槃（2009，34～35 頁）：「爰書」，由歸納簡文，知其具備兩種性
　　質：一者、自辨書；二者、證書。但其自辨書其間亦兼引證；而證書則未
　　必即兼論辯。前者，如云「皆證也，如爰書」；「不服，爰書自證」；某責某，
　　「不服，移自證爰書」；「右自證爰書」。如此之等是也。後者，如「病死物
　　爰書」是也。按此「病死物爰書」，度無非將病死者之物證具報，證實其事。
　　已無所謂齟齬與「不服」，自無所謂用其申辯。若然，則此類固屬於單純之
　　證書。

　　　　劉海年（1980，56 頁）：「爰書」是戰國的秦國和秦漢時司法機關通行的
　　一種文書形式。其內容是關於訴訟案件的訴辭、口供、證辭、現場勘查、法醫
　　檢驗的記錄以及其他有關訴訟的情況報告。

　　　　大庭脩（1983B）：如果把爰書的要點歸納一下，則有以下幾點：一，漢
　　代把「改為（易）口辭之書」即向官府申告個人私事的文書叫做爰書，並根據

其內容還在爰書上冠以「秋射」「自證」等詞；二，爰書的文體原則上是以「某自言」作為開頭的，這種文體大概與下級官吏呈報給上級官府的文書一定要用「敢言之」和上級官府下達給下級官吏的文書經常要用「敢告」這種格式差不多的。自證爰書可能是以「證所言」作為結束語；三，爰書既經提出以後，則由官府按照法定程序進行處理，先由官方肯定所述是否屬實。這樣看來，《張湯傳》中有關爰書的注釋，按一般意義來講，蘇林和顏師古的「以文書改（易）為口辭」這種解釋是正確的，具體地說，爰書就是張晏所說的「爰書自證」也就是指自證爰書。但是，如果考慮到爰書的內容也往往被引用在其他的文書中，而轉移到別的地區去的這一事實，那麼在這種情況下，傳爰書就應理解為移動爰書。

薛英群（1984，276 頁）：詳析居延所出有關爰書簡，似乎爰書的使用範圍並不限於囚犯供辭，其實際用途要廣，可說凡具證明書性質的文件均可用爰書，事實上不少這類文書即自稱「爰書」……也可以這樣認為：一切文字證明材料，凡為法律所認可其效力，在一定條件下，都可以稱為爰書。

高敏（1987，8 頁）：凡法律訴訟上原告的起訴書、被告的供辭（包括自認性供辭與自辯性供辭）、官府綜合案情的報告書、官府作出判決的論決書等，都可稱為「爰書」。這就是說，「爰書」的內容，並不限於犯人的口供記錄。

籾山明（1996，177 頁）：居延漢簡中所見到的爰書種類，稱謂明確的有七類，如果包括稱謂不明確的，約共有十類。其書寫格式上的共同特色，是在開頭冠以「爰書」二字，末尾與「它如爰書」（或「如爰書」）連接在一起。但並不是所有的爰書兩者兼備，特別是缺佚開頭的爰書很多。儘管如此，這無疑是爰書中固有的詞語。如能以此作為基準的話，那麼，我們可以從將來發現的漢簡中，很容易地挑選出爰書簡吧。僅從漢簡進行歸納，所謂爰書，其具有公證書的功能。換言之，由擔任官吏為了公證某件事的事實而作成的文書，就是爰書。因為它與證明的事實有關，所以在訴訟時能成為證據（如自證爰書），另一方面，它有時又與訴訟無關（如秋射爰書），因此，我認為劉海年、高敏氏等基於張晏注，將爰書僅限定於與訴訟有關的見解，有失狹窄。但與此相反，大庭脩氏接受蘇林和顏師古的說法，將爰書定義為「以文書代換其口辭」的見解，又過於含混，反而失去了它的本質。誠如本稿中已論述清楚，爰書既不是單純的供述記錄，也不是事實報告書。在以往的論說中，陳槃氏將爰書解

作「一是自辯書，二是證書」，在思路上是最正確的。但他的論述和考證，只限於從「自證爰書」等字義中得出一種直觀的結論，而未進入「自辯書」「證書」的功能範圍，有其局限性。

汪桂海（1999，79～80 頁）：所謂爰書可以是受害者自訴，公訴人公訴，犯罪者自告之辭記錄，還可以是審理罪犯過程中的用刑記錄、查封罪犯財產的報告書，對案發現場及屍體及物件等進行勘驗的鑒定報告書，對死亡官馬牛進行檢驗的報告書也是爰書。很顯然，這些爰書都是官府在處理案件時形成的一系列司法文書，因此從性質上講，爰書就是司法文書，即獄案。

中國簡牘集成編輯委員會（2001D，232 頁）：司法筆錄文書。爰書之範疇包括原告、被告、證任言辭及現場勘驗記錄等。

中國簡牘集成編輯委員會（2001J，55 頁）：官府認可的司法證據材料。一般以供詞為主。可據以判決論報。

李振宏（2003，46 頁）：「爰書」是一種專用文書，按照古文獻中的解釋，是專門用於記錄囚犯供辭的文書。但根據居延漢簡中的大量爰書簡來看，它並不僅用於記錄囚犯供辭，似乎一切帶有證明性質的文書都可以稱為「爰書」。以此理解，「爰書」亦即證明書。

安忠義（2004，172 頁）：爰當為楥的省字，由此可以推斷爰書是按照法律規定的程序出具的法律文書。

初世賓（2007，108～109 頁）：爰書的要害是司法證據，而且必須真實準確。爰，從雙手之字，象手手持物相引據之狀，故《說文》訓為引，有掾、據義，同爰田、郢爰、掾歷之爰。直釋之，爰書即可援引據以論罪之書。凡經行政司法部門審訊驗證的一切人證、物證、口辭、迹象作成文書成為司法依據的即爰書……爰書的本質、特徵可歸納四點：一是司法必備程式之一；二是載錄犯罪事實；三是經官方製作並認可；四是論罪判決的證據。凡符合此四原則即為爰書。

李均明（2009，81 頁）：爰書，司法過程產生的筆錄文書。《史記·張湯傳》：「傳爰書，訊鞫論報。」蘇林注：「謂傳囚也。爰，易也。以此書易其辭處。」韋昭注：「爰，換也。古者重刑，嫌有愛惡，故移換獄書使他官考實之，故曰傳爰書也。」《漢書·張湯傳》：「傳爰書，訊鞫論報」，師古注：「傳謂傳逮，若今追逮赴對也。爰，換也，以文書代換其口辭也。訊，拷問也。鞫，窮也，謂窮核之也。論報，謂上論之而獲報也。」師古所云「爰，換也，以文書代換其口

辭也。」最切合實際，簡文所見，凡對原告、被告、證人言辭乃至現場情況的筆錄均稱「爰書」。此後，「爰書」一詞逐漸消亡，其含義遂被人們淡忘。

謝桂華（2013，144頁）：爰書，《漢書·張湯傳》注：「爰，換也，以文書代替其口辭也。」王先謙補註：「傳爰書者，傳囚辭而著之文書。」但從秦簡來看，爰書的意義較為廣泛，僅以司法案件而言，也不僅指供辭，還包括有關記錄和報告書。

今按，關於爰書，有諸多學者進行過討論，觀點不盡一致。綜合各家論述來看，我們認為有以下三點是可以肯定的：第一，爰書就是一種法律訴訟文書。籾山明認為爰書有時與訴訟無關。汪桂海（1999，83頁）則謂：「否認爰書與訴訟有關，否認漢簡和雲夢秦簡中的爰書是司法文書，恐怕有失客觀。其文中還有兩處細節問題不夠準確：第一，認為『自言書』不是爰書。這不正確。無論從內容、用語，還是格式方面分析，自言書應屬於爰書之一種。第二，認為秋射爰書與訴訟完全無關。此說亦誤。」汪說當是。

第二，「爰書」一詞的含義，應如大庭脩、李均明等所指出，《漢書·張湯傳》顏師古所云「爰，換也，以文書代換其口辭也」的解釋是正確的。第三，爰書的內容，當如上述諸多學者所言，包括原告的告訴之辭、被告的口供記錄、證人的證辭、案發現場的勘驗檢查報告、審訊罪犯過程的記錄等等。因此，爰書就是司法訴訟過程中形成的各種書面記錄文書。

〔3〕士吏：羅振玉、王國維（1993，106頁）：士吏，主兵之官。《漢書·王莽傳》莽下書曰：「予之皇初祖考黃帝定天下，士吏四十五萬人，士千三百五十萬人。」其餘所舉，悉漢官名。則士吏亦漢官也。《漢書·匈奴傳》注引《漢律》：「近塞郡皆置尉，百里一人，士史、尉史各二人。」古「史」「吏」二字通用，「士史」即「士吏」也。守士吏，則攝行士吏事者。

勞榦（1960，33～34頁）：士吏者，塞上主兵之官，《漢書·匈奴傳》注引《漢律》曰：「近塞郡皆置尉，百里一人，士史尉史各二人，巡行徼塞也。」據簡牘所記，尉史皆仍作尉史，而士史皆作士吏，故知《漢書》注文訛誤，士史之史當依簡文作吏矣。候官缺，士吏行其事，不言近次，是則士吏之於候官，亦猶長史之於太守，分所當攝，不更言資歷也。

勞榦（1984，22頁）：如其追溯烽燧制度的建制，在標準組織之內，候長應當是一個候部的主持人。士吏是經過選拔的武職。但因為士吏的位置較高，在候部之內，士吏便實際是正候長，而候長就變為副候長了。

陳夢家（1980，53 頁）：簡雖稱某某部士吏，但士吏似直屬於塞尉，分駐
各部。據《漢律》，每塞尉下設士吏、尉史各二人；漢簡中尉史為塞尉文書的
簽署者，不見有屬於部的尉史，他們應是駐於塞尉治所治事。候官下達文書，
如前節所引諸簡，經塞尉下於所屬各部士吏、候長，而漢簡士吏、候長都是月
奉一千二百錢，在候史之上，則士吏不可能為候長的屬吏。漢簡所引《功令》
及簡上敘次，士吏常在候長之前，然則士吏應為塞尉派駐於部的武吏，督烽
火、候望、盜賊之事。

吳昌廉（1985A，157 頁）：漢代約每一至二個「部」即設置士吏一人，此
為障候、塞尉派駐於「部」之軍事督察，職在巡行障塞、主亭隧候望、通烽火、
備盜賊。士吏之位次，或在候長之下，或在候長之上，並無定制。

大庭脩（1998，136 頁）：前面提出的四五六・四簡，涉及了職務內容，
即「主亭隧候望通薰火備盜賊為職」。敦煌漢簡又見「玉門候造史龍勒周生萌
伉健可為官士吏」，如果伉健是士吏必須具備的素質，即可想像士吏畢竟是武
官。可是以漢簡中簽署候文書的行為來看，士吏又是文官。可以作決定性證明
的，是《史記・李廣傳》中有關程不識陣營的記載：「程不識正部曲行伍營陣，
擊刁斗，士吏治軍簿至明，軍不得休息。」這清楚地表明，士吏就是書記官。

李均明（1992A，27 頁）：士吏，候官屬吏，分駐諸部，「主亭隧候望，通
烽火備盜賊為職」。設 2 至 3 人……據《漢書・王莽傳》，王莽改制「更名秩百
石曰庶士」，知士吏秩百石，月奉一千二百錢。

永田英正（2007，341 頁）：士吏有可能是候官特別派往重要的候或隧的
人員，讓他們作為武吏指揮或監督候隧的軍事事務。

黎明釗（2008，32～33 頁）：分別派駐部隧的士吏，因為職責所在，必須
與候長、隧長並肩作戰，面對敵人所以監督之外，還是夥伴關係，所以既是中
下級的行政官員，要掌握行政的技能：「能書、會計、治官民、頗知律令」；又
是領導士卒作戰的戰士，甚至親身格鬥，因此選任士吏時必須考慮他的作戰能
力：必須是「伉健」，一旦發現「軟弱」而「不任吏職」，即以令斥免；或者「不
任候望」，亦會被斥免。每年秋射的考核，確保了士吏以及候長、隧長的騎射
能力，規定必須中程。《功令第卅五》規定中程為六矢，每過一矢賜勞十五日，
相反每失一日奪勞十五日。還有即使士吏被評為「能」，也因應士吏的性格、
才能來任職，必要時對「能」者亦會換職至別的崗位。士吏參與斟酌的部隧吏卒
的工作能力，建議吏卒職位的斥免，以及驗問失職的事件，都是職責和工作的

一部份，但士吏是都尉、候官分駐於部、隧的管理人員，並非決策者，責任是貫徹政策，執行法令。

冨谷至（2018，148頁）：官職名。候官或部的屬下。負責軍事或維持治安，也從事文書的寫作。

今按，諸說多是。士吏為候官屬吏，分駐各候部，督烽火、候望、盜賊等事，有時亦主文書。

〔4〕商：人名，為士吏。

〔5〕光：人名，為候長。

〔6〕昌：人名，為隧長。

☐宣、居延丞充郎告尉謂鄉〔1〕餔

☐從事如律令。／掾壽〔2〕、嗇夫則〔3〕。　　　　　　　　　　73EJT10：207

【校釋】

第一行「郎」字原作「即」，方勇（2013），方勇、周小芸（2014，232頁），李洪財（2021，64頁）釋。又姚磊（2018A5）綴合簡73EJT10：247和該簡，並改釋該簡第一行「宣」和「餔」字為「寅」和「聽」。

今按，兩簡形制、字體筆迹等存在一致之處，或可綴合。但其綴合尚有疑問之處，兩簡茬口處似不能十分吻合，又該簡「宣」字前殘斷處似有墨迹，而此墨迹不能和簡73EJT10：247殘斷處的字拼接，故暫不作綴合處理。而「宣」和「餔」字分別作 圖、圖 形，從字形來看，整理者釋讀似有誤，但改釋作「寅」和「聽」似也不能十分肯定，當存疑待釋。

【集注】

〔1〕告尉謂鄉：蘇衛國（2008，226頁）：我們大致描述了出土簡牘文書中「（敢）告」「謂」組合句式的情況，初步整理分析了其中所體現的等級搭配原則。大致有如下規律：（1）「敢告卒人」用於郡長官之間；（2）「告」的用法較複雜一些。如發語方為郡府或都尉府長官時，其受語方多為府屬資深官吏，而當發語方為候官或縣廷之長官時，其受語方固定為所在機構的尉官；（3）謂用於行政建制的上下級之間。

角谷常子（2010，175頁）：以往將「告A謂B」的書式，解釋為發信者向A和B分別同時下達命令。

今按，諸說多是。簡牘文書中常見「告」和「謂」字組成所謂的「告 A 謂 B」形式，其應當是向 A 和 B 同時下達命令。組合中「告」和「謂」的使用和其各自單獨出現時的用法大致是一樣的。

〔2〕壽：人名，為掾。

〔3〕則：人名，為嗇夫。

☑家室人馬毋恙也，願毋憂。八月四日，肩水卒史徐贛〔1〕歸

☑得單驚家室往來道中耳。侍從者即不可得也，甯願

☑欲以人事式來歸，即可得也，不以九月中歸，即不得。　　　73EJT10：208

【校釋】

首行「家」原缺釋，第二行「得單」原作「為事」，末行「來歸」「九月中歸」之「歸」原分別作「過」「還」，何茂活（2014D）、（2016C）釋。

【集注】

〔1〕徐贛：人名，為肩水卒史。

元鳳六年正月乙亥朔癸卯〔1〕，通道廄佐敢言之：謹移穀出入簿一編，敢言之。　　　73EJT10：209

【集注】

〔1〕元鳳六年正月乙亥朔癸卯：元鳳，漢昭帝劉弗陵年號。據徐錫祺（1997，1533頁），元鳳六年正月癸卯即公曆公元前 75 年 3 月 2 日。

□□四年九月乙巳朔己巳，佐壽〔1〕敢言之：遣守尉史彊〔2〕上計〔3〕大守府，案所占用馬一匹　　☑

□謁移過所河津關，毋苛留止，如律令，敢言之。　　☑

□□巳居延令□、丞江〔4〕移過所，如律令。／掾安世〔5〕、佐壽。　　☑

　　　　　　　　　　　　　　　　　　　　73EJT10：210A

□□□令延印。　　☑

□月庚午，尉史彊以來。　　☑　　　　　73EJT10：210B

【校釋】

A 面第一行「九月乙巳」原作「九月己巳」，胡永鵬（2016A，112 頁）、（2016B，

155 頁）認為其中原釋「己」當為「乙」。今按，該字作 形，釋「乙」可信。該簡所屬年代，羅見今、關守義（2013，101 頁），黃艷萍（2014A，120 頁）據原釋文認為是五鳳四年，胡永鵬（2016A，254 頁）、（2016B，155 頁）則據改釋後的釋文認為當是甘露四年。

第三行末「佐壽」後原釋文衍一「□」，胡永鵬（2016B，156 頁）釋。張俊民（2012）補 A 面首行未釋字為「五鳳」，次行未釋字為「謹」，末行未釋字為「九月己」。今按，從文義來看，補釋多可從，但圖版字迹完全磨滅，此從整理者作未釋字處理。

末行「居延令□」的「□」原作「守」，胡永鵬（2016A，254 頁）、（2016B，156 頁）釋為「弘」。今按，釋或可從，但該字磨滅，僅存一點墨迹，暫存疑不釋。

B 面末行「庚」原作「甲」，張俊民（2012）、胡永鵬（2016A，254 頁）、（2016B，156 頁）釋。又 B 面「令」前一字張俊民（2012）補「居」，末行未釋字補「九」。今按，從文義來看，補釋可從，但圖版字迹完全磨滅，當從整理者釋。

【集注】

〔1〕壽：人名，為佐。

〔2〕彊：人名，為守尉史。

〔3〕上計：勞榦（1960，12 頁）：今據簡牘，則郡國上計應由郡國以下諸官上計於守相，更由守相集而上之。其烽燧財物亦在上計之列。簡牘中之簿錄，蓋亦有上計於太守者，今猶可知其略也。《景武昭宣元成功臣表》，眾利候郝賢下「坐為上谷太守入戍卒財物計，謾，免。」師古曰：「上財物之計簿而歌謾不實。」此亦可證明簡牘中之屯戍簿錄，有若干應為計簿之底冊矣。

張英梅（2014，124 頁）：「上計」，是戰國、秦、漢時地方官於年終將境內戶口、賦稅、盜賊、獄訟等項編造計簿，遣吏逐級上報，奏呈朝廷，借資考績。

今按，諸說是。《後漢書・百官志五》：「秋冬集課，上計於所屬郡國。」劉昭注引胡廣曰：「秋冬歲盡，各計縣戶口墾田，錢穀入出，盜賊多少，上其集簿。」

〔4〕江：人名，為居延縣丞。

〔5〕安世：人名，為掾。

☑夫湯以小官印行候事☑　　　　　　　　　　　　　　　　73EJT10：211

【校釋】

　　張文建（2017B）綴合該簡和簡 73EJT10：238。姚磊（2017B5）從紋路、寬度、字形、茬口、文意等方面討論，認為不能綴合。今按，姚說是，兩簡不能綴合。

☑有秩姬☑敢言之：受釐〔1〕里公乘尹允〔2〕年廿二歲，自言為
☑事，當為傳，移所過縣邑，毋何留，敢言之。二月庚子
☑毋何留，如律令。　　　　　　　　　　　　　　　73EJT10：212

【校釋】

　　末行「何」原作「苛」，張俊民（2012）釋。又首行「受釐」張俊民（2012）改釋「敬老」。今按，「受」字圖版作**卨**形，似不為「受」，但亦不是「敬」，或當存疑待考。「釐」作**釐**形，改釋「老」不確，當從整理者釋。

【集注】

〔1〕受釐：里名。

〔2〕尹允：人名，為申請傳者。

☑六月乙未，廚嗇夫武〔1〕行右尉事☑☑
☑六月乙未，熒陽〔2〕丞崇〔3〕移過所，如律令☑☑　　73EJT10：213A
☑章曰熒陽丞印☑　　　　　　　　　　　　　　　　73EJT10：213B

【校釋】

　　兩個「熒陽」的「熒」原釋文均作「榮」，何茂活（2014D）、（2016C），趙爾陽（2016B），黃艷萍（2016B，124 頁）、（2018，136 頁）釋。

　　A 面第一行「廚」字黃艷萍（2016B，132 頁）、（2018，139 頁）認為不能確認是「廚」或「廄」，當存疑。今按，其說當是，該字作**廚**，不能確知。

【集注】

〔1〕武：人名，為嗇夫。

〔2〕熒陽：王念孫（1985，181 頁）：陳平灌嬰將十萬守熒陽。宋祁曰：「熒，舊本作熒。」又《高后紀》：灌嬰至熒陽。宋祁曰：「景德本熒作熒。」念孫案：作熒者是也。凡《史記》《漢書》中熒陽字作榮陽者，皆後人所改。唯此二條作熒，乃舊本之僅存者而子京未能訂正也。

趙爾陽（2016B）：結合乾嘉以來的諸家及當代學者的相關論述，對照出土或傳世的漢代簡文、封泥、碑銘及銅器銘文，尤其是《肩水金關漢簡》前四冊圖版，「熒」字在兩漢當從火，「熒陽」為標準寫法。今本《史記》《漢書》當為後人竄改或傳抄致誤！

今按，說是。熒陽為漢河南郡屬縣。《漢書・地理志上》：「滎陽，卞水、馮池皆在西南。」顏師古注引應劭曰：「故虢國，今虢亭是也。」

〔3〕崇：人名，為熒陽縣丞。

☐乘蘇奉親野自言為家賣車居延。案
☐告史
☐寫移，敢言之。　皆以十二月甲子出。
☐律令。／掾武〔1〕、令史郎〔2〕。　　　　　　　　　　　　73EJT10：214

【校釋】

第一行「乘」原缺釋，「蘇」原作「籍」，張俊民（2012）釋。

【集注】

〔1〕武：人名，為掾。

〔2〕郎：人名，為令史。

☐九月辛卯，府告肩☐
☐傳診張掖卒史王卿有傳☐　　　　　　　　　　　　　　73EJT10：215A
☐府佐予〔1〕、廄佐讓〔2〕　　☐　　　　　　　　　　　73EJT10：215B

【校釋】

A 面第二行「診」字馬智全（2012，109 頁）改釋「謁」，黃艷萍（2016B，133 頁）認為或為「謁」的草訛，姚磊（2017D4）認為當從整理者釋。今按，該字作*形，從字形來看，當非「謁」，暫從整理者釋。

【集注】

〔1〕予：人名，為府佐。

〔2〕讓：人名，為廄佐。

☐子段曹年五十八，自言為家

☑十八，毋官獄徵事，當得取　　　　　　　　73EJT10：216

☑吏，寫移，書到，如律　　　　　　　　　　73EJT10：217

願令史案致籍，出毋留，如☑　　　　　　　　73EJT10：218A

正月辛未，□□卒□以來☑　　　　　　　　　　73EJT10：218B

□叩頭言☑

子真〔1〕佳君足下：毋☑

薄恕自憐忍忍非者☑

困……☑　　　　　　　　　　　　　　　　　73EJT10：220A

閔　子真門下〔2〕　　☑　　　　　　　　　　73EJT10：220B

【集注】

〔1〕子真：人名，為受信者。

〔2〕門下：陳直（2009，474～475 頁）：門下等於後人之稱閣下，與司馬遷《報任
安書》，僕與李陵俱居門下有別。

中國簡牘集成編輯委員會（2001G，10 頁）：尊稱。猶閣下。明陳士元《俚
語解》卷一：「致書稱門下，猶言閣下、殿下、麾下、節下、座下、足下之類。」

王貴元、李雨檬（2019，142 頁）：門下，這裏指手下具體辦事之人或僕
人，代指主人，謙稱。

今按，諸說是。

☑幸甚幸甚，為光叩頭，多謝子惠，閒者獨志

☑叩頭叩頭，因言舍中有尖，欲得其日

☑夜內戶，開復關，願留意，謹　　　　　　　73EJT10：221A

☑多請子惠　□　　　　　　　　　　　　　　73EJT10：221B

【校釋】

A 面第三行「願」原作「頃」，馬智全（2012，109 頁）、張俊民（2012）釋。
又「關」張俊民（2012）改釋「閉」。今按，該字作 形，釋「閉」非，當從整理
者釋。

☑廣昌〔1〕里男子王護〔2〕自言與弟利忠〔3〕為家私

☑縣筭賦給，毋官獄徵事，當得取傳，謁移

☑令史昆慶〔4〕　　　　　　　　　　　　　　　73EJT10：222

【集注】

〔1〕廣昌：里名。

〔2〕王護：人名，為申請傳者。

〔3〕利忠：人名，為王護弟。

〔4〕昆慶：人名，為令史。

☑□巳朔丙戌，居延　丞左☑　　　　　　　　　73EJT10：224

【校釋】

　　簡首未釋字何茂活（2014C）、（2016A）補「辛」。今按，該字僅存一點墨迹，不能確知，當從整理者釋。

轢得傳舍當驗☑　　　　　　　　　　　　　　73EJT10：226A

居令延印☑

十二月乙亥，騂北卒奉世〔1〕☑　　　　　　　73EJT10：226B

【校釋】

　　B面「亥」原作「丑」，張俊民（2012）釋。

【集注】

〔1〕奉世：人名，為卒。

☑□□□長樂調為郡送五年戍田卒

☑□□則皆毋官獄徵事，當為傳，謁移　　　　73EJT10：227

☑□更繇〔1〕皆給，當得取傳，謁言廷，敢

☑……　　　　　　　　　　　　　　　　　　73EJT10：228

【集注】

〔1〕更繇：鷲尾祐子（2013，190 頁）：從現存史料看，將就役稱作「踐更」的徵發，存在 I 兵役、II 從事特定之職的徭役、III 更卒三種類型。「踐更」並不僅僅用於表示壯年男子全體人員義務的縣中更卒，也指從事者輪番從事多種勞動，在一定期間就任當番。特別是，各種兵役、力役很多都採取輪番、定期地在一定期間內就役的「踐更」形式，更卒只不過是其中的一種。

今按，「更繇」當指作為更卒的徭役。《史記·貨殖列傳》：「庶民農工商賈，率亦歲萬息二千，百萬之家則二十萬，而更徭租賦出其中。」

☐☐中欲取傳。謹案，明〔1〕年卅三，毋官獄徵事，當得取傳，父老遠☐☐
☐長安獄丞禹〔2〕兼行右丞事，移過所縣邑，如律令☐　　　73EJT10:229A
☐長安獄右丞印　　☐　　　　　　　　　　　　　　　　　73EJT10:229B

【集注】

〔1〕明：人名，為申請傳者。

〔2〕禹：人名，為長安獄丞。

甘露四年四月戊寅朔壬午〔1〕，西鄉有秩元〔2〕敢言之：中丘〔3〕里胡年〔4〕自言為☐
謹案，年卅官獄……☐　　　　　　　　　　　　　　　　73EJT10:230A
地地史史史史史史史史☐（習字）　　　　　　　　　　　73EJT10:230B

【集注】

〔1〕甘露四年四月戊寅朔壬午：甘露，漢宣帝劉詢年號。據徐錫祺（1997，1583
　　頁），甘露四年四月壬午即公曆公元前50年5月29日。

〔2〕元：人名，為西鄉有秩嗇夫。

〔3〕中丘：里名。

〔4〕胡年：人名，為申請傳者。

☐☐莫以高幼☐☐☐者唯☐☐☐　　　　　　　　　　　　73EJT10:231A
☐事毋恙，譚叩頭叩頭☐　　　　　　　　　　　　　　　73EJT10:231B

☐甘露二年十月丁巳朔壬午〔1〕☐
☐徵事，當為傳，移☐
☐廿日，謁移過所縣邑侯國，以律☐
☐縣邑侯國☐　　　　　　　　　　　　　　　　　　　　73EJT10:232A
☐長長☐　　　　　　　　　　　　　　　　　　　　　　73EJT10:232B

【集注】

〔1〕甘露二年十月丁巳朔壬午：甘露，漢宣帝劉詢年號。據徐錫祺（1997，1580頁），
　　甘露二年十月壬午即公曆公元前52年12月5日。

□□□□□□不　　☑ 　　　　　　　　　　　73EJT10：234A

印曰……☑ 　　　　　　　　　　　　　　　　73EJT10：234B

五月丙辰，溫丞譚〔1〕移過所縣邑侯國，如律令。掾縣〔2〕、令史□☑
　　　　　　　　　　　　　　　　　　　　　　　73EJT10：236A

□□□　　☑ 　　　　　　　　　　　　　　　73EJT10：236B

【校釋】

　　「譚」原作「謹」，姚磊（2018A1）釋。又「掾縣」的「縣」字姚磊（2018A1）釋作「輔」。今按，說或可從，但該簡右半缺失，不能確知，此暫從整理者釋。

【集注】

〔1〕譚：人名，為溫縣丞。

〔2〕縣：人名，為掾。

☑甘露四年四月戊寅朔丁酉〔1〕，佐親〔2〕敢言之：卅井〔3〕里男子王譚〔4〕自
□☑ 　　　　　　　　　　　　　　　　　　73EJT10：237

【集注】

〔1〕甘露四年四月戊寅朔丁酉：甘露，漢宣帝劉詢年號。據徐錫祺（1997，1583 頁），
　　甘露四年四月丁酉即公曆公元前 50 年 6 月 13 日。

〔2〕親：人名，為佐。

〔3〕卅井：里名。

〔4〕王譚：人名，為申請傳者。

☑書到，出入毌留 　　　　　　　　　　　　73EJT10：238

【校釋】

　　張文建（2017B）綴合簡 73EJT10：211 和該簡。姚磊（2017B5）從紋路、寬度、字形、茬口、文意等方面討論，認為不能綴合。今按，姚說是，兩簡不能綴合。

☑一牒，謁移鄉，鄉遣 　　　　　　　　　　73EJT10：239A

☑□真 　　　　　　　　　　　　　　　　　73EJT10：239B

☑□候史迹二日及吏將屯勞☑ 　　　　　　　73EJT10：241

☑□勤悈以毌失亡☑ 　　　　　　　　　　　73EJT10：243

譚〔1〕叩頭言……謹進……趙

…… 73EJT10：246A

……

白奏業卿　賜明教……弟李譚 73EJT10：246B

【校釋】

B面「奏」原作「奉」，何茂活（2017A）釋。

【集注】

〔1〕譚：人名，即B面李譚，為致信者。

四月甲☐

書牒署☐ 73EJT10：247

【校釋】

姚磊（2018A5）綴合該簡和簡73EJT10：207。今按，兩簡形制、字體筆迹等存在一致之處，或可綴合。但其綴合尚有疑問之處，兩簡在口處似不能十分吻合，又簡73EJT10：207殘斷處似有墨迹，而此墨迹不能和該簡「甲」字拼接，故暫不作綴合處理。

☐丙寅肩☐

☐□隧書☐ 73EJT10：248

☐毋官獄徵事，當得以令取傳，謁移過所☐

☐□令弘〔1〕移過所，如律令。／☐ 73EJT10：253

【校釋】

第二行簡首未釋字胡永鵬（2016A，112頁）補作「延」。今按，補釋可信，但該字圖版殘損不能確知，當從整理者釋。

【集注】

〔1〕弘：人名，為令。

甘露四年五月丁未朔☐

…… ☐ 73EJT10：254

☑丑朔癸丑，河南☐丞☐☑　　　　　　　　　　　　　　73EJT10：256

☑橐他候昌利☑　　　　　　　　　　　　　　　　　　　73EJT10：258

【校釋】

　　「利」字姚磊（2019G1）作「移」。今按，該字作 ⿰ 形，釋「移」可信，但殘斷不可確知，暫從整理者釋。

☑君舍毋留完金　　　　　　　　　　　　　　　　　　　73EJT10：259

牒書〔1〕除為司御〔2〕三人，人一牒　　☑
元鳳四年四月甲寅朔甲寅〔3〕，尉史真〔4〕敢言之：牒書除為司御者三人☐☑
謁署，敢言之。　　☑　　　　　　　　　　　　　　73EJT10：311+260

【校釋】

　　姚磊（2017H3）綴，綴合後補釋第二行「除為」二字。又第三行「謁」張俊民（2014B）改釋「詣」。今按，該字作 ⿰ 形，右下磨滅，但似非「謁」字，暫從整理者釋。

【集注】

〔1〕牒書：薛英群（1984，273 頁）：牒書是一種專用文書，它的使用有一定的範圍，主要用於與人事有關的公文往來，如任免、鞫訊、罪責、債務、傷病、驗問、舉賢等。

　　　　汪桂海（1999，12 頁）：漢代文書書於簡牒，故而泛稱之曰牒書，或曰牒……其他簡文中所見牒或牒書亦均指代某一種文書，而非文書專稱。有的學者認為牒書是一種專用文書，此說欠妥。

　　　　今按，薛英群說非是。「牒書」即書於簡札上的文書，《漢書·薛宣傳》：「宣察湛有改節敬宣之效，乃手自牒書，修其姦臧。」顏師古注：「牒書，謂書於簡牒也。」另參簡 73EJT8：51「牒」集注。

〔2〕司御：李均明（2011E，260 頁）：御之業務範圍甚廣，其中駕馭車馬送往迎來為其主要工作。傳遞信件也是經常性的業務。

　　　　郭浩（2014，3 頁）：司御是西漢「廄置」內的傳車馬的駕馭人員，主要負責傳送公務人員。

　　　　今按，說是。司御也稱御，為廄置中駕馭車馬的人員。

〔3〕元鳳四年四月甲寅朔甲寅：元鳳，漢昭帝劉弗陵年號。據徐錫祺（1997，1529
　　頁），元鳳四年四月甲寅即公曆公元前 77 年 5 月 22 日。

〔4〕真：人名，為尉史。

☑如律令。／掾萬〔1〕、令史林〔2〕　　　　　　　　　　73EJT10：266

【集注】

〔1〕萬：人名，為掾。

〔2〕林：人名，為令史。

南陽〔1〕郡宛縣柏陽〔2〕里段帶〔3〕　　☑　　　　　　73EJT10：267A

章曰宛丞印　　☑　　　　　　　　　　　　　　　　73EJT10：267B

【校釋】

　　「柏陽」原作「柏楊」，黃艷萍（2013）、（2016B，133 頁）釋。

【集注】

〔1〕南陽：漢郡名。《漢書・地理志上》：「南陽郡，秦置。莽曰前隊。屬荊州。」

〔2〕柏陽：里名，屬宛縣。

〔3〕段帶：人名。

☑年廿九歲，自言為家私市張掖

☑……　　　　　　　　　　　　　　　　　　　　　73EJT10：285

☑□如律令。／掾憙〔1〕、令史得福〔2〕　　　　　　73EJT10：303

【校釋】

　　未釋字張俊民（2012）補「留」。今按，補釋或可從，但該字僅存少許筆畫，不
能確知，當從整理者釋。

【集注】

〔1〕憙：人名，為掾。

〔2〕得福：人名，為令史。

☑□報府所辟書，毋留，如律令　　　　　　　　　　73EJT10：304

八月己巳，原武〔1〕守丞☑   73EJT10：307

【集注】

〔1〕原武：河南郡屬縣。《漢書・地理志上》：「原武，莽曰原桓。」

☑月己未朔己未，西鄉嗇☑
☑牛二、車一兩，願以令取☑   73EJT10：309

☑丁卯，北鄉有秩☑
☑正令占。案，毋官☑   73EJT10：310

【校釋】

第二行「正」原作「上」，劉欣寧（2016）釋。該字作 ![正] 形，其上部和左部殘缺，無疑為「正」字殘筆。又其後的「令」為里正的名字，但字作 ![令]，左部殘缺，或非「令」。

五鳳元年六月戊子朔癸巳〔1〕，東鄉佐真〔2〕敢言之：宜樂〔3〕里李戎〔4〕自言為家私市長安張掖界中。謹案，
戎毋官獄徵事，當為傳，謁移廷，敢言之。   73EJT10：312A
十一月庚寅戎來   73EJT10：312B

【集注】

〔1〕五鳳元年六月戊子朔癸巳：五鳳，漢宣帝劉詢年號。據徐錫祺（1997，1569頁），
　　五鳳元年六月癸巳即公曆公元前57年7月15日。

〔2〕真：人名，為東鄉佐。

〔3〕宜樂：里名。

〔4〕李戎：人名，為申請傳者。

甘露二年十二丙辰朔庚申〔1〕，西鄉嗇夫安世〔2〕敢言之：富里〔3〕薛兵〔4〕自言欲為家私市張掖、酒泉、武威、金城、三輔、大常郡中〔5〕。
謹案，辟兵毋官獄徵事，當得以令取傳，謁移過所津關，勿苛留止，如律令，敢言之。
十二月庚申，居延守令、千人〔6〕慶〔7〕，移過所，如律令。／掾忠〔8〕、佐充國〔9〕。   73EJT10：313A

居延千人

十二月丙寅□□辟兵以來〔10〕　　　　　　　　　　　73EJT10：313B

【校釋】

　　A 面第三行「辟兵」孔祥軍（2012，54 頁）釋作「薛兵」。尉侯凱（2016D）、（2017A，35 頁）認為 A 面第一行「十二」下當漏寫「月」字，「薛」下當漏寫「辟」字。今按，尉侯凱說是。從下面兩稱「辟兵」來看，「薛兵」之間無疑脫漏「辟」字。孔說據第一行「薛兵」認為第三行「辟兵」的「辟」為「薛」字，則明顯有誤。

　　又 A 面末行「慶」原作「屬」，袁雅潔（2018，18 頁）作「慶」。今按，該字作 [字形] 形，似更近於「慶」字，此從。

【集注】

〔1〕甘露二年十二丙辰朔庚申：甘露，漢宣帝劉詢年號。據徐錫祺（1997，1580頁），甘露二年十二月庚申即公曆公元前 51 年 1 月 12 日。

〔2〕安世：人名，為西鄉嗇夫。

〔3〕富里：里名，屬居延縣。

〔4〕薛兵：尉侯凱（2016D）、（2017A，35 頁）：辟兵，意為避開兵器傷害。古人多以「辟兵」為名，如《呂氏春秋・禁塞》：「宋康知必死於溫。」高誘注：「宋康王名偃，宋元公佐六世之孫，辟兵之子。」《漢書・霍光傳》有「司隸校尉辟兵」。

　　　　今按，說是。該簡薛兵即薛辟兵，為申請傳者。

〔5〕大常郡中：周振鶴（2017，145～146 頁）：三輔——京兆、扶風、馮翊雖有明確的疆界，但與其他郡國不同，三輔並非從來就轄有其邊界以內的全部縣邑。與三輔（或左、右內史）平行，還一度存在過一個隱形郡——太常「郡」，管轄位於三輔之中的諸陵縣……太常本為掌管宗廟禮儀的機構，諸陵縣名義上為供奉陵園而置，故屬其管轄。就轄縣治民而言，太常與一般郡國沒有區別，可當成一郡看待，事實上史籍亦有時稱之為郡。《漢書・昭帝紀》載元鳳二年「令郡國毋斂今年馬口錢，三輔太常郡得以菽粟當賦。」朝廷頒行於郡國之法令，於太常亦當一郡。《漢書・宣帝紀》載本始四年，「令三輔太常內郡國舉賢良方正各一人。」《元帝紀》：初元元年，「以三輔太常郡國公田及苑可省者，振業貧民。」便是例證。唯太常不像一般郡國具有固定邊界，其所轄諸陵縣散

居於三輔之中。而且陵縣隨著皇帝的更迭而逐個增加，太常的管轄範圍也隨之逐步擴大。

李峰、張焯（1992，190～191頁）：將太常與三輔、郡國並稱，同樣有義務舉薦人才，發兵應徵，並且境內有公田、園囿，很明顯，太常這裏是對特定行政區域的稱謂，儼然是類似於三輔、郡國等級的獨立的行政區劃。事實上也正是如此，《漢書·昭帝紀》逕直稱之為「太常郡」：元鳳二年詔「令郡國毋斂今年馬口錢，三輔、太常郡得以叔粟當賦」。太常郡民和各地百姓一樣都有向國家交納賦稅的義務；太常稱郡，說明在漢景帝中六年（公元前144年），或者至遲在漢昭帝元鳳二年（公元前79年），太常已成為郡級行政區劃。

邢義田（2012，191頁）：令人好奇的是「三輔大常郡」排在張掖、酒泉、武威、金城等郡之後，大常是郡嗎？如大常不是郡，是指中央職官太常，為何其後接「郡中」二字？不可解。當然有一個可能，即誤書。姑錄，待考。

孔祥軍（2012，56頁）：無論是傳世文獻還是出土簡牘都反映出太常郡具備了作為郡級政區的諸項基本職能，因此，太常郡是西漢初期出現並真實存在的政區，並非周氏所謂「隱形郡」。

趙志強（2013，102頁）：本文將太常領縣的時間，亦即太常成郡的時間，確定為西漢武帝末年，其時至少有高帝長陵、惠帝安陵、文帝霸陵、景帝陽陵、武帝茂陵五個陵邑，其後又陸續領有昭帝平陵、宣帝杜陵，前後共計七個陵邑。漢元帝永光年間（前43～前39年），廢除陵邑制度，上述七縣遂劃歸三輔管轄，「太常郡」隨之消失。西漢的陵縣係由一縣或一鄉建立，其自始至終都是呈點塊狀分佈，即陵縣轄有的土地有限，所有的陵縣並沒有連成一片，而由若干陵縣所組成的所謂「太常郡」，實際上是一個特殊的郡，它的轄地隨着陵縣的增加而增加，其邊界亦隨陵縣增加而不斷變化。「太常郡」屬下的陵縣，從地理分佈角度來看，散處於京兆尹、左馮翊、右扶風三輔地區，而在行政上，卻隸屬於太常。

馬孟龍（2013B，89～95頁）： 73EJT10：313A簡文中的「郡中」應當是一個獨立的義項，而不應當與之前的「太常」連讀……總之，從官員設置和機構建制來看，太常並不具備完備的郡級政區行政職能，還不能稱之為郡級政區……西漢時代的太常，既不能算作完全意義上的郡級政區，也不能算作半實半虛的「隱形」郡級政區，而只不過是一個管轄有縣邑，具備一定民政職能的

中央官署而已，與行政區劃毫無關係，不應作為西漢政區研究的對象予以討論。

　　田炳炳（2014F）：從簡牘文書的角度，我們認為「太常郡」的稱法是不存在的，當以馬夢龍先生所論為是，並非如孔祥軍先生所論之「真實存在且實有邊界」的「太常郡」，而是只具部分民政職能，兼管陵縣的中央官署。依肩水金關漢簡所反映之事實，我們認為「太常」簡可以從中央官署和轄有陵縣之事實兩個方面理解，不可從「太常郡」之存在及稱「太常郡」的角度理解。

　　代劍磊（2020，209頁）：首先從現存的史籍記載看，並不存在「太常郡」一說；若用一般郡的政區、治所、軍事輔助特徵去附和，那麼太常便不能稱之為郡；若以行政區劃中的轄縣治民、層級、地域範圍、行政中心等部分特徵，那與一般郡沒有區別；結合上述兩條，無特定的軍事輔備、無穩定的政區邊界，但存在轄縣治民的行政功能，權且稱之為「似郡」現象。

　　今按，關於太常，周振鶴最早提出「隱形郡」的說法，但亦有人認為太常曾經就是獨立的行政區劃，如李峰、張焯等。隨著金關漢簡中有關「太常」新材料的更多出現，學者就「太常」是否屬於郡級行政區劃展開討論。馬孟龍認為太常不能算作郡級政區，我們認為其說可信從。該簡可見「三輔大常郡中」的說法，其和《漢書》中太常與三輔、郡國並稱相同，所謂「郡中」當如馬孟龍（2013B，91頁）所說：「73EJT10：313A 木簡中的「郡中」是一個固定的文牘用語，不可與太常連讀，理解為『太常郡之中』。」「郡中」漢簡又常作「郡界中」，如「弘農、三輔、張掖、居延郡界中」（73EJT37：1454），亦可為證。

　　至於簿籍中陵縣前加太常，只是因為有些陵縣屬於太常管轄，並不能說明太常就是郡。但是確有簡文顯示陵縣前作「太常郡」，其見於金關漢簡，作「大常郡茂陵始樂里公乘史立」（73EJT37：1586），黃浩波（2018A，121頁）認為此簡簡影清晰完整，簡文明確見有「大常郡」，當可成為西漢時期確實存在「大常郡」一名的強證。我們認為其也並不能說明西漢確實存在太常郡的郡級行政區劃，漢簡名籍一般按照郡國、縣邑侯國、里名的順序書寫，其郡名後一般加「郡」字，因此書寫太常時偶爾因為習慣使然，也在其後誤加了「郡」字。

〔6〕千人：羅振玉、王國維（1993，108頁）：千人，主兵之官。《漢書・百官公卿表》中尉、屬國都尉、西域都護下，各有千人官。《韓延壽傳》延壽在東郡時，

試騎士，軍假司馬、千人持幢旁轂。《續漢書・地理志》「武威郡」有左騎千人官，張掖屬國有千人司馬官、千人官。又以傳世漢印及封泥考之，知邊郡皆置此官也。

陳夢家（1980，43頁）：千人有「千人」與「騎千人」二種，其屬吏有丞與令史。

劉光華（2004，190頁）：千人與司馬應為邊屯中步兵、騎兵的長官。

今按，諸說多是。千人為帶領軍隊之官。

〔7〕慶：袁雅潔（2018，19頁）：慶應該是居延都尉的屬吏，曾任城騎千人，輔助居延都尉辦公，大致生活在甘露年間前後。

今按，其說當是。慶為居延千人名，其守居延縣令。

〔8〕忠：人名，為掾。

〔9〕充國：人名，為佐。

〔10〕以來：藤田勝久（2012A，197頁）：附記「辟兵以來」，表明是由得到許可的旅行者薛兵本人執持通過。

今按，說是。其為辟兵通關時所記。

甘露四年二月己酉朔癸丑〔1〕，西鄉守有秩世〔2〕、守佐真〔3〕敢告尉史：宛東……☐
掖居延界中。案，毋官獄徵事，當為傳，謁移過所縣邑侯國，毋苛留……☐
言之。謹案，張斗〔4〕年爵如書，毋徵事，敢言之。／二月癸丑，宛丞偝〔5〕
移……☐　　　　　　　　　　　　　　　　　　73EJT10：315A
宛丞印　　☐　　　　　　　　　　　　　　　　73EJT10：315B

【集注】

〔1〕甘露四年二月己酉朔癸丑：甘露，漢宣帝劉詢年號。據徐錫祺（1997，1583頁），甘露四年二月癸丑即公曆公元前50年3月1日。

〔2〕世：人名，為西鄉守有秩嗇夫。

〔3〕真：人名，為守佐。

〔4〕張斗：人名，為申請傳者。

〔5〕偝：人名，為宛縣丞。

☑千秋移肩水金☑

☑☐☐如律令☑　　　　　　　　　　　　　　　73EJT10：323A

☑頭伏地再　　　　　　　　　　　　　　　　　73EJT10：323B

☑毋黍米，願已買，請二斗黍米，謹使使持錢受☑　73EJT10：327A

☑受教，遣使錢持伏前，宜當自伏門下，恐☑　　73EJT10：327B

【校釋】

　　B面「持」字原釋文脫，曹方向（2011）、馬智全（2012，109頁）、張俊民（2014B）、黃艷萍（2016B，134頁）補。

甘露元年正月丁卯朔己巳〔1〕，南鄉有秩良〔2〕敢言之：三泉〔3〕里公乘☑

　　　　　　　　　　　　　　　　　　　　　　73EJT10：335

【集注】

〔1〕甘露元年正月丁卯朔己巳：甘露，漢宣帝劉詢年號。據徐錫祺（1997，1577頁），
　　甘露元年正月己巳即公曆公元前53年2月1日。

〔2〕良：人名，為南鄉有秩嗇夫。

〔3〕三泉：里名。

☑宗年冊，自言為家私使居延，願　　　　　　　73EJT10：336

【校釋】

　　「使」曹方向（2011）釋作「戍」，姚磊（2017D6）認為是「市」字。今按，該字圖版作 ，模糊不清，但據文義當為「使」或「市」，此暫從整理者釋。

　　又「願」字原作「縣」，該字圖版作 ，當為「願」字。願字金關漢簡常作 （73EJT4：118），可以參看。而相關簡文漢簡常見，如簡73EJT15：19作「為家私使居延願以」，73EJT31：135作「為家私市居延願以令取」。

☑案，毋官獄☑　　　　　　　　　　　　　　　73EJT10：338

☑☐☐☐☐☐☐☑

☑來復傳〔1〕出，過所關門亭，毋苛止，如律☑　73EJT10：339+480

【校釋】

張顯成、張文建（2017A）、（2018B，342 頁）綴。「復」原作「假」，「關」原作「令」，張俊民（2014B）釋。其中「關」字張顯成、張文建（2017A）、（2018B，344 頁）釋作「邑」。今按，該字作 ▨ 形，模糊不清，從字形來看，其更接近「關」字。

【集注】

〔1〕來復傳：楊建（2010，193 頁）：來復，指往返。來復傳，當指出入津關來回都可使用的傳。

安忠義（2012，115 頁）：可以推斷吏民進出邊關，不僅檢查符傳，還要根據致籍復核查驗，以確定證件與人員物資是否相符，是否藏有夾帶等。第二次檢查復核的過程可能稱為「復傳」或「復致」。《漢書‧終軍傳》：「初軍從濟南當詣博士，步入關，關吏予軍繻，軍問曰：『以此何為？』吏曰：『為復傳，還當以合符。』」

郭偉濤（2018C，263 頁）：「來復傳」當指往返雙程皆使用同一枚傳。

冨谷至（2018，253～254）：通行證中出現的「復傳」的「復」通「覆」，可看作是「核查」之意。

今按，說均似不妥。「復」字意為重複或繼續，相當於「再」「又」。如《左傳‧僖公五年》：「晉侯復假道於虞以伐虢。」《韓非子‧五蠹》：「釋其耒而守株，冀復得兔；兔不可復得。」「來復傳」漢簡又作「環復傳」（36‧3、73EJT22：137），是指回來、返還時再次使用傳，「來復傳出」則是說回來時再次用傳出關。較完整簡文又作「移肩水金關：出，來復傳入，如律令」（73EJT31：148），可知是先以傳出關，回來的時候再次用傳入關。另外，居延漢簡 36‧3 中的「環復傳」曾被釋作「錄復傳」。李均明（1998B，318 頁）據此認為「錄復傳」是指將當事人的通行證抄錄下來，然後放行。錄下通行證，為的是當事人返回時可以與之核對。這種說法現在看來也是不恰當的。

☐倉假佐〔1〕趙訢調〔2〕，與丞郭成〔3〕俱為郡☐☐☐　　　　73EJT10：343A
☐☐☐足下善恙，良勞官事☐☐　　　　　　　　　　　73EJT10：343B

【校釋】

A 面「郡」下一字姚磊（2019G3）當是「迎」或「送」字。今按，說可信從，只是該字殘斷，不能確知。

【集注】

〔1〕假佐：陳夢家（1980，115頁）：假佐為善史書者給事諸府，中央和縣皆有之；
縣所屬假佐，亦見漢簡……假佐在佐、騎吏之下，是佐之副貳。《百官志》將
軍下曰「又有軍假司馬、假候皆為副貳」，故知假佐亦然。

冨谷至（2018，100頁）：漢簡中出現的假司馬等也在這種趨勢中體現了
西漢末期軍中的假官已趨向常設化。

今按，諸說是。

〔2〕趙訴調：人名，為倉假佐。

〔3〕郭成：人名，為丞。

☑□亥朔丙戌，肩水塞尉通〔1〕敢言☑　　　　　　　　　73EJT10：350

【校釋】

未釋字何茂活（2014C）、（2016A）補「乙」。今按，補釋或可從，但該字殘斷，
僅存下部一點筆畫，不能確知，當從整理者釋。

【集注】

〔1〕通：人名，為肩水塞尉。

再拜以聞☑　　　　　　　　　　　　　　　　　　　　73EJT10：353

甘露二年□月甲辰朔戊午，尉史慶〔1〕敢言☑　　　　73EJT10：355A
正月丁卯，殄北候從史彊〔2〕以來　　☑　　　　　　73EJT10：355B

【校釋】

A面未釋字何茂活（2014C）、（2016A）釋「正」，羅見今、關守義（2013，102
頁）認為是「十一」兩字，黃艷萍（2014A，119頁）則認為是「三」字。又羅見今、
關守義（2013，102頁）認為原簡所書「二年」當為「四年」之誤，黃艷萍（2014A，
119頁）認為甘露二年三月庚寅朔，甲辰朔誤。

今按，該簡左半缺失，字多不能辨識。簡文所記月朔及各家所釋均不合曆譜，
整理者釋讀或有誤，亦可能存在原簡書寫錯誤的情況。當存疑待考。

【集注】

〔1〕慶：人名，為尉史。

〔2〕彊：人名，為殄北候從史。

☑☑☑以☑☑☑尉☑☑

☑胡落定頸順塞上☑☑　　　　　　　　　　　　　　　73EJT10：357

【校釋】

　　首行何茂活（2014C）、（2016A）改釋作「☑☑以☑佐☑尉丞」。今按，該行文字右半殘缺，多不可辨識，暫從整理者釋。

☑☑君謝之　　　　　　　　　　　　　　　　　　　　73EJT10：358

☑佐漢〔1〕移過所縣邑，毋苛留

☑……　　　　　　　　　　　　　　　　　　　　　　73EJT10：359

【集注】

〔1〕漢：人名，為佐。

☑☑行事，敢☑　　　　　　　　　　　　　　　　　　73EJT10：360

秩名九服依倚稟黠吏民閒竊藏匿吏☑　　　　　　　　73EJT10：367A

甲子己亥☑☑　　　　　　　　　　　　　　　　　　　73EJT10：367B

☑為家私市居延，與子男齊〔1〕葆同縣☑　　　　　　73EJT10：370

【集注】

〔1〕齊：當為人名。

☑故不還知駕論　　　　　　　　　　　　　　　　　　73EJT10：372

☑張氏酒建昭元年三月六日〔1〕☑☑　　　　　　　　73EJT10：373

【校釋】

　　「日」原未釋，何茂活（2014D）、（2016C）釋。又簡末未釋字何茂活（2014D）、（2016C）補釋「坐」。今按，補釋或可從，但該字磨滅不可辨識，當從整理者釋。

【集注】

〔1〕建昭元年三月六日：建昭，漢元帝劉奭年號。據徐錫祺（1997，1607頁），建昭元年三月六日即公曆公元前38年4月18日。

壽伏地再拜☑　　　　　　　　　　　　　　　73EJT10：374A

☐☐☐☐☐☑　　　　　　　　　　　　　　　73EJT10：374B

初元年八月乙丑☑

……☑　　　　　　　　　　　　　　　　　　73EJT10：376

甘露四年六月丁☑　　　　　　　　　　　　　73EJT10：377A

……☑

六月壬寅卒史☑　　　　　　　　　　　　　　73EJT10：377B

【校釋】

　　B 面「史」原作「吏」，李燁、張顯成（2015）釋。

甘露四年三月戊申朔乙丑〔1〕，肩水塞尉通〔1〕☐☑

……☑　　　　　　　　　　　　　　　　　　73EJT10：378

【集注】

〔1〕甘露四年三月戊申朔乙丑：甘露，漢宣帝劉詢年號。據徐錫祺（1997，1583 頁），
　　甘露四年三月戊申朔，十八日乙丑，為公曆公元前 50 年 5 月 12 日。

〔2〕通：人名，為肩水塞尉。

順昌〔1〕伏地再拜☑　　　　　　　　　　　73EJT10：384

【集注】

〔1〕順昌：人名，為致信者。

☑十二月丙辰☑　　　　　　　　　　　　　　73EJT10：386A

☑☐☐史☐☑　　　　　　　　　　　　　　　73EJT10：386B

☑掖居延……☑

☑縣邑，毋苛留，敢告尉史蘇☑　　　　　　　73EJT10：388

☑……☑

☑過所縣邑津關，毋留止，如律☑　　　　　　73EJT10：389

☑雒陽守☑　　　　　　　　　　　　　　　　73EJT10：391

【校釋】

　　「雒」前姚磊（2017D3）補一「卯」字。今按，補釋或可從，但「雒」前僅存少許筆畫，不能確知，此從整理者釋。

彭祖〔1〕伏地☑　　　　　　　　　　　　　　　73EJT10：396A
張卿☑　　　　　　　　　　　　　　　　　　　73EJT10：396B

【集注】

〔1〕彭祖：人名，為致信者。《急就篇》可見人名「蕭彭祖」，顏師古注：「彭祖者，
　　　追慕彭鑒，尚其長年也。漢有張彭祖，嚴彭祖。」

☑令壽行☑（削衣）　　　　　　　　　　　　　73EJT10：398

武〔1〕伏地再拜請☑（削衣）　　　　　　　　73EJT10：399

【集注】

〔1〕武：人名，為致信者。

二月乙卯，會水丞☑（削衣）　　　　　　　　73EJT10：400
六月辛酉，氐池丞□移過所　☑（削衣）　　　73EJT10：403
☑馬樂再拜言記告☑
☑……☑（削衣）　　　　　　　　　　　　　73EJT10：404
☑建昭四年十月□□□肩水　☑（削衣）　　　73EJT10：405

☑□□□□凡九人，直五千八十☑
☑嗇夫為出關船卒轉車兩人數，得米□☑
☑為定罷卒數。案右前、左前所移定□☑（削衣）　73EJT10：406

【校釋】

　　　第二行「船」字原作「舩」，該字作　形，為漢簡中「船」字通常寫法，釋「舩」非。

☑卒史唐卿不肯粱☑
☑□□會賞欲急去唯☑（削衣）　　　　　　　73EJT10：409
☑進解卿　☑（削衣）　　　　　　　　　　　73EJT10：410

☑案，☐年爵如☑

☑國，如律令。／掾☑（削衣）　　　　　　　　　73EJT10：411

☐☐☐

卅井縣索☑（削衣）　　　　　　　　　　　　　　73EJT10：412

☑　☐☐候史張誼〔1〕（削衣）　　　　　　　　73EJT10：413

【集注】

〔1〕張誼：人名，為候史。

☑丁巳，居延令弘〔1〕、丞☑（削衣）　　　　　73EJT10：417

【校釋】

　　「丁」原未釋，何茂活（2014C）、（2016A）釋。「丁」前何茂活（2014C）、（2016A）補「朔」字，姚磊（2017E4）認為是「月」字。今按，「丁」前僅存一點墨迹，似可為「朔」字，但不能確知，當從整理者釋。

【集注】

〔1〕弘：人名，為居延令。

☑康俱，乘用占☑

☑月丙辰☑（削衣）　　　　　　　　　　　　　　73EJT10：419

☑伏地再☑（削衣）　　　　　　　　　　　　　　73EJT10：423

☑☐之☐☐☑

☑不在樂死罪死罪☑（削衣）　　　　　　　　　　73EJT10：424

曰乃牀　　☑（削衣）　　　　　　　　　　　　　73EJT10：425

肩水☐行……☑（削衣）　　　　　　　　　　　　73EJT10：426

☑☐☐☑　　　　　　　　　　　　　　　　　　　73EJT10：429A

☑☐☐☑　　　　　　　　　　　　　　　　　　　73EJT10：429B

☑之之之（習字）　　　　　　　　　　　　　　　73EJT10：430A

☑（圖畫）　　　　　　　　　　　　　　　　　　73EJT10：430B

☑來客主不☑　　　　　　　　　　　　　　　　　73EJT10：431

☑……☑　　　　　　　　　　　　　　　　　　　73EJT10：432A

☑傳……☑　　　　　　　　　　　　　　　　　　73EJT10：432B

甯伏地再拜請☑   73EJT10：433

……   ☑

☐☐   ☑   73EJT10：434A

……☑   73EJT10：434B

☑☐☐☐☑   73EJT10：435

☑一編   ☑   73EJT10：439

☑……☑   73EJT10：440

甘露元年九月癸巳朔癸丑〔1〕，守令史壽〔2〕叩……☑   73EJT10：441

【集注】

〔1〕甘露元年九月癸巳朔癸丑：甘露，漢宣帝劉詢年號。據徐錫祺（1997，1578 頁），
    甘露元年九月癸丑即公曆公元前 53 年 11 月 11 日。

〔2〕壽：人名，為守令史。

☑☐罷☐☐   ☑   73EJT10：442A

☑拜   ☑   73EJT10：442B

☑……☑

☑……☑   73EJT10：443

☑☐稍南   ☑（觚）   73EJT10：444

……晝夜☑   73EJT10：445

肩水候☑   73EJT10：449

☑之☐☐☑   73EJT10：450

廷報，敢言☑   73EJT10：453

☑官大車   73EJT10：455

☑☐☐☐☐再拜受受受受☑   73EJT10：460A

☑☐受☑   73EJT10：460B

☑*毋官獄徵事*，謁過所☐☐☐☑（觚）   73EJT10：461

【校釋】

    該簡為書寫在觚上的傳文書。藤田勝久（2012A，203 頁）認為呈觚狀的通行
證，或許即是攜帶旅行傳的實物。並推測這些在甲渠候官出土物，或者是通行證的

備份，或者是旅行者在歸來之後不再需要而廢棄的。以此類推，或許在先前看到的縣一級官府頒發的傳中，連續書寫的公、私用的旅行通行證也是同樣的觚形，在封泥匣之下連續書寫。

今按，其說當是。書寫於觚上的傳文書，很可能就是傳的實物。

☑毋官獄徵事☑
☑☐☐☐☐☐☑　　　　　　　　　　　　　　　73EJT10：462

☑☐如律令。／掾霸〔1〕、令史☑　　　　　　73EJT10：468

【集注】

〔1〕霸：人名，為掾。

☑……☑　　　　　　　　　　　　　　　　　73EJT10：469
☑甚願請☐☑　　　　　　　　　　　　　　　73EJT10：470
☑……來☐☑　　　　　　　　　　　　　　　73EJT10：474
☑☐☐守令史☐☐☑　　　　　　　　　　　　73EJT10：475
☑毋奈☐☑　　　　　　　　　　　　　　　　73EJT10：476
☑　正月　☑　　　　　　　　　　　　　　　73EJT10：478

☑☐☐宣為☐☐☐☑　　　　　　　　　73EJT10：481+507

【校釋】

張文建（2017H）綴。

☑再拜請☑
☑……　☑　　　　　　　　　　　　　　　　73EJT10：483A
☑☐☐☐☑
☑足下☑　　　　　　　　　　　　　　　　　73EJT10：483B
關☑　　　　　　　　　　　　　　　　　　　73EJT10：484A
☐☐☑　　　　　　　　　　　　　　　　　　73EJT10：484B
☑☐我不☐☑　　　　　　　　　　　　　　　73EJT10：486A
☑之謹☐☑　　　　　　　　　　　　　　　　73EJT10：486B
☑☐☐☐泉亭☑　　　　　　　　　　　　　　73EJT10：489

☑津金關，毋苛留止，敢☑   73EJT10：492

☑☐☐☐☐☐☐尊移過所☑   73EJT10：498

☑☐三年五月癸☑   73EJT10：493A

☑年七月戊申☑   73EJT10：493B

【校釋】

    A 面未釋字黃艷萍（2014A，121 頁）、（2014C，84 頁）認為似是「露」字。今按，說或是，該簡右半缺失，字迹磨滅，不能確知，暫從整理者釋。

☑苛留止，敢☑   73EJT10：502

嗇夫賞白☑   73EJT10：505

【校釋】

    「賞白」原未釋，胡永鵬（2021，118 頁）補釋。

☑☐☐☐令侍☑   73EJT10：508

☑肩水都尉府   ☑   73EJT10：509

☑☐之   73EJT10：510

☑☐謁移過所   73EJT10：512

☑幸甚☑   73EJT10：513A

☑……☑   73EJT10：513B

☑……☑   73EJT10：516A

☑十二月☑   73EJT10：516B

☑……☑   73EJT10：517A

☑具☐☑   73EJT10：517B

【校釋】

    該簡何茂活（2014D）、（2016C）認為圖版排印有誤，A、B 面應互換位置，且均應垂直翻轉。A 面釋文改「……津關……」，B 面釋文不變。B 並非 A 的反面，而是從 A 的右半部分剝析而來的半枚殘簡，二者可以綴合。今按，說是。該簡圖版倒置，當據以改正。

☑☑☑☑正月己丑付☑ 　　　　　　　　　73EJT10：518

☑……☑ 　　　　　　　　　　　　　　　73EJT10：519

☑甲☑☑ 　　　　　　　　　　　　　　　73EJT10：520

☑子☑ 　　　　　　　　　　　　　　　　73EJT10：522A

☑……☑ 　　　　　　　　　　　　　　　73EJT10：522B

敢言之：三月己丑……☑ 　　　　　　　　73EJT10：527A

章曰共〔1〕丞印　　☑ 　　　　　　　　　73EJT10：527B

【集注】

〔1〕共：漢河內郡屬縣。《漢書‧地理志上》：「共，故國。北山，淇水所出，東至
　　黎陽入河。」顏師古注引孟康曰：「共伯入為三公者也。」

☐……足下…… 　　　　　　　　　　　　　73EJT10：528

☐☐☐足下☑ 　　　　　　　　　　　　　　73EJT10：531

願以張千人☑（削衣） 　　　　　　　　　73EJT10：531

☑罪死罪☐☐☐☑ 　　　　　　　　　　　　73EJT10：540

……☑ 　　　　　　　　　　　　　　　　　73EJT10：541

……☑ 　　　　　　　　　　　　　　　　　73EJT10：541

☑之病☐☑ 　　　　　　　　　　　　　　　73EJT10：543

☑苟留☐亡☑ 　　　　　　　　　　　　　　73EJT10：544

☑……☑ 　　　　　　　　　　　　　　　　73EJT10：549

☑……甚……☑（削衣） 　　　　　　　　73EJT10：549

贊 　　　　　　　　　　　　　　　　　　　73EJT10：550A

…… 　　　　　　　　　　　　　　　　　　73EJT10：550B

肩水金關 T11

黃龍元年十一月己亥朔辛丑〔1〕，南鄉嗇夫賀〔2〕敢言之：曾氏〔3〕里公乘李
祿〔4〕，年卅歲，自言

…… 　　　　　　　　　　　　　　　　　　73EJT11：1

【集注】

〔1〕黃龍元年十一月己亥朔辛丑：黃龍，漢宣帝劉詢年號。據徐錫祺（1997，1586
頁），黃龍元年即公曆公元前 49 年 12 月 8 日。

〔2〕賀：人名，為南鄉嗇夫。

〔3〕曾氏：里名。

〔4〕李祿：人名，為申請傳者。

初元三年三月乙卯朔甲申〔1〕，倉嗇夫明〔2〕以官行尉事，敢言之：遣竹亭〔3〕
長楊渠〔4〕為郡迎三年罷戍田卒張掖　　　　　　　　　73EJT11：31A+10+3
傳封，緱氏丞印，五月廿五日入　　　　　　　　　　　73EJT11：31B

【校釋】

伊強（2016F）、姚磊（2016G7）綴。

【集注】

〔1〕初元三年三月乙卯朔甲申：初元，漢元帝劉奭年號。據徐錫祺（1997，1591
頁），初元三年三月甲申即公曆公元前 46 年 5 月 10 日。

〔2〕明：人名，為倉嗇夫。

〔3〕竹亭：亭名。

〔4〕楊渠：人名，為竹亭長。

陽朔元年九月丙辰〔1〕，都鄉嗇夫□佐□☑
敢言之　　☑　　　　　　　　　　　　　　　　　　　73EJT11：6

【集注】

〔1〕陽朔元年九月丙辰：陽朔，漢成帝劉驁年號。據徐錫祺（1997，1636頁），陽
朔元年九月丙辰即公曆公元前 24 年 10 月 13 日。

☑薛氏，建始四年正月辛丑〔1〕　　　　　　　　　　73EJT11：13

【集注】

〔1〕建始四年正月辛丑：建始，漢成帝劉驁年號。據徐錫祺（1997，1625頁），建
始四年正月辛丑即公曆公元前 29 年 2 月 27 日。

肩水候□□施刑屬刪丹〔1〕，貧急〔2〕毋它財物以償責府☑
□令史不禁，公令丁君房〔3〕、任賞〔4〕從萬〔5〕等貰賣狐☑　　73EJT11：15

【集注】

〔1〕刪丹：漢張掖郡屬縣。《漢書‧地理志下》：「刪丹，桑欽以為道弱水自此，西
　　　至酒泉合黎。莽曰貫虜。」

〔2〕貧急：中國簡牘集成編輯委員會（2001D，181頁）：貧困窘急。

　　　　　張國艷（2002，87頁）：「貧」有「絮叨、可厭」義，如「貧嘴」沿用的
　　　就是「貧」的這一意義。「急」有「急躁」義，如《尚書‧洪範》：「曰急，恒
　　　寒若。」所以「貧急」就是「嘮叨，急躁」。

　　　　　路方鴿（2013，25頁）：「貧急」猶言貧窮、生活困難。

　　　　　今按，張說非。此處「急」為「困難，窘迫」義。《論語‧雍也》：「吾
　　　聞之也，君子周急不繼富。」朱熹《集注》：「急，窘迫也。」貧急即貧困窘
　　　迫。

〔3〕丁君房：人名。

〔4〕任賞：人名。

〔5〕萬：人名。

☑尉外人所得印書　　☑
☑□持印詣府　　☑　　　　　　　　　　　　　　　　73EJT11：17

☑關倉出秋稟為□□□☑　　　　　　　　　　　　　73EJT11：18

【校釋】

　　　「稟」原作「廩」，黃艷萍（2016B，123頁）、（2018，135頁）釋。

☑　隧長湯〔1〕敢☑　　　　　　　　　　　　　　　73EJT11：21

【集注】

〔1〕湯：人名，為隧長。

☑□敢言之：中里〔1〕大夫數
☑□□□從事，當為傳，謁移廷　　　　　　　　　　73EJT11：25A
☑如律令。／掾術〔2〕、守令史音〔3〕　　　　　　　73EJT11：25B

【集注】

〔1〕中里：里名。

〔2〕術：人名，為掾。

〔3〕音：人名，為守令史。

永光元年六月壬寅〔1〕⬚

橐他曲河〔2〕亭長王□⬚（削衣）　　　　　　　　　73EJT11：28

【集注】

〔1〕永光元年六月壬寅：永光，漢元帝劉奭年號。據徐錫祺（1997，1597頁），永
　　　光元年六月壬寅即公曆公元前43年7月11日。

〔2〕曲河：亭名，屬橐他候官。

肩水金關 T14

⬚⬚⬚⬚⬚⬚⬚⬚

尉史光〔1〕，八月丁酉，廚嗇夫⬚　　　　　　　　73EJT14：11A

滎陽令印　　⬚　　　　　　　　　　　　　　　　　73EJT14：11B

【校釋】

　　　B面「滎陽」原作「榮陽」，趙爾陽（2016B），黃艷萍（2016B，124頁）、（2018，
136頁）釋。

【集注】

〔1〕光：人名，為尉史。

五鳳三年十二月癸卯朔乙⬚　　　　　　　　　　　73EJT14：12

⬚　印行事，移肩水金關⬚　　　　　　　　　　　73EJT14：14

⬚縣令、游徼、亭長、郵正〔1〕、獄史〔2〕　　　　73EJT14：16

【集注】

〔1〕郵正：或為傳遞郵書的郵驛中的負責人。具體不明。

〔2〕獄史：決獄的官。《漢書・于定國傳》：「于定國字曼倩，東海郯人也。其父于
　　　公為縣獄史，郡決曹，決獄平，羅文法者於公所決皆不恨。」

地節二年五月壬戌朔乙☐

☐☐輜車一乘☐☐☐☐　　　　　　　　　　　　　73EJT14：21

☐☐對各有會☐　　　　　　　　　　　　　　　　73EJT14：30

張掖廣地候印　　　☐

正月甲辰，駙北亭卒漢☐☐　　　　　　　　　　　73EJT14：31A

正月辛丑，廣地☐

如律令。／☐　　　　　　　　　　　　　　　　　73EJT14：31B

☐書卒自言責〔1〕☐

☐☐如爰書☐☐　　　　　　　　　　　　　　　　73EJT14：32

【集注】

〔1〕自言責：連劭名（1987A，77 頁）：漢代法律術語中，債權人要求負債者償還
　　債務，稱為「責」……負債者對於債權人負有債務，稱為「負」……簡言之，
　　對他人負有債務而尚未償還，曰「負」。「責」與「負」，是債務糾紛中互相對
　　立的雙方。在訴訟中，「責」者為原告，「負」者為被告。

　　　　今按，說是。「責」同「債」，《正字通・貝部》：「責，逋財也。俗作債。」
　　「自言責」是債權人自己說別人欠他錢。

☐塞尉通〔1〕兼行

☐亭，書到，霸〔2〕兼　　　　　　　　　　　　73EJT14：33A

☐史殷〔3〕　　　　　　　　　　　　　　　　　73EJT14：33B

【集注】

〔1〕通：人名，為塞尉。

〔2〕霸：人名。

〔3〕殷：人名。

者治所長安　　　　　　　　　　　　　　　　　73EJT14：34

☐伏地再拜請　　　　　　　　　　　　　　　　73EJT14：37

☐放賜蓋眾☐　　　　　　　　　　　　　　　　73EJT14：38

☐☐嘗亡子平須臾也☐（削衣）　　　　　　　　73EJT14：41

【校釋】

「嘗」字原作「當」，該字作 形，應非「當」字，此從何茂活（2018A，116）釋。

肩水金關 T15

□□賣□則叩頭，願少君〔1〕為□□□□□賣□不宜，請少君□□☑
　　　　　　　　　　　　　　　　　進
亭則〔2〕幸甚幸甚，謹使使〔3〕奉書伏地再拜／〔4〕少君足下。　　季少君
　　　　　　　　　　　　　　　　　　　　　　　　73EJT15：1A

則伏地再拜請
少君足下：屬見不敢陳辤，因道以施恩少君，毋它，前則欲☑　73EJT15：1B

【集注】

〔1〕少君：人名，即季少君，為受信者。

〔2〕則：人名，為致信者。

〔3〕使使：李均明、劉軍（1999，64 頁）：前一「使」字為動詞，謂派遣；後一「使」
　　　字為名詞，謂使者。

　　　　　今按，說是。《史記・三王世家》：「王夫人死而帝痛之，使使者拜之曰。」

〔4〕／：李均明、劉軍（1999，72～73 頁）：某某叩頭白、某某再拜言之類獨佔一
　　　行是當時書信的正規寫法，但如此寫所佔版面較多，為使一牘之中能容納更多
　　　文字，致信人便將起首語與正文在一行中連寫，期間以界隔符隔開，表示原本
　　　當另起一行。

　　　　　今按，說是。B 面「少君足下」另起一行，則為平闕之式。王國維（1959，
　　　907 頁）謂：「行文平闕之式，古金文中無有也。惟瑯瑯臺殘石，則遇『始皇
　　　帝』『成功盛德』及『制曰可』等字，皆頂格書，此為平闕之始。此符左右各
　　　十二字，分為二行，『皇帝』二字適在第二行首，可知平闕之制自秦以來然矣。」
　　　馬怡（2008，177 頁）指出在漢代的私人書信中，用平闕之式將受信人稱謂及
　　　其提稱語提出平行已很常見。

☑免冠叩頭，死罪死罪，宿衞未有以稱職，職事毋狀☑　　　　　73EJT15：2

☑建平三年二月壬子朔乙亥〔1〕，陽武〔2〕　　☑

☑居延。謹案，時〔3〕毋官獄徵事，當以　　☑　　　　　73EJT15：5A

陽武丞印　☑　　　　　　　　　　　　　　　　　　　73EJT15：5B

【集注】

〔1〕建平三年二月壬子朔乙亥：建平，漢哀帝劉欣年號。據徐錫祺（1997，1675 頁），
　　建平三年二月乙亥即公曆公元前 4 年 3 月 21 日。

〔2〕陽武：漢河南郡屬縣。《漢書・地理志上》：「陽武，有博狼沙。莽曰陽桓。」

〔3〕時：人名，為申請傳者。

為家私使之居延，願以令取☑

金關、居延縣索關，出入☑　　　　　　　　　　　　　73EJT15：7

迫關外毋禮物，願少平〔1〕因忍☑　　　　　　　　　　73EJT15：8A

……☑

願少平□□故叩頭，願少平☑　　　　　　　　　　　　73EJT15：8B

【校釋】

　　A 面「關」周艷濤（2013），周艷濤、李黎（2014）釋「塞」，姚磊（2017D5）
認為當以整理者釋「關」為準。今按，該字作 形，當為「關」字草寫，釋「塞」
不確。

　　B 面未釋兩字姚磊（2017D5）補「因忍」。今按，該兩字圖版磨滅不可辨識，
此從整理者作未釋字處理。

【集注】

〔1〕少平：人名，為受信者。

□□錢物數，敢拾遺物，不詣廷☑　　　　　　　　　　73EJT15：11A

☑　　九　☑　　　　　　　　　　　　　　　　　　　73EJT15：11B

正月壬子，肩水關嗇☑

寫移，如律令☑　　　　　　　　　　　　　　　　　　73EJT15：13

☑□□□為家私使居延，願以☑

☑　苟留，如律令☑

☑　如律令。／□☑　　　　　　　　　　　　　　　　73EJT15：19

☑□朔庚午，橐他候☑（削衣）　　　　　　　　　　　73EJT15：25

☑□大尉肩水候官□☑   73EJT15：26

名縣爵里年姓如牒   ☑   73EJT15：29A
橐他候印   ☑   73EJT15：29B

【校釋】

A 面「牒」後姚磊（2017D3）補一「書」字。今按，補釋或可從，但「牒」後幾無墨迹可辨，當從整理者釋。

肩水金關 T21

永光三年三月丙戌朔癸丑〔1〕，肩水城奉〔2〕移肩水金關助府
……   73EJT21：19

【集注】

〔1〕永光三年三月丙戌朔癸丑：永光，漢元帝劉奭年號。據徐錫祺（1997，1601 頁），永光三年三月癸丑即公曆公元前 41 年 5 月 12 日。

〔2〕肩水城奉：簡 73EJT3：109 和簡 73EJD：36A 均有「肩水城尉奉世」，此處「肩水城奉」或當是「肩水城尉奉世」的脫漏。

朱卿子蒐〔1〕來記教告之，使博士知車
……   73EJT21：26

【集注】

〔1〕朱卿子蒐：卿為尊稱，子蒐為人名。

☑□長辟、木面衣〔1〕各有數，檄到，延壽〔2〕等□☑（觚）
                                       73EJT21：28A

☑□檄右各寫方取財木日，必具，以檄言，毋忽，如律☑（觚）
                                       73EJT21：28B

【集注】

〔1〕木面衣：初師賓（1984A，187 頁）：木面衣以木製又稱衣，當為遮蔽面前的木製屏具。

薛英群、何雙全、李永良（1988，73 頁）：木，疑目之假借。目面衣，蒙面防護用具。

張國艷（2002，86 頁）：「木」可能通「目」，「木面衣」即「目面衣」，戰爭中用來蒙面保護眼睛的物品，「木」也可能是「面衣」的質料，「木面衣」即木製的蒙面防護用具，大概與今天擊劍比賽中雙方所戴的頭具類似，只是質料不同而已。

今按，說「木」通「目」不確，木面衣即木製面罩。

〔2〕延壽：人名。

□□□獄徵事，當得取傳，謁移過所縣道☑
苛留止，以律令從事，敢言之☑　　　　　　　　73EJT21：31

【校釋】

首行「獄」前未釋兩字周艷濤（2013），周艷濤、李黎（2014）補釋「毋官」。今按，據文義當為「毋官」，但該簡殘斷，不能辨識，當從整理者釋。

□□再拜言：臨利〔1〕隧長今缺□□□候事□□徒補再拜……　73EJT21：32

【集注】

〔1〕臨利：隧名。

□伏地再拜請
稚君〔1〕足下：今稚君從充〔1〕取車賈錢三千，已入千，藥
　　　　　　　　　　　　　　　　　73EJT21：57B+33A
迫
王卿　……　　　　　　　　　　　　73EJT21：33B+57A

【校釋】

伊強（2015F）綴。

【集注】

〔1〕稚君：人名，為受信者。
〔2〕充：當為人名。

十二月戊午，肩水守塞尉、候長長生〔1〕以私印行事，敢言之　73EJT21：39

【集注】

〔1〕長生：宋艷萍（2014，134 頁）：從簡文看，肩水守塞尉候長長生以私印行事，

　　　這件事應該和簡 21：43 有關係，應該是長生奉肩水候房的命令，代行候事。
從「敢言之」，可見這是個上行文書，可能是向肩水候房匯報工作的文書。這
隻簡發生在十二月戊午，這裏的十二月，很可能就是元康二年的十二月。

　　　　　今按，說是。長生為肩水守塞尉、候長人名。

地節五年正月丙子朔戊寅〔1〕，肩水候房〔2〕以私印

行事。謂士吏平〔3〕：候行塞，書到，平行　　　　　　　　73EJT21：42A

候事，真官到，若有代，罷，如律令。　　　　　　　　　　73EJT21：38A

……　　／令史拓〔4〕、尉史義〔5〕。　　　　　　　　　73EJT21：38B

印曰候房印。

正月戊寅，鄣卒〔6〕福〔7〕以來。　　　　　　　　　　　73EJT21：42B

【校釋】

　　　簡 73EJT21：42 和簡 73EJT21：38 侯旭東（2014A，184～185 頁）復原為一件
文書。楊小亮（2014A，304～305）亦編連為同一冊書，同時指出唯兩簡是編連還是
綴合尚可討論。今按，從形制，字體筆迹及文義等來看，兩簡無疑為同一文書。又
兩簡側面似有斷裂痕迹，或可綴合。

【集注】

〔1〕地節五年正月丙子朔戊寅：地節，漢宣帝劉詢年號。地節五年即元康元年，據
　　　徐錫祺（1997，1553 頁），元康元年正月戊寅即公曆公元前 65 年 2 月 13 日。

〔2〕房：人名，為肩水候。

〔3〕平：人名，為士吏。

〔4〕拓：人名，為令史。

〔5〕義：人名，為尉史。

〔6〕鄣卒：中國簡牘集成編輯委員會（2001G，33 頁）：駐守鄣城的士卒，約有定
　　　員，職責與一般戍卒有別。

　　　　　今按，說是。

〔7〕福：人名，為鄣卒。

元康二年九月丁酉朔己未〔1〕，肩水候房〔2〕以私

行事，謂候長長生〔3〕：候行塞，書到，行候事　　　　　73EJT21：43A

令史利〔4〕、尉史義〔5〕。　　　　　　　　　　　　　　73EJT21：43B

【集注】

〔1〕元康二年九月丁酉朔己未：元康，漢宣帝劉詢年號。據徐錫祺（1997，1556 頁），

　　　　元康二年九月己未即公曆公元前 64 年 11 月 15 日。

〔2〕房：人名，為肩水候。

〔3〕長生：人名，為候長。

〔4〕利：人名，為令史。

〔5〕義：人名，為尉史。

牒書獄所逤〔1〕一牒

本始二年七月甲申朔甲午，鱳得守獄丞却胡〔2〕以私印行事，敢言之：肩水都
尉府移庚候官〔3〕告尉謂游

徼安息〔4〕等，書到雜假捕此牒人，毋令漏泄，先聞知，得定名縣爵里年姓〔5〕
官秩它坐或　　　　　　　　　　　　　　　　　　　　　　　73EJT21：47

【校釋】

　　　「甲申朔」周艷濤（2013）、胡永鵬（2014B，274 頁）、黃艷萍（2014B，191
頁）均認為有誤。今按，諸說是。本始二年七月甲寅朔，該月亦無甲午日。本始，
漢宣帝劉詢年號。據徐錫祺（1997，1540 頁），本始二年八月甲申朔，且該月有甲
午日，因此原簡或將日期寫錯了一個月。

【集注】

〔1〕逤：李均明（1986，30 頁）：居延漢簡所見「逤」字，每每與獄事有關……逤，
　　　逮捕。《爾雅·釋言》：「逮，逤也。」《漢書·常山憲王劉舜傳》：「天子遣大行
　　　騫驗問，逮諸證者。」師古注「逮捕之。」

　　　　胡平生、張德芳（2001，36 頁）：逤，讀為「逮」。《方言》：「逤，及也。
　　　東齊曰迨，關之東西曰逤，或曰及。」

　　　　冨谷至（2018，212 頁）：表示「達到」之意的主要為「逤」字。「逮」字
　　　作為法律用語被用於表示逮捕之意，卻沒有「逤」字那樣廣泛的意思，也沒有
　　　「逤」那樣被頻繁地使用，結果是西漢初期以後，「逮」字的「逮捕」之意也
　　　用「逤」字來表示。

　　　　今按，諸說是。《墨子·非攻下》「今逤夫好功伐之君」，孫詒讓《閒詁》
　　　引洪云：「逤、逮古字通用。」「逤」與「逮」簡帛古書亦常相通，參白於藍師
　　　（2017，903 頁）「逤與逮」字條。

〔2〕却胡：人名，為轢得守獄丞。

〔3〕庾候官：陳夢家（1980，26頁）：漢簡未見庾候官所屬的部、隧，它和置候、驛候一樣，乃係候官一級的位置，主治倉廩，本無隸屬於下的部、隧。

黃艷萍（2016A，117頁）：表明「庾候官」屬肩水都尉。張德芳在《西北漢簡一百年》演講文中亦指出肩水都尉有「倉石候官」「庾候官」，居延都尉有「遮虜候官」。

今按，諸說是。庾為候官名，屬肩水都尉。

〔4〕安息：人名，為游徼。

〔5〕定名縣爵里年姓：高恆（1993，45頁）：「定名縣爵里年姓」，為秦漢制度。凡追查法律責任，或審判案件，均要求先詢問當事人的「名、縣、爵、里、年」。其意義在於：一、驗明身份。二、便於確定當事人的法律責任。秦漢時，有官爵者享有一定司法特權。法律還規定幼少老耄者，可減免刑罰。

今按，說是。參73EJT8：74+113「名縣爵里」集注。

☑……肩□□史□□□□謂尉當　　　　　　　　　　73EJT21：54

定昌衣用，迺九月中渡肩水河，車反，亡所取轢得丞傳，今以令為取傳，謁移過所縣道關，毋苟

留，敢言之。／十一月乙丑朔癸未，居延守丞、右尉……　　73EJT21：56

【校釋】

末行簡尾胡永鵬（2015，28頁）、（2016A，169頁）補「可置」二字。今按，補釋或可從，但該行文字右半缺失，多不能辨識，當從整理者釋。

又該簡年屬，羅見今、關守義（2014），黃艷萍（2014B，191頁），胡永鵬（2016A，169頁）均認為是地節元年（前69）。今按，諸說是。地節，漢宣帝劉詢年號。據徐錫祺（1997，1546頁），地節元年十一月癸未即公曆公元前68年1月4日。

獄至大守府，絕匿房誼〔1〕彝起居，萬年〔2〕不識，皆故劾房誼失寇乏□，敢告之。謹先以不當得告誣人律〔3〕辯告〔4〕，乃更

今將告者，詣獄長孟女已〔5〕，願以律移旁近二千石官治，以律令從事，敢言之。　　　　　　　　　　73EJT21：59

【校釋】

第一行「辤」原作「辭」，黃艷萍（2016B，130 頁）、（2018，137 頁）釋。

第二行「誣」字秦鳳鶴（2018，89 頁）釋作「誙」。今按，該字圖版作 ▨ 形，釋「誙」似非，「誣」義為「誣陷」，正合於該簡簡文，整理者釋讀不誤。

又首行未釋字作 ▨ 形，上部殘缺，僅存下面一橫和兩點。據剩餘字形和文義來看，其當為「興」字。「乏興」即「乏軍興」，指闕乏軍用物資的徵發，為違反軍律的一種罪名。可知釋「興」合於文義。

後右足鼻各一所，房誼連戰至驪▨	73EJT24：795
▨獄訊問房誼▨	73EJT24：813
失寇捕縠房誼，東候▨	73EJT24：852
▨□失寇捕縠房誼，東	73EJT24：927

【校釋】

以上出土於 T24 的四簡和出土於 T21 的簡 73EJT21：59 形制、字體筆迹相同，內容相關。雖然出土於不同的探方，但我們認為上述五簡應當屬於同一冊書，或可編連。

【集注】

〔1〕房誼：當為人名。漢簡常見肩水候名房和甲渠候名誼的人，頗疑其即指肩水候房和甲渠候誼。但據李均明、劉軍（1992，136 頁），甲渠候誼任期上限為永光五年、下限為陽朔三年。而金關漢簡所見，肩水候房任職於地節、元康年間。兩人任職時間相差二、三十年，並不同時。暫存疑待考。

〔2〕萬年：當為人名。

〔3〕不當得告誣人律：即不應當狀告但誣陷別人的法律。

〔4〕辯告：王念孫（1985，181 頁）：吏以文法教訓辨告，勿笞辱。念孫案：辨，讀為班。班，告布也。謂以文法教訓布告眾民也。

葛紅麗（2007，162 頁）：普遍告知。通告。

李均明（2009，82 頁）：「辨告」是將與案件相關法律規定告知被告，提醒其嚴格遵守。《漢書・高帝紀》：「吏以文法教訓辨告，勿笞辱。」師古注：「辨告者，分別義理以曉諭之。」

今按，諸說是。「辯告」即「辨告」，指將相關法律普遍告知。

〔5〕孟女已：似為人名。

☑月辛未朔壬申，都鄉守嗇夫宗〔1〕敢言之：都尉庫佐……與誠勢〔2〕里男子
馬並〔3〕俱，迎丞天水略陽〔4〕郡☑

☑謹案，戶籍臧鄉者，並爵上造，年廿四歲，毋官獄徵事，當得以令取傳，
謁移過所縣□☑

☑律令，敢言之　　☑

☑□城騎千人臨〔5〕、丞循〔6〕移過所如律令。　　／掾宮〔7〕□☑

73EJT21：60A＋73EJT24：304

☑□□人　☑
73EJT21：60B

【校釋】

　　姚磊（2017J5）、（2018E，34頁）綴。綴合後補釋第四行末一字為「道」，第六
行首一字為「令」、末一字為「守」。

　　今按，補釋可從，但所釋字多殘損，不能確知，暫從整理者釋。又「誠」字原
釋作「城」，該字圖版作 **城**，當釋「誠」。

【集注】

〔1〕宗：人名，為都鄉守嗇夫。

〔2〕誠勢：里名。

〔3〕馬並：人名。

〔4〕略陽：據《漢書‧地理志》，「天水郡」下有「略陽道」。《後漢書‧光武帝紀下》：
　　　「八年春正月，中郎將來歙襲略陽。」李善注：「縣名，屬天水郡，故城在今
　　　秦州龍城縣西北。」

〔5〕臨：人名，為城騎千人。

〔6〕循：人名，為丞。

〔7〕宮：人名，為掾。

本始二年七月庚子朔丁酉，庫嗇夫毋患〔1〕行尉事　　☑

偕。謹案，奉宗〔2〕└憙〔3〕毋官獄徵事，當為傳，謁移過所　　☑

七月丁酉，梁〔4〕守丞、左尉世〔5〕移過所，如律令☑　　　　73EJT21：64

【校釋】

　　第一行「庚子朔」周艷濤（2013），胡永鵬（2014B，274頁）、（2016A，165頁），

黃艷萍（2014B，191 頁）等均認為有誤，並指出本始二年七月甲寅朔。今按，諸說是。本始二年七月甲寅朔，且該月無丁酉日。原簡書寫錯誤。

【集注】

〔1〕毋患：人名，為庫嗇夫。

〔2〕奉宗：人名，為申請傳者。

〔3〕憙：人名，為申請傳者。

〔4〕梁：即梁縣，漢河南郡屬縣。《漢書・地理志上》：「梁，罷狐聚，秦滅西周徙其君於此。陽人聚，秦滅東周徙其君於此。」顏師古注引臣瓚曰：「秦取梁，後改曰夏陽，今馮翊夏陽是也。此梁，周之小邑，見於春秋。」

〔5〕世：人名，為梁縣守丞、左尉。

☑房史子羽所屬予房者也，告而留之

☑先以錢二千八百給房四月奉，與房　　　　　　73EJT21：65

☑到，宗兼行☑　　　　　　　　　　　　　　　73EJT21：68

☑肩水候長□□☑　　　　　　　　　　　　　　73EJT21：69A

☑……☑　　　　　　　　　　　　　　　　　　73EJT21：69B

……敢言之長吏〔1〕□☑

……二日日□起居□為☑

……敢言之　　☑　　　　　　　　　　　　　　73EJT21：71A

……移過所縣□☑

章曰軍候〔2〕之印　正月壬☑　　　　　　　　　73EJT21：71B

【集注】

〔1〕長吏：賀昌群（2003A，103 頁）：長吏即縣令長，前書《百官表》：縣令長掌治其縣，萬戶以上為令，秩千石至六百石；減萬戶為長，秩五百石至三百石，——皆有丞尉，秩四百石至二百石，——是為長吏。百石以下，有斗食佐史之秩，是為少吏。（《景帝紀》：中六年詔曰，吏六百石以上，皆長吏。與上舉秩位略有異）。此言長吏乃縣令長之稱，而丞尉不與焉。惟章懷注《光武帝紀》（更始二年）「所到部縣輒見二千石長吏」云：二千石謂郡守，長吏謂縣令長及丞尉也。是誤以長吏為縣令長及丞尉之統稱。顏師古於此尚能辨別，《文帝紀》元年：詔民年九十以上，賜物及當稟鬻米者，長吏閱視，丞若尉致。師古

曰：長吏，縣之令長也。而不舉丞尉，是長吏蓋指縣令長而言，丞尉為縣令長之下屬，非長吏也。

勞榦（1960，13頁）：凡太守都尉之屬官，自二千石至於二百石皆為長吏。長吏者二千石之部屬，其秩較尊者也。漢代二千石比於大國之諸侯，其下之令長丞尉皆略比於大夫，而掾屬則比士矣，此所以長吏少吏為兩絕不相同之階級也。

勞榦（1939，162頁）：審是則二千石為一郡之君，所屬咸當為一郡之吏，長吏少吏之名，蓋以此也。惟長吏多指縣令長而言……是長吏雖可包括丞尉，究以令長為主。

中國簡牘集成編輯委員會（2001G，98頁）：地位較高的官員。《漢書·景帝紀》：「吏六百石以上，皆長吏也。」後亦指二百石至四百石的官吏，與「少吏」對稱。《漢書·百官公卿表》：「（縣）有丞、尉，秩四百石至二百石，是為長吏。百石以下又斗食、佐史之秩，是為少吏。」

今按，諸說多是。唯賀昌群認為長吏指縣令長而言，其下屬丞尉非長吏，似有不妥。

〔2〕軍候：漢代軍官名，將軍下分部，部下設曲，其長為軍候，秩比六百石。《後漢書·百官志》：「其領軍皆有部曲。大將軍營五部，部校尉一人，比二千石；軍司馬一人，比千石。部下有曲，曲有軍候一人，比六百石。」

息〔1〕謹伏□□□□　☑
□予□卿麥三石者臧夫人盡以為餔，不可得☑　　　　　　73EJT21：73A
便予錢，息幸甚，息伏地言：關大麥〔2〕石七十不□☑　　　73EJT21：73B

【校釋】

A面第二行「□予□卿」姚磊（2019G3）作「掾予□□」。今按，釋或可從，但字多磨滅，不可辨識，暫從整理者釋。

【集注】

〔1〕息：人名，為致信者。
〔2〕大麥：何雙全（1986，253頁）：是晚於小麥的麥種，破城子也有實物出土，與上述麥，即小麥比較，顆粒瘦而長，內涵不飽滿，與現在西北種植的大麥完全相同，當年或隔年而生，穗長芒，晚於小麥收割，除食麵粉外，還可作甜酒。

今按，說是。

☑司騎將……
☑□郡中謁……　　　　　　　　　　　　　　　73EJT21：79
☑戊申，肩水城尉□☑
☑縣爵里年姓☑　　　　　　　　　　　　　　　73EJT21：80

……肩水□□亭長……　　　　　　　　　　　　73EJT21：86A
……張忠〔1〕字子仲
王充〔1〕字少□　　　　　　　　　　　　　　　73EJT21：86B

【集注】
〔1〕張忠：人名。
〔2〕王充：人名。

罪死罪，敢言之　　　　　　　　　　　　　　　73EJT21：89A
當□□隧長□詡　　　　　　　　　　　　　　　73EJT21：89B

陽朔元年三月戊申朔己卯，肩水候丹〔1〕移昭武書☑　　73EJT21：98

【校釋】
　　「己卯」胡永鵬（2014B，274 頁）、（2016A，327 頁），黃艷萍（2014B，191
頁）均認為或是「乙卯」之誤。今按，諸說是，當為原簡書誤。

【集注】
〔1〕丹：人名，為肩水候。

陽朔元年五月丁未朔丁卯〔1〕，肩水候丹〔2〕移觻得：出穀付廄佐丁充〔3〕食
柱馬〔4〕石斗如牒，
書到，願令史簿入六月四時報，如律令。　　已入　　73EJT21：102A
伏伏地再拜
伏地再拜請　令史臨〔5〕、尉史音〔6〕　　　　　　73EJT21：102B

【校釋】
　　A 面第三行「簿」原作「薄」，孔德眾、張俊民（2013，97 頁）釋。又該簡B
面「伏伏地再拜、伏地再拜請」和同簡其他文字字體不同，文義無關，當為後書習
字之作。

【集注】

〔1〕陽朔元年五月丁未朔丁卯：陽朔，漢成帝劉驁年號。據徐錫祺（1997，1635
頁），陽朔元年五月丁卯即公曆公元前 24 年 6 月 26 日。

〔2〕丹：人名，為肩水候。

〔3〕丁充：人名，為廄佐。

〔4〕柱馬：胡平生、張德芳（2001，83 頁）：或說，懸泉漢簡中常見「注」或「柱
馬」，疑指飼養在馬廄裏的待用之馬。

李天虹（2003，74 頁）：或謂與「倅馬」（副馬）相對，指正馬。曾侯乙
墓 163 號簡有馬名「驊（騮）駐」，「柱」與「駐」通，可參。

初師賓（2004，169 頁）：又漢簡多見「柱馬」，故知柱（拄、駐）有專備
不得挪作他用之義，與驛置交通有關。

張俊民（2015B，344 頁）：「柱馬」應該是專門為了某事預先準備的馬匹。

高榮（2008，37 頁）：簡中的「柱」或「柱馬」應即「主馬」，亦即駕車
之轅馬。

王志勇（2018，148 頁）：「柱馬」應即文獻中所言之「駄馬」……《說文》
云：「柱，楹也。」本義是建築物的支柱，因其有支撐作用，所以又有「支撐」
這個引申義，可用為動詞。古代瑟上有一名為「柱馬」的構件，其作用就是為
支撐琴弦。郎瑛《七修類稿》卷二十四云：「蓋即古人之一段義終，則於瑟上
解一柱馬也；又一段，則又解一柱馬耳。」就馬匹中的「柱馬」來說，馬匹駄
著東西，其實也是一種支撐。劉晝《劉子》卷六云：「十圍之木不可蓋以茅茨，
榛棘之柱不可負於廣廈。」是「柱」與「負載」義頗相關，也就是說，「柱馬」
可以理解為「駄馬」。

冨谷至（2018，219 頁）：關於通「住」的「柱」，也可解釋為「止住」
「留下」。

今按，諸說恐多不妥。「柱」當通「駐」，《說文·馬部》：「駐，馬立也。」
《漢書·韓延壽傳》：「今旦明府早駕，久駐未出。」「柱馬」或即臨時駐止的
馬。馬匹行到一地臨時駐止，當地要為之提供糧草，這種馬簡文就稱作「柱
馬」。如簡常作「以食使者葉君柱馬八匹壹宿」（EPT51·85）、「勞邊使者大守
君柱馬」（EPT52·616），使者乘馬路過，停留一宿，當地為其乘用馬提供糧
草，簡文稱之柱馬，意為臨時駐止的馬，於文義頗合。

〔5〕臨：人名，為令史。

〔6〕音：人名，為尉史。

正月癸巳〔1〕，肩水候房〔2〕以私印行事，告尉謂士史平〔3〕、候長章〔4〕等：
寫移，書到，除前書，以後書品約從事，毋忽，如律令。／尉史義〔5〕

73EJT21：103

【集注】

〔1〕正月癸巳：宋艷萍（2014，134 頁）：據 21：42 簡，推測該簡中的正月，應該
　　是地節五年的正月。

　　　　今按，說是。地節，漢宣帝劉詢年號。地節五年為公曆公元前 65 年。

〔2〕房：李均明、劉軍（1999，167 頁）：發文者名，筆迹與同簡其他文字異，為第
　　二次書寫，無疑為發文者之簽發性署名。經簽發之定稿，即可抄成正本發出。
　　定稿通常留存於發文者所在機構。

　　　　大庭脩（2001，208 頁）：總之在文書簡中，作為發文者的上級官員在日
　　期後署名的位置上親筆書寫自己的姓名，在對文書行使權力的同時，也使之發
　　生效力。

　　　　今按，諸說是。「房」為肩水候名。此簡「房」字字體筆迹不同於同簡其
　　他文字，當為候房的簽名。

〔3〕平：人名，為士吏。

〔4〕章：人名，為候長。

〔5〕義：人名，為尉史。

正月丙寅，溫守丞禹〔1〕移過所縣邑侯國河津關，如律令。／令史常喜／令敝

73EJT21：104

【校釋】

　　　該簡「常」和「喜」之間有裂痕，當為前後兩段拼接而成。文書末尾這種簽署
方式不合常規，因此該簡前後兩段或屬於誤綴。

【集注】

〔1〕禹：人名，為溫縣守丞。

驛北亭四道行書〔1〕卒二人，受迹候〔2〕行書晨夜當不及，凡七人乘亭十月盡
十一月部有　　　　　　　　　　　　　　　　　　　73EJT21：106

【集注】

〔1〕行書：即傳遞郵書。張家山漢簡《二年律令》簡269～270：「非乏事也，及書
　　已具，留弗行，行書而留過旬，皆盈一日罰金二兩。」

〔2〕迹候：中國簡牘集成編輯委員會（2001G，59頁）：迹即巡視天田出入蹤迹，
　　候即瞭望敵情動態。迹候為漢簡中常用術語，亦為邊防士卒的日常工作。
　　　　今按，說是。迹為日迹，候為候望。

元始元年八月丙戌朔壬子〔1〕，西部候史武〔2〕敢言之：謹
移吏卒稟名籍〔3〕一編，敢言之。　　　　　　　　　　73EJT21：108

【校釋】

　　「稟」原作「廩」，黃艷萍（2016B，123頁）、（2018，135頁）釋。

【集注】

〔1〕元始元年八月丙戌朔壬子：元始，漢平帝劉衎年號。據徐錫祺（1997，1684
　　頁），元始元年八月壬子即公曆公元1年10月3日。

〔2〕武：人名，為西部候史。

〔3〕吏卒稟名籍：永田英正（2007，132頁）：「吏卒廩名籍」是向吏卒發放食糧的
　　名單。

　　　　冨谷至（2018，148頁）：漢簡中常見的「吏卒」為官吏和戍卒，另外也
　　是職業軍人（吏）和征兵戍卒（卒），同時也是在邊境一帶的烽燧從事勤務工
　　作的兩種士兵的稱呼。

　　　　今按，諸說是。《說文》：「稟，賜穀也。」吏卒指官吏和戍卒。

☒□朔四年十一月丁巳朔庚辰，肩水候宗〔1〕移槖佗就人載穀名□☒
　　　　　　　　　　　　　　　　　　　　　　　　　73EJT21：109A

☒　守令史音〔2〕☒　　　　　　　　　　　　　　　　73EJT21：109B

【校釋】

　　A面未釋字周艷濤（2013），周艷濤、李黎（2014）分別補「陽」「籍」。其中簡
首一字羅見今、關守義（2014）亦認為斷失「陽」字。今按，從文義來看，補釋可
從，但兩字均殘缺，當從整理者釋。

【集注】

〔1〕宗：人名，為肩水候。

〔2〕音：人名，為守令史。

地節二年九月庚申朔己巳〔1〕，尉史倉〔2〕敢言之：遣令史長生□游

73EJT21：110

【集注】

〔1〕地節二年九月庚申朔己巳：地節，漢宣帝劉詢年號。據徐錫祺（1997，1548 頁），
　　地節二年九月己巳即公曆公元前 68 年 10 月 17 日。

〔2〕倉：人名，為尉史。

建昭三年三月丁巳朔乙亥〔1〕，□□□敢言之：□令史□迎受騎馬張掖郡中，
乘所占用馬一匹、軺車一乘
……闟都里不更王……縣道河津關，毋苟留止，如律令，敢言之。

73EJT21：113A

三月庚辰，鄭誼〔2〕以來　　　　　　　　73EJT21：113B

【校釋】

　　A 面第一行「□□□敢言之□令史□」、第三行「王」原缺釋，胡永鵬（2013）、
（2014A，236 頁）、（2016A，295 頁）補釋。第三行「縣道河」原未釋、「津」原
作「金」，胡永鵬（2014A，236 頁）釋。

　　又「都」前葛丹丹（2019，1566 頁）補釋一「關」字。今按，當為「闟」字，
「闟都」為里名，漢簡習見。

【集注】

〔1〕建昭三年三月丁巳朔乙亥：建昭，漢元帝劉奭年號。據徐錫祺（1997，1611
　　頁），建昭三年三月乙亥即公曆公元前 38 年 5 月 8 日。

〔2〕鄭誼：人名。

移書到，明白扁書〔1〕鄉官亭里市里謁舍〔2〕，令吏民皆知之。督遣部吏……
捕部
界中□得穀歸二千石以下反□□□重事，事當奏聞，毋忽，如律令。
茂陵第八部候〔3〕破胡〔4〕等購錢〔5〕□□　　　　　73EJT21：114

【校釋】

　　第一行「謁舍」的「舍」原作「善」，樂游（2016）釋。

【集注】

〔1〕扁書：羅振玉、王國維（1993，140頁）：《說文》：「扁，署也，從戶、冊。戶冊者，署門戶之文也。」懸於亭燧顯處，與署門戶略同，故謂之扁書矣。

　　賀昌群（2003A，109頁）：扁書者，署於門戶之告白也。《漢書・諸葛豐傳》：縣之都市，扁書其罪。《續漢書・百官志》：凡孝子順孫，貞女義婦，讓財救患，及官士為民法式者。皆扁表其門，以興善行。此為後世旌表之濫觴，亦可見所謂扁書之意矣。

　　勞榦（1960，2頁）：扁亦曰版，《世說新語》方正篇：「太極殿新成，王子敬為謝公長史，謝送版使王題之，王有不平色，語信云：『可擲箸門外。』謝後見王曰：『題之上殿何若，昔魏朝韋誕諸人亦自為也。』王曰：『魏祚所以不長』。」注引宋明帝《文章志》言此事云：「議者欲使王獻之題榜。」故門外署書，或作扁書，或作板書，亦或作版書矣。

　　陳直（2009，229頁）：所謂大扁書者，謂大如匾額，類於後代張貼街衢之告示。

　　陳槃（2009，185頁）：案「扁」有二義：其一，《說文・冊部》：「扁，署也（段注：署者，部署，有所网屬也）。從戶冊。戶冊者，署門戶之文也（段注：秦書八體，六曰署書。蕭子良云：署書，漢高六年，蕭何所定，以題蒼龍白虎二闕）。」其二，冊即簡策，簡策之文縣於門戶者，皆可以扁稱之，上引漢簡之所謂扁是也。漢代凡詔令書教之等須使吏民周知者，每署書木版，懸鄉市里門亭顯見處。

　　初師賓（1984A，215頁）：題署門庭的匾額或較大的木板、木牌。其大者，漢簡稱大扁……用這些大木方，書寫應公諸於眾的命令、文件（如詔書等），字迹較大，張懸於烽臺、鄔門，或鄉里市廛的門亭、要衢等處，令吏民、往來者知曉。

　　侯燦（1989，278頁）：扁書，也就是版書。

　　汪桂海（1999，157~158頁）：漢代最初是把通行詔書書寫於鄉亭牆壁上讓百姓觀看的，後來，因在鄉亭牆壁書寫詔書，時間一久，牆土易剝落，造成詔書文字脫落殘缺，反復修復補改，很是麻煩，遂改為書寫於木板上，將木板懸掛鄉亭牆壁……漢代確實曾將詔文書於簡冊，懸掛顯見之處，以令民眾周

知。扁亦通匾，故扁書另有一義，同「版書」「板書」，即題署文書於木板上，宣示民眾。漢簡中之「扁書」或亦有此類情形者。又由漢簡及文獻材料得知，不僅詔書如此，其他的官府文書需要佈告百姓者，也採用這種題壁或卦壁的方法……鄉亭、市門、里門等處都是人們來往較頻的地方，是公佈教令的好場所。漢代的詔書律令、官府教令等凡屬於向民眾公開宣佈的文書，均題於鄉亭市里官寺等人多易見的地方，這頗類似後代政府張貼告示於城門街衢等繁華地段的規矩。

大庭脩（2001，28頁）：「扁」如字形所示，由戶和冊結合而成，為署於門戶之文，說見《說文》，意為在亭隧的顯著之處揭示。扁有時也作扁額之扁。

胡平生（2001，51～52頁）：在泥墙上書寫《月令詔條》就是「扁書」或「大扁書」……如果從「扁」字的由來「從戶、冊」講起，扁原來可能是以木板或簡冊製作的，但也許很快就被以泥墙製作的扁取而代之了。

胡平生、張德芳（2001，23～24頁）：扁書，用大字寫在墻壁或木板上的告示，漢簡中常謂寫於鄉亭市里高顯處，以使人周知……根據敦煌懸泉置遺址出土的《元始五年四時月令詔條》可以認定，在泥墻上書寫的、長達兩米有餘，高約半米的《月令詔條》就是「扁書」或「大扁書」。扁書原來可能是以木板或簡冊製作的，大概很快就被以泥墻製作的扁取而代之了。

中國簡牘集成編輯委員會（2001C，44頁）：同匾，大木板。此類佈告文書亦可書於墻壁。如懸泉置遺址出墻皮題記即是。

馬怡（2006，420頁）：扁書是官府向基層吏民進行宣諭政令的一種文告發佈形式……扁的功能不限於宣傳和公示，也有教諭和備忘的作用。總之，「大扁」與「扁」二者相比，「大扁」的宣傳力更強，急要程度也更高，其發佈地點大概多在道路或要闢之處；而「扁」則應用範圍更廣，數量也更多，在亭隧——邊地防禦組織的最基層，「扁」的出現頻率要高於「大扁」。

胡平生（2009，25頁）：8—455木方也是某個基層小吏的個人行為，他從上級下達的各類文檔（當然也包括詔令）中摘抄舊名變更為新名的詞條，製作成這樣一塊「扁書」，擺放在他工作起居的「顯明處」，作為規範日常言談、文書起草用語的對照，這是經常要用的基本資料，需要做到使用方便、觀看醒目。

李均明（2004C，48頁）：「扁書」猶今「匾書」。扁書即寫在版匾上的文書，由其載體材料而得名，通常是詔書律令或其他需要告喻民眾的重要文書的終端公佈形式。

李均明（2009，48 頁）：「扁書」公告文書，形制當較大，故可懸掛於高處供人們閱讀，雖未見實物，簡牘中卻屢見其稱謂……1990 年 10 月至 1992 年 12 月間，甘肅省文物考古研究所對敦煌懸泉置遺址進行清理時，發現了墨書寫在泥牆上的《使者和中所督察詔書四時月令五十條》，形式當與扁書同，只不過沒有寫在木板而直接署於泥牆上而已。

李均明（2011C，155 頁）：今據「條規」所見，陳槃先生第二說或可成立，今「條規」云「亭扁一，毋令扁幣絕。」表明此「扁」經編繩之聯綴，當為懸掛於亭隧顯見處之簡冊，或至少是編聯在一起的版牘，所以才有「編幣絕」的問題。

冨谷至（2013，109 頁）：「明白大扁書」應該解釋為：「將命令大筆書寫在眾人目光所及之處，以便任何人都能一目了然。」這是一種帶有象徵意義的告知札一樣的東西，為了讓包括目不識丁者在內的百姓都能了解簡文內容，將其張掛在鄉亭、里門等處，然後由書記官當眾宣讀。

今按，關於「扁書」討論者甚多，一般認為扁書就是街衢告示一類的東西，用於向基層吏民宣諭政令。但對於其實物的形態等，諸家看法則不盡一致。1990 年 10 月至 1992 年 12 月間敦煌懸泉置遺址所出《使者和中所督察詔書四時月令五十條》，為墨書寫在泥牆上，諸多學者認為其即所謂「扁書」，這應當是沒有問題的。其後 2005 年出版的《額濟納漢簡》中公佈了一件由 8 枚木簡組成的簡冊，稱之為「專部士吏典趣輒」。馬怡（2006，423 頁）認為該簡冊有可能就是一個用來張掛的「扁」，也就是人們所說的扁書。又 2012 年出版的《里耶秦簡（壹）》中公佈了一枚編號為 8—455 的木方，胡平生（2009，22 頁）認為其也可能是「扁書」。

我們認為額濟納漢簡「專部士吏典趣輒」簡冊和里耶秦簡 8—455 木方或不能看作是扁書。從漢簡來看，扁書主要有三個特點：一是其內容主要為政府頒發的詔書律令規章制度等，如馬怡（2006，419 頁）指出漢簡中有關扁書的記載大多出自重要官文書的下行文，這些官文書的種類不一，有詔書、律令、檄文等，也有各種條規；二是其發佈的地方為「鄉市里門亭」等顯見處；三是其告知的對象是基層小吏和民眾等諸多人員。如簡文常作「寫移書到，扁書鄉亭市里顯見處，令民盡知之」（16·4A）、「明白大扁書鄉市里門亭顯見」（139·13）等。但是「專部士吏典趣輒」簡冊的內容為士吏到部督察的諸項職權，其針對的只是士吏這一類人，並不需要普遍告知，也無必要張掛於鄉里市門亭，

因此其應當不是扁書。該簡冊中有一簡作「扁書胡虜講賞，二亭扁一，毋令編
弊絕」，是說用扁書發佈胡虜購賞相關的條約，並非是說該簡冊就是扁書。

又關於里耶秦簡 8-455 木方，胡平生（2009，25 頁）指出是某個基層小吏
的個人行為，內容為從各類文檔中摘抄舊名稱變更新名的詞條。其顯然非漢簡
中所說需發佈於鄉市里門亭，令吏民盡知的扁書。總之，扁書為對詔書律令一
類文書的公告，頒布於鄉市里門亭等顯見處，目的在於廣泛宣傳，使吏民盡知。
其實物形態，並無嚴格限制，可以書於牆壁之上，亦可以書於木板或簡冊之上。

〔2〕謁舍：即客舍。《漢書・食貨志下》：「工匠醫巫卜祝及它方技商販賈人坐肆列
里區謁舍。」顏師古注引如淳曰：「謁舍，今之客舍也。」

〔3〕茂陵第八部候：樂游（2016）：「茂陵第八部候」可知在畿輔地區的茂陵，也設
有部候，或與長安周邊的預警和對邊郡長安的烽火傳遞有一定關係。其管轄者
是右輔都尉抑或其他官職，尚待更多材料論證。

今按，說是。

〔4〕破胡：人名，為茂陵第八部候。《急就篇》可見人名「郭破胡」，顏師古注曰：
「破胡，言能克匈奴。」

〔5〕購錢：汪桂海（1999，14 頁）：此字在秦漢時多作獎賞講，例如，秦鼓勵人們
相互監視、檢舉告發，對告發他人犯罪行為者設獎金，出土秦律稱之曰「購」，
告發屬實者，「當購」，給予獎賞，不屬實者，則「不當購」，不予獎賞。漢律
中也有「能捕豺貀，購錢百」的條文，能捕豺貀者，獎賞給一百錢。

今按，說是。「購」義為獎賞，購錢即賞錢。《後漢書・南蠻傳》：「乃訪募
天下，有能得犬戎之將吳將軍者，購黃金千鎰。」

本始四年六月癸亥朔丁丑，肩水候史廣成　　　　　　　73EJT21：123
【校釋】

「癸亥」黃艷萍（2014B，192 頁）認為是「癸酉」之誤，胡永鵬（2014B，275
頁）、（2016A，167 頁）認為六月不得為癸亥朔，原簡為書誤。今按，說當是。

八月言之縣，縣當給麥，毋使犁長卿〔1〕毋麥，大事事　　73EJT21：125A
肩水有女子，今□粟備□願有記　　　　　　　　　　　73EJT21：125B
【校釋】

「犁」原作「犂」，犂即犁，該字金關漢簡中多作「犁」，現統一作「犁」。

【集注】

〔1〕犁長卿：徐定懿、王思明（2018，14頁）：犁長應當是管理當地農田種植事務的官員。

今按，說或是。也可能「長卿」為人名。

☑庚申朔庚申，肩水士吏漢成〔1〕敢言之：謹移元康三年功勞一編，謁上
☑☐　　　　　　　　　　　　　　　　　　　　　　　73EJT21：127

【集注】

〔1〕漢成：人名，為肩水士吏。

護〔1〕與使者當宿稽落〔2〕，雞、豚且毋殺，使善糒米・到使急送此☐☑
☐騷除〔3〕☐☐傳舍關門急護素婢……☑　　　　　73EJT21：131A
願長孫稚卿〔4〕視可辨者，各自辨也・豈使卒☑
雞子六，撻一器〔5〕。使人持米、雞、豚之稽落，告守候長益〔6〕，捕魚七八十
☑　　　　　　　　　　　　　　　　　　　　　　　73EJT21：131B

【校釋】

B面第二行「撻」原釋作「撻」，何茂活（2014B，226頁）釋。該字李洪財（2020A）亦認為右部當是「遂」，而將其釋作璗。

又A面第二行「傳舍」前二字周艷濤（2013），周艷濤、李黎（2014）釋「郵亭」，姚磊（2017D5）認為當暫從整理者不作釋讀。今按，姚說是。該兩字圖版磨滅不可辨識，當從整理者釋。

【集注】

〔1〕護：人名。

〔2〕稽落：裘錫圭（1981B，24頁）：《後漢書・竇憲傳》：「與北單于戰於稽落山，大破之。」此山在居延之北今蒙古境內。廄置一般以所在地命名，上引簡文的「稽落」肯定是地名，但是很少有可能指在今蒙古境內的稽落山。此簡不出於居延都尉轄區而出於偏南的肩水都尉轄區，更減少了這種可能性。河西四郡本是匈奴故地，因此有不少匈奴遺留下來的地名。簡文的稽落大概就是這樣的一個地名。稽落有南北兩個，就跟祁連山有南北兩個一樣，並不奇怪。

何茂活（2014B，226頁）：「稽落」為地名。

今按，諸說是。居延漢簡 221·20 有「所取稽落廡穀完」，裘錫圭先生所說「稽落」即此簡中的稽落廡。金關漢簡又見「橐他稽落亭」（73EJC：448A），可知稽落又為亭名。

〔3〕騒除：「騒」通「掃」，即掃除。《史記·李斯列傳》：「夫以秦之彊，大王之賢，由竈上騒除，足以滅諸侯，成帝業。」司馬貞《索隱》：「騒音埽。言秦欲并天下，若炊婦埽除竈上之不淨，不足為難。」

〔4〕長孫稚卿：為受信者稱謂，當姓長孫字稚卿。

〔5〕𩐻一器：何茂活（2014B，226 頁）：「𩐻」當為「𦿐」的異體。《說文·韭部》：「𦿐，𩐻也。从韭，隊聲。」《廣雅·釋器》：「𦿐，菹也。」《太平御覽》卷八五五引《通俗文》：「淹薤曰𦿐。」可見「𦿐」指醃製的韭、蒜之類。廣而言之，亦可泛指醃製的各種酸菜、鹹菜……本簡中的「雞子六，𩐻一器」即指雞蛋六枚，醃菜一罐（或一壇）。關於某物「一器」的說法，敦煌漢簡「□□一斛，醢一器」（369）可以為證。

今按，說是。

〔6〕益：人名，為守候長。

子子子子子子
子子子子子子（習字）　　　　　　　　　　　　　　　73EJT21：135

元康三年四月辛卯〔1〕，候長長生〔2〕移吏卒驛馬〔3〕小史〔4〕稟致
……　　　　　　　　　　　　　　　　　　　　　73EJT21：138+278A
候史輔〔5〕　　　　　　　　　　　　　　　　　　73EJT21：278B

【校釋】

伊強（2016F）綴。「稟」原作「廩」，黃艷萍（2016B，123 頁）、（2018，135頁）釋。

【集注】

〔1〕元康三年四月辛卯：元康，漢宣帝劉詢年號。據徐錫祺（1997，1557 頁），元康三年四月辛卯即公曆公元前 63 年 6 月 15 日。

〔2〕長生：人名，為候長。

〔3〕驛馬：森鹿三（1983B，84 頁）：我們可以認為，當時把這種驛騎在每個驛站替換馳行時所用的馬，特稱之為驛馬，以區別於駕車用的馬。

今按，說是。驛馬即驛站中用於騎乘的馬。

〔4〕小史：陳夢家（1980，116 頁）：《百官志》注引《漢官》河南尹最後有「幹、
小史二百三十人」；《隸釋》九「繁陽令楊君碑陰」列名者百三十四人，小史一
人在門下佐之次，列於最後；《隸續》十九「尉氏令鄭季宣碑陰」直事小史三
人與門下小史一人，列於直事幹四人之次，殿居最後；《隸續》十六「北海相
景君碑陰」小史二人列於書佐、脩行、幹之後，居最末。

今按，說是。《漢書·谷永傳》：「永少為長安小史，後博學經書。」《後漢
書·顯宗孝明帝紀》：「官府吏五匹，書佐、小史三匹。」

〔5〕輔：人名，為候史。

☑敢具辤，謹道前日中倩丈人言欲賣羆   73EJT21：141

【校釋】

「辤」原作「辭」，黃艷萍（2016B，130 頁）、（2018，137 頁）釋。「羆」字何
茂活（2014B，226 頁）認為或是「貔」的異寫。今按，說或是，該字作 ▨ 形，似
非「羆」，存疑待考。

☑壽光以私印行丞事，以令為☑封   73EJT21：143
東部候長遣☑☑☑   73EJT21：146
☑☑取用之☑   73EJT21：154
☑☑癸酉，何發覺昌   73EJT21：155
☑肩水候金關，如律令
☑☑   73EJT21：157
☑書毋忽 ☑   73EJT21：158A
☑☑候長安眾 ☑   73EJT21：158B
☑☑☑☑卿☑   73EJT21：159A
☑伏地☑   73EJT21：159B

☑許望薄出卒將☑
☑申朔丙申，驛北亭長廣〔1〕與卒☑☑   73EJT21：161

【集注】

〔1〕廣：人名，為驛北亭長。

廿𥝱〔1〕在第三驛張良婦〔2〕所
取以自稟簿入七月冊　　　　　　　　　　　　73EJT21：162A
記予……　　　　　　　　　　　　　　　　　73EJT21：162B

【校釋】

「稟」原作「廩」，黃艷萍（2016B，123 頁）、（2018，135 頁）釋。

【集注】

〔1〕𥝱：中國簡牘集成編輯委員會（2001E，176 頁）：或作券，盛糧口袋。大者容
　　　五石，小者容三石。

　　　　　李建平（2010，222 頁）：漢代「𥝱」之標準容量當為「小石（斛）之三
　　　石（斛）」。

　　　　　今按，諸說是。𥝱為有底的囊袋。《說文·巾部》：「𥝱，囊也。今鹽官三
　　　斛為一𥝱。」

〔2〕張良婦：人名。或張良為人名，婦指其妻。

☐見　　　　　　　　　　　　　　　　　　　73EJT21：168
☐君夫人，近衣幸酒食☐☐（削衣）　　　　　　73EJT21：169

☐今者使卒充書☐
☐遣一卒☐☐☐　　　　　　　　　　　　　　73EJT21：170

【校釋】

第二行「一卒」原未釋，何茂活（2015C）補釋。姚磊（2017F1）認為「一」
字當存疑。今按，說或是。「一」字作 ▬ 形，右半缺失，從剩餘筆畫來看似可釋
一。

☐子要虜〔1〕隧長益☐
☐一編，敢言之☐　　　　　　　　　　　　　73EJT21：173

【集注】

〔1〕要虜：隧名。

☐請　　☐
☐迫高長卿有少酒，願☐☐　　　　　　　　　73EJT21：174

初元二年四月庚寅朔辛卯〔1〕，西鄉嗇夫……☑

郡中。謹案，程〔2〕毋官獄徵事，當為……☑　　　　　　73EJT21：175A

章曰滎陽令印□□　　☑　　　　　　　　　　　　　　73EJT21：175B

【集注】

〔1〕初元二年四月庚寅朔辛卯：初元，漢元帝劉奭年號。據徐錫祺（1997，1589 頁），

　　　初元二年四月辛卯即公曆公元前 47 年 5 月 22 日。

〔2〕程：人名，為申請傳者。

☑孫當從居延來，唯卿卿張護成，當責會水津吏胡稚卿

☑來其主責成，急長孫知之，前成過自責之，不得一錢　　73EJT21：176

☑……敢言之。／尉史賢〔1〕

☑如律令。／掾武〔2〕、令史審〔3〕　　　　　　　　　73EJT21：179

【集注】

〔1〕賢：人名，為尉史。

〔2〕武：人名，為掾。

〔3〕審：人名，為令史。

鴻嘉二年十月☑

□□□□□□☑　　　　　　　　　　　　　　　　　73EJT21：181A

□□長印☑　　　　　　　　　　　　　　　　　　　73EJT21：181B

……願南部、東部……

……　　　　　　　　　　　　　　　　　　　　　73EJT21：183

周卿足下　　☑　　　　　　　　　　　　　　　　　73EJT21：184A

步光伏地☑

請　　☑　　　　　　　　　　　　　　　　　　　73EJT21：184B

……☑

□吏行塞，不審〔1〕何☑　　　　　　　　　　　　73EJT21：185A

□已請買鑪〔2〕并歸，叩☑　　　　　　　　　　　73EJT21：185B

【校釋】

「歸」作▨形，釋「歸」似有疑問，也可能是和「鑰」並列的一種東西。

【集注】

〔1〕不審：裘錫圭（1982A，57頁）：是漢代人常用語，義為不知道、不能確定。漢簡中數見「不審日」之語，此外還有「不審里」「不審縣里」等語。

今按，說是。「不審」即不知道。《史記‧黥布列傳》：「謁者隨何進曰：『不審陛下所謂。』」

〔2〕鑰：字又作「檻」，或當指「鑿」。參簡73EJT24：268+247「檻」字集注。

北部▨▨	73EJT21：186
▨　頌	73EJT21：192
▨　申屠安世	73EJT21：194

津關，毋留止，如律令，敢言之　　▨
正月辛巳，隱園〔1〕長□、丞□謁移過所，毋留　　▨　　　　73EJT21：197A
印曰隱園印　　▨　　　　　　　　　　　　　　　　　　　　73EJT21：197B

【集注】

〔1〕隱園：萬堯緒（2018，15頁）：「隱園」設長而未設令，則應該是屬於諸侯王級別的陵園……「隱園」為陳勝陵園的可能性更大。從簡文來看，似乎「隱園」不像是只有三十家的規模，可能漢初政府掌握的戶口較少，因此守冢者較少，之後有所增加。

今按，說或可備一說。如此則陵園亦可簽發通行證。但簡文漫漶不清，亦不排除簡文釋讀有誤的可能。暫存疑待考。

新治利□□……　　　　　　　一尉渠東▨
□斧就車□欲□為欲邊□頭　　數者□□▨
持索之東□□□目絕　　▨　　　　　　　　　　　　　　73EJT21：199A+198A
薄酒五錢，濃酒十〔1〕□□錢宵濃耳　　▨
買□五千□繩，買車萬錢，何也，善牝牡所知也〔2〕▨
……▨　　　　　　　　　　　　　　　　　　　　　　　73EJT21：199B+198B

【校釋】

楊小亮（2013，284～285 頁）綴。綴合後補釋 A 面第一行末「東」字，第二行前一個「欲」字，B 面第一行後一個「濃」字。其中 B 面「濃」字何茂活（2015C）亦補釋。

又 A 面第一行「新治利」原未釋，姚磊（2017F1）引張俊民說補。第二行「斧就車」原作「□願東」，「斧」姚磊（2017F1）釋，「就車」姚磊（2017F1）引張俊民說改釋；「邊□」原作「邊福」，楊小亮（2013，284 頁）釋，其中「福」字何茂活（2018A，116 頁）釋作「福」，該字作「𥞑」形，右部有磨滅，當非「福」字；「數者」原作「數召」，楊小亮（2013，284 頁）作「數□」，姚磊（2017F1）引張俊民說釋。B 面第一行「甯」原作「審」，「耳」原未釋，何茂活（2015C）補釋。

又 A 面第一行「新治利」後兩字姚磊（2017F1）補「之東」。B 面第一行「十」後姚磊（2017F1）補「錢願」；第二行「牝牡」姚磊（2017F1）認為當存疑。今按，釋或可從，但簡文漫漶不清，多不能確知，暫從整理者釋。此外，A 面第二行「車欲」之間尚有一字，據以補「□」。「數者」後一字作「𥞑」，疑為「陝」字。

【集注】

〔1〕薄酒五錢濃酒十：王子今（2013，288 頁）：「薄酒五錢濃酒十」簡文可以看作酒史研究的新資料。「薄酒」和「濃酒」的對應關係，兩者的價格或許相差一倍。

　　姚磊（2017F1）：我們順著王子今先生對「薄酒五錢濃酒十錢」的思路，來分析「買□五千□繩買車萬錢」，會發現也出現了對應關係，兩者的價格也是相差一倍。簡文中「薄酒」與「濃酒」，「五錢」與「十錢」，「五千」與「萬錢」，都有著規整的對應關係。

　　今按，諸說是。「薄酒」當較「濃酒」質量為差。

〔2〕善牝牡所知也：楊小亮（2013，285 頁）：「善牝牡所知也」似評論某人善於理財。

　　姚磊（2017F1）：「善□□所知也」似在對比各種對應關係後的一種總結之辭，意在強調某種事情的道理。

　　今按，諸說多是。但簡文殘缺，義多不明。

☑過所縣邑侯國，以律令從事☑　　　　　　　　　　　　　　　73EJT21：200

延不監部客出籴得私留，擅去官三宿以上，自☑　　　　　　　　73EJT21：212

自為奈何，乃牡齒調曰索牘絕☑　　　　　　　　　73EJT21：213

卿從官　　☑　　　　　　　　　　　　　　　　　73EJT21：218

肩水候官令史拓〔1〕、塞候房☑　　　　　　　　73EJT21：222

【集注】

〔1〕拓：人名，為肩水候官令史。

☑□利里曹定國〔1〕等二人，先以證財物不以實律辨

☑證所言，它如爰書，敢言之　　　　　　　　　　73EJT21：239

【校釋】

　　第一行簡首未釋字何茂活（2015C）補「奇」。今按，該字僅存下部筆畫，不能確知，當從整理釋。

【集注】

〔1〕曹定國：人名。

☑　　掾光〔1〕　　　　　　　　　　　　　　　　73EJT21：236

【集注】

〔1〕光：人名，為掾。

☑當隧〔1〕卒未央〔2〕書　　　　　　　　　　　73EJT21：237

【集注】

〔1〕當隧：黃艷萍（2016A，121頁）統計為隧名之一。今按，此簡前面殘斷，殘斷處當有「莫」字，實為「莫當隧」，故「當隧」不應為隧名。

〔2〕未央：王子今（1993，267～268頁）：可知「央（殃）」與「羊（祥）」反義，「未央」則有遠避、免除、根絕禍殃之義，其或與秦漢簡文、帛書、瓦文等文字遺存中之「又（有）喜」「有熹」涵義相近。人名取「未央」二字者，與戰國秦漢人習用「去病」「去疾」「棄疾」「無害」「不害」「毋害」「亡忌」「無忌」「毋忌」「無傷」「毋傷」等命名相同，皆含有避災祈福之義。

　　今按，說是。未央為戍卒名。《急就篇》可見人名「龍未央」，顏師古注：「未央，言益壽無極也。」

敢言之☑

……☑   73EJT21：240A

……☑   73EJT21：240B

☑　留   73EJT21：243

☑□在弘幸甚   73EJT21：244

☑河中未渡天田〔1〕斷縣二所   73EJT21：245

【集注】

〔1〕天田：羅振玉、王國維（1993，146 頁）：天田未詳，唐《崔敦禮神道碑》「左
　　校叛換亙擾天田」，「天田」二字惟見此，蓋用古語，殆謂天然之田、未經墾治
　　者也。

　　　賀昌群（2003A，109～110 頁）：《漢書·鼂錯傳》：令遠方之卒，守塞一
　　歲而更，不知胡人之能；不如選常居者，家室田作，且以備之，以便為之高城
　　深塹，具藺石，布渠答，復為一城，其內城間百五十步，毋下千家，為中周虎
　　落。師古曰：虎落者以竹蔑相遮落之也。則虎落為籬落之義。蘇林曰：作虎落
　　於塞要下，以沙布其表，且視其迹，以知匈奴來入，一名天田。蓋塞外平沙無
　　垠，可以設此種防禦也。

　　　勞榦（1960，43 頁）：賀君昌群以為即《漢書·鼂錯傳》注之天田，今按
　　其說是也。《鼂錯傳》：「為中周虎落，」注：「鄭氏曰：『虎落者，外番也，若
　　今時之竹落也。』蘇林曰：『作虎落於塞要下，以沙布其表，且視其迹，以知
　　匈奴來入，一名天田。』師古曰：『蘇說非也，虎落者，以竹蔑相連，遮落之
　　也。』」顏說雖是，然虎落與天田本非一物，蘇林之說以釋虎落，以釋天田則
　　是。凡敦煌簡及居延簡逐條凡言天田者，曰畫，曰入，曰度，曰蘭，曰越。其
　　天田上之物，曰沙，曰迹。凡此諸事，若以竹木障礙物釋之則不得其旨，若謂
　　「以沙布其表，且視其處」，則簡中所言無不可通矣。此虎落與天田之必當分
　　別者也。蓋隧與隧相隔或五里或十里，兩隧之間，若度人馬，日間可以望見，
　　夜間則不可望見。惟以畫沙為天田，若夜間有人馬度越，旦即可見，稽考甚易。

　　　勞榦（1948C，513 頁）：天田的做法是耕畫和鋤治，天田的功用是視因人
　　馬的痕迹，以便有所準備。因為人馬馳行的速度不如傳烽，所以前哨的烽臺發
　　現了人馬的痕迹，報告給後方還來得及預防，這也看出天田的功用了。但照蘇
　　林的話是「以沙布其表，且視其迹，以知匈奴來入」，現在看來，是不僅以沙

布其表，還要耕鋤。這就是說僅僅沙的痕迹是不夠的，必須耕鋤的讓土更疏鬆些，人馬的行迹才看的更顯。

初師賓（1984A，195 頁）：所謂「天田」，例同「天河」，義若不稼之田。唐代稱作「土河」，見《通典‧守拒法》：「土河，於山口、賊路橫斬道，鑿闊二丈，深二尺，以細沙、散土填平，每日檢行，掃令淨平，人馬入境，即知足迹多少」。天田和塞，漢簡中經常相提並論。居延簡稱外逃越境一律作「蘭越塞天田」。其位置當在塞即塞墙的外側，與墙並行。各亭燧的天田約連成一長條地帶，但不必太寬（唐代寬二丈），沿著塞墙、烽燧的走向，形成一道連綿不絕的偵迹線。居延現存遺址中，有一種所謂「雙重塞墙」，從痕迹看，是兩道平行的相距 3～5 米的低土壟。其中內側的一道，疑是塞墙，中間為天田，外側可能是天田邊緣的低垣。

侯丕勛（1997，125 頁）：我國古代的「天田」，基本上都在長城外側和關口、要道等處，其具體情況與特點，是將細沙、細土鋪設於經過人工整平的地面上，並抹平，以便偵迹。古代文獻記載中最有代表性的「天田」之一，當屬唐代的「土河」。唐代「土河」，「闊二丈，深二尺，以細沙、散土填平」地面，以利偵迹。

羽田明（2000，76 頁）：就是類似於在敦煌古長城遺址基部外側處，用橫生的蘆葦或白楊、羅望子樹（一種灌木）的枝條為材料製作成一種與之相連接在一起的幅度大概由 7.5 尺到 8 尺的建築物。這恐怕就是留存下來的「天田」之現狀吧。

中國簡牘集成編輯委員會（2001C，16 頁）：漢邊塞設施之一，指具有一定長、寬度的偵迹帶，地表或鋪沙，鋤畫疏松，人馬過之必留痕迹。

張俊民（2006，281 頁）：「天田」是漢代邊塞地區一種偵迹人馬非法出入情況的防禦設施。具體方法是將一定寬度的地表鋤劃鬆軟，或鋪以細沙。人馬經過，必然在其上留下足迹。負責巡察的戍卒則根據天田上留下的痕迹判斷是否有人偷越邊塞，此即漢簡文書中所說的「日迹」活動。

永田英正（2007，78 頁）：所謂天田，是指在烽燧周圍一定範圍內設定的沙地。這個範圍內的沙地，每天都要用耙子摟平，根據天田中留下的足迹、方向等來判斷晚間是否有敵人接近及其人數、方向或者判斷是否有逃脫者。

李均明（2009，341 頁）：天田是沿邊塞鋪設的沙土帶，寬五至七米，凡人馬蘭越，即留下足迹。《漢書‧鼂錯傳》：「為中周虎落，」蘇林注：「作虎落

於要塞下，以沙布其表，旦視其迹，以知匈奴來入，一名天田。」虎落與天田雖非一事，但蘇林所云「以沙佈布其表，旦視其迹」恰為天田之制。至唐代，稱「天田」為「土河」。

今按，諸說多是。唯王國維謂天田是天然之田不妥。

十二月癸巳☑	73EJT21：249A
章曰緱氏□☑	73EJT21：249B
敢言之尉☑	
☑律令。／令史靜☑	73EJT21：251

……☑	
□二月乙丑，居延令勝之〔1〕、守丞右尉可置□☑	73EJT21：254

【校釋】

「可置」原作「丙寅」，胡永鵬（2015，28頁）、（2016A，510頁）釋。

【集注】

〔1〕勝之：人名，為居延縣令。

稟畢已，書實，敢言之。	73EJT21：264

【校釋】

「稟」原作「廩」，黃艷萍（2016B，123頁）、（2018，135頁）釋。

☑□醫胥文四下方騧□騂屄不騧久左腸甘□☑	73EJT21：270

【校釋】

中間「騧」下未釋字作 形，或是「犗」字。

地節五年三☑	73EJT21：271A
厲士□□之力☑	73EJT21：271B

【校釋】

周艷濤（2013）認為「地節」使用時間共四年，故此處所記「五年」必有誤。今按，漢簡中改元後依然用舊年號紀年的情況習見，此處不誤。

☑□佐忠〔1〕 　　　　　　　　　　　　　　　73EJT21：275

【集注】

〔1〕忠：人名，為佐。

☑齒至旦日臥不起☑ 　　　　　　　　　　　　73EJT21：276
☑□□　　☑
奉謁伏地再☑
□　　☑ 　　　　　　　　　　　　　　　　73EJT21：286A
子　　□☑
更　　□☑ 　　　　　　　　　　　　　　　73EJT21：286B
☑□延錢百，迫昨亡☑ 　　　　　　　　　　　73EJT21：289

☑所將稟車吏家☑ 　　　　　　　　　　　　　73EJT21：293

【校釋】

「稟」原作「廩」，黃艷萍（2016B，123 頁）、（2018，135 頁）釋。

☑……再……☑
☑近衣強食，毋自易〔1〕☑ 　　　　　　　　73EJT21：294

【校釋】

何茂活（2016F，24 頁）推測「再」後之字為「拜」。今按，說可從，但簡文漫漶不清，不能確知，暫從整理者釋。

【集注】

〔1〕毋自易：何茂活（2016F，24 頁）：「自易」之「易」為輕率、草率之意。毋自易，猶言不可馬虎大意。

今按，說或是。

☑□外大夫更申逢，幸甚幸甚，非☑ 　　　　73EJT21：295A
☑……☑ 　　　　　　　　　　　　　　　　73EJT21：295B

【校釋】

A 面「外」字原作「門」，該字作 形，當為「外」字，何茂活（2018A，116

頁）釋。又「外」前未釋字何茂活（2018A，116頁）作「諸」。今按，釋或可從，但該字作█形，右部缺佚，不能確知，暫從整理者釋。

☑□辛酉，西鄉有☑　　　　　　　　　　　　　　　　　　73EJT21：296

【校釋】

簡首未釋字周艷濤（2015，123頁）釋「朔」。今按，補釋或可從，但該字殘斷，不可確知，當從整理者釋。

☑□皆自言為家私☑　　　　　　　　　　　　　　　　　　73EJT21：297
☑□□□然浴浴然造造　　　　　　　　　　　　　　　　　73EJT21：299
☑□□
☑徐稚卿　　　　　　　　　　　　　　　　　　　　　　　73EJT21：301
☑橄到，趣☑　　　　　　　　　　　　　　　　　　　　　73EJT21：302
☑史充受教告☑（削衣）　　　　　　　　　　　　　　　　73EJT21：303

☑前調送詔獄〔1〕囚，橄到，常利〔2〕等趣逐捕以遣　　　73EJT21：306

【集注】

〔1〕詔獄：中國簡牘集成編輯委員會（2001I，112頁）：以皇帝詔書名義而治罪入
　　　獄，或十惡不赦之案，皆稱詔獄。《史記・淮南衡山列傳》：「大王之群臣近幸
　　　素能使眾者，皆前繫詔獄。」
　　　　　　今按，說是。詔獄為關押欽犯的牢獄。《漢書・霍光傳》：「車騎將軍安世
　　　將羽林騎收縛二百餘人，皆送廷尉詔獄。」
〔2〕常利：人名。

☑□□□　□□□
☑枚　始元七年閏月己未〔1〕，長世臨　　　　　　　　　73EJT21：307

【集注】

〔1〕始元七年閏月己未：陳夢家（1980，232頁）：諸表皆閏三月壬申朔，惟漢簡
　　　三見「始元七年閏月甲辰」，壬申朔不得有甲辰。是年應閏二月癸卯朔或四
　　　月壬寅朔，今採前說，則三月壬申朔有丙子與《諸侯年表》「三月丙子」相
　　　合。

胡永鵬（2014B，275 頁）：據《朔閏表》，始元七年閏三月，己未為卅八日或朔前十三天。據簡文則應閏二月癸卯朔或四月壬寅朔。

黃艷萍（2014B，192 頁）：陳饒徐三家曆表始元七年閏三月有誤，是年當閏二月癸卯朔，「己未」為十七日。

今按，諸說是，始元七年當閏二月。始元，漢昭帝劉弗陵年號。據徐錫祺（1997，1523 頁），始元七年閏二月己未即公曆公元前 80 年 4 月 13 日。

張掖肩水候史糞土☑	73EJT21：308

長卿長孫足下：今者李長☑	73EJT21：312A+73EJT22：51
不可幸語之，即欲為☑	
進　　☑	73EJT21：312B

【校釋】

姚磊（2019C7）綴。

☑□□日戊申平	73EJT21：327+317

【校釋】

姚磊（2016G8）綴。

☑三月己亥，張掖長史兼行大守事、肩水倉長〔1〕武彊〔2〕兼行丞事，敢告居	
延　　☑	73EJT21：429+322

【校釋】

伊強（2015A）綴。

【集注】

〔1〕肩水倉長：冨谷至（1998，204～205 頁）：額濟納河流域的穀倉大體分為部都尉、農都尉兩個系統。後者是臨時設置的，就部都尉管轄下的倉而言，每個都尉府都設有以候官、部為單位的倉。我認為在這一系統的穀倉中，倉長只在都尉府直屬的倉具體來說就是居延城倉和肩水都倉二倉中設置……以倉長為長官，按照倉丞──倉掾──倉令史、倉佐排列的穀倉官署機構，只有居延城倉和肩水都倉兩個，下面候官的倉、部的倉僅僅是穀物儲藏倉而已，例如以「吞

遠倉」為名的倉，意思是在吞遠部設置的倉，和官署名為「居延城倉」是不同的……倉長的秩和候一樣是比六百石。

今按，說是。肩水倉長為肩水都尉府直屬倉，即肩水都倉之長。

〔2〕武彊：人名，為肩水倉長。

四月辛卯，滎陽☑	73EJT21：336
☑上書事當☐	73EJT21：341
☑夫忠	73EJT21：342A
☑……	73EJT21：342B
☑　輔素不知錢它始☐☑	73EJT21：345

五月辛巳朔　五月辛巳朔☑	73EJT21：347

【校釋】

姚磊（2019G2）指出原圖版排版有誤，當水平翻轉。第二個「五月辛巳朔」原作「癸丑☐相」，姚磊（2019G2）釋。

五鳳四年五月庚辰〔1〕☑（觚）	73EJT21：348A
見見無　☑（觚）	73EJT21：348B
常謁報〔2〕治所，敢言☑（觚）	73EJT21：348C

【集注】

〔1〕五鳳四年五月庚辰：五鳳，漢宣帝劉詢年號。據徐錫祺（1997，1575頁），五鳳四年五月庚辰即公曆公元前54年6月17日。

〔2〕謁報：中國簡牘集成編輯委員會（2001G，12頁）：謁，稟告、陳說之意。《禮記·樂令》：「先立春三日，大史謁之天子，曰：某日立春。」鄭玄注：「謁，告也。」

今按，說是。謁用於表示尊敬。

奏田長賓〔1〕　　☑	73EJT21：349A
去病〔2〕伏地再拜：多問☐　☑	73EJT21：349B

【校釋】

A面「賓」原作「實」，該字作 形，從漢簡中常見人名「長賓」來看，其或當是「賓」字，據改。

【集注】

〔1〕田長賓：人名，為受信者。

〔2〕去病：人名，為致信者。

☑檄右放　　　　　　　　　　　　　　　　　　　73EJT21：357

伏下地　　☑　　　　　　　　　　　　　　　　　73EJT21：359

四月庚☑　　　　　　　　　　　　　　　　　　　73EJT21：360

叩頭，死罪死☑　　　　　　　　　　　　　　　　73EJT21：361

【校釋】

周艷濤（2013）認為當補「罪」字後重文號。今按，說是，但該簡「罪」字下殘，重文號缺失，此從整理者釋。

☑□以私印行事☑　　　　　　　　　　　　　　　73EJT21：366

□□　☑（削衣）　　　　　　　　　　　　　　　73EJT21：369

□陵丞印☑（削衣）　　　　　　　　　　　　　　73EJT21：370

【校釋】

簡首未釋字周艷濤、張顯成（2016，118 頁）隸定作菀，認為是「菀」字異體。「菀陵」為河南郡（尹）屬縣。何茂活（2018A，117 頁）釋作「蕆」，認為其也就是「蕆」，「蕆」是古地名，在今陝西臨潼縣東北。今按，該字作 形，釋「菀」當非是。從字形來看，釋「蕆」似可從，但又不能十分肯定，暫從整理者作未釋字處理。

□　☑（削衣）　　　　　　　　　　　　　　　　73EJT21：371

敢負長卿〔1〕也，即令宮〔1〕負長卿，長卿亂宮頭，宮不敢言，身死尚有餘罪☑
人口人口別離入，宮不敢負長卿也，長卿即胃少君女何不得狀也義☑

　　　　　　　　　　　　　　　　　　　　　　73EJT21：374A

負長卿也，願長卿有辭，乃以從事田子卿□☑
□□□□□語狀　☑　　　　　　　　　　　　　73EJT21：374B

【校釋】

A 面首行「罪」原未釋，周艷濤（2013），周艷濤、李黎（2014）釋。又首行

「亂」字作▨形，據字形及文義來看，釋「亂」似非。第二行「入」字作▬▬▬形，和其前面釋作「人」的字形體相同，或亦當釋「人」。

【集注】

〔1〕長卿：人名，為受信者。

〔2〕宮：人名，為致信者。

☑□令忘也，成子帶幸甚幸甚，陳子惠丈人急來□□□□毋恙□

73EJT21：375A

☑　張子賓〔1〕

☑　書奏　　　　　　　　　　　　　　　　　　　73EJT21：375B

【集注】

〔1〕張子賓：人名，當為致信者。

☑　□月甲午視事　　　　　　　　　　　　　　　73EJT21：377

屬女子左纐〔1〕，疑在界☑　　　　　　　　　　　73EJT21：387

【集注】

〔1〕左纐：何茂活（2014B，234～235 頁）：同「剽」……「左剽」指在牲畜身體或左面烙上印記。牛羊多在耳廓上燙烙豁口（有時採用穿孔繫繩的辦法），或稱「耳記」；馬則多烙於臀部。

今按，說是。詳參簡 73EJT1：54「左剽」集注。

☑……☑

☑□律令，敢言之☑　　　　　　　　　　　　　　73EJT21：392

【校釋】

姚磊（2017G7）綴合 73EJT37：877 簡和該簡。今按，兩簡材質字體等不同，茬口不合，屬於不同探方出土，當不能綴合。

章曰居延都尉☑　　　　　　　　　　　　　　　　73EJT21：399

☑長安國敢言☑（削衣）　　　　　　　　　　　　73EJT21：400

☑□絕不如期☑（削衣）　　　　　　　　　　　　73EJT21：403

☑□見其先☑　　　　　　　　　　　　　　　　　73EJT21：404

☑賣　　　　　　　　　　　　　　　　　　　　73EJT21：405

☑□國□國當出候，記到　　　　　　　　　　　73EJT21：406

☑□常亭長悝〔1〕免冠叩頭，死罪死罪，閒者吏卒☑

☑□□□□☑　　　　　　　　　　　　　　　　73EJT21：410A

☑子君□□□人代　王子春舍☑　　　　　　　　73EJT21：410B

【校釋】

　　A 面第一行「□常」周艷濤、李黎（2014）釋「莫當」，姚磊（2017D5）認為
當從整理者釋。今按，姚說是。「常」字釋讀不誤，其前一字殘缺不可知，當從整理
者釋。

【集注】

〔1〕悝：人名，為亭長。

☑　　毌城倉薪去☑　　　　　　　　　　　　　73EJT21：411

☑持記定國得間　　　　　　　　　　　　　　　73EJT21：413

☑掾□☑　　　　　　　　　　　　　　　　　　73EJT21：416

☑道上，庚戌☑　　　　　　　　　　　　　　　73EJT21：436

☑□審證所言，它如爰書☑　　　　　　　　　　73EJT21：442

十月辛　　☑　　　　　　　　　　　　　　　　73EJT21：448

毌狀，檄到，安世司馬以□☑　　　　　　　　　73EJT21：453

☑三年三月□□□☑　　　　　　　　　　　　　73EJT21：460

□□二年二月十五日徐□□□☑　　　　　　　　73EJT21：461

幸甚，因叩頭，倉嗇夫私□☑　　　　　　　　　73EJT21：463

☑先自告言□□□□□□勞吏卒☑　　　　　　　73EJT21：465

主吏別□□□☑　　　　　　　　　　　　　　　73EJT21：466

□二兩……　　☑　　　　　　　　　　　　　　73EJT21：467

地節四年五月壬☑（觚）　　　　　　　　　　　73EJT21：469

☑請□□……　　　　　　　　　　　　　　　73EJT21：470A

☑……　　　　　　　　　　　　　　　　　　73EJT21：470B

☑□……　　　　　　　　　　　　　　　　　73EJT21：471

☑□□　　　　　　　　　　　　　　　　　　73EJT21：472A

☑☑宜主☑☑☑☑　　　　　　　　　　　　73EJT21：472B

☑　除　　　　　　　　　　　　　　　　　73EJT21：473

☑……☑

☑……☑　　　　　　　　　　　　　　　　73EJT21：475

☑……☑

☑……☑　　　　　　　　　　　　　　　　73EJT21：476

☑……☑　　　　　　　　　　　　　　　　73EJT21：477

☑……☑　　　　　　　　　　　　　　　　73EJT21：479

☑□少兄得事□□☑　　　　　　　　　　　73EJT21：481

☑☑☑☑☑☑安昌〔1〕里孔目〔2〕等二人今告曰□　　73EJT21：482

【校釋】

　　姚磊（2019C7）綴合簡73EJT24：330和該簡。今按，兩簡出土於不同探方，茬口處不能密切拼合，或不當綴合。

【集注】

〔1〕安昌：里名。

〔2〕孔目：人名。

孝子曰自□　趙大伯……☑　　　　　　　73EJT21：485A

為□田□□□□二□直二百卅，脯〔1〕五斤直☑　73EJT21：485B

【校釋】

　　B面「□田□□□□二□」何茂活（2015C，177頁）補釋作「封君伯月（肉）直百二百」；其中「封」和「直」字李穎梅（2018，112～113頁）亦釋。今按，補釋或可從，但該面文字左半缺失，字多不能確知，此從整理者釋。

【集注】

〔1〕脯：乾肉。《說文·肉部》：「脯，乾肉也。」

☑　丞丞別田☑　　　　　　　　　　　　73EJT21：486

☑□□□□☑　　　　　　　　　　　　　73EJT21：490A

☑□□□□☑　　　　　　　　　　　　　73EJT21：490B

☑□☑（削衣）　　　　　　　　　　　　73EJT21：491

☑願長卿因☑

☑……☑　　　　　　　　　　　　　　　　　73EJT21：493A

☑□疑者☑　　　　　　　　　　　　　　　　73EJT21：493B

☑甚毋它狀　　　　　　　　　　　　　　　　73EJT21：495

☑候長☑　　　　　　　　　　　　　　　　　73EJT21：497A

☑□長☑　　　　　　　　　　　　　　　　　73EJT21：497B

☑□□幸幸☑　　　　　　　　　　　　　　　73EJT21：499A

☑□□　　　　　　　　　　　　　　　　　　73EJT21：499B

☑　　從史者　　　　　　　　　　　　　　　73EJT21：500

☑相直□☑　　　　　　　　　　　　　　　　73EJT21：501

肩水金關 T22

入，毋苛留，如律令　　☑

九月丁未，肩水倉長湯〔1〕寫移肩水金☑　　　　73EJT22：2

【集注】

〔1〕湯：人名，為肩水倉長。

鴻嘉元年六月庚午〔1〕，東部候史長〔2〕敢言之：謹辟問（觚）

　　　　　　　　　　　　　　　　　　　　　73EJT22：11A

日出三分〔3〕，蘭入表〔4〕一通〔5〕　時棒〔6〕付萬福〔7〕卒　工（觚）

　　　　　　　　　　　　　　　　　　　　　73EJT22：11B

六月己巳，府告官聞居延有亡入廣地北界隧，舉赤表〔8〕，或留遲〔9〕。府曰□

自今以來，廣地北界隧舉表□（觚）　　　　　73EJT22：11C

……橐佗肩水，各令界中傳相付受移報府，如詔表火〔10〕□（觚）

　　　　　　　　　　　　　　　　　　　　　73EJT22：11D

橐佗□□（觚）　　　　　　　　　　　　　　73EJT22：11E

【集注】

〔1〕鴻嘉元年六月庚午：鴻嘉，漢成帝劉驁年號。據徐錫祺（1997，1643 頁），鴻

　　嘉元年六月庚午即公曆公元前 20 年 8 月 7 日。

〔2〕長：人名，為東部候史。

〔3〕日出三分：中國簡牘集成編輯委員會（2001G，171頁）：西漢每日十六時，抑或十八時，尚無定論。如依十六時制，每時約當今九十分鐘，晝夜對半（即春分、秋分之日），日出三分，約當今六點三十分。

今按，其說或是。

〔4〕蘭入表：初師賓（1984A，168頁）：「蘭入表」為發現蘭越塞防者所舉表號。

初師賓（1984B，369頁）：蘭同闌。《漢書・成帝紀》：「闌入尚方掖門」，應劭注：「無符籍妄入宮曰闌」。因此，蘭入表是發現敵迹的警告性信號，表示已經或正在侵犯塞防。

薛英群、何雙全、李永良（1988，76頁）：如有敵來攻入，所發信號稱「蘭入表」。

程喜霖（1990，96頁）：蘭同闌，所謂蘭入表，是表示敵人正在侵犯塞防的信號。

今按，諸說多是。「蘭」通「闌」，指無符傳擅自出入。參73EJT6：180「蘭」字集注。蘭入表當是邊塞烽燧發現有人馬擅自進入防區時所升舉的一種信號表。

〔5〕一通：陳夢家（1980，169頁）：漢簡一苣火，二苣火，乃指放烽多少之數，至苣火、烽火、烽表之一通、再通、三通則有兩種可能：一或指所放之時間，一通相當於一時；二或指應滅的次數，唐《烽式》「凡放烽告賊者三應三滅，報平安者兩應兩滅」，一通似應即滅，二通、三通乃二應滅與三應滅。

中國簡牘集成編輯委員會（2001D，234頁）：漢代記錄烽火傳遞的計量單位。

中國簡牘集成編輯委員會（2001H，229）：烽火傳遞之「通」字，或誤以為是量詞，實為專用術語，意為烽火信號傳遞直通都尉府。

今按，諸說多是。「通」當為表示烽表信號的量詞，升降一次即為一通。烽火信號直通都尉府的說法恐不妥。

〔6〕椑：人名。

〔7〕萬福：當為亭隧名。

〔8〕赤表：初師賓（1984A，168頁）：表號除了發佈敵警之大表，又有其他用途的表。如「亡人赤表」為追逐逃亡者所發紅色表。

初師賓（1984B，369頁）：又稱赤表、亡赤。此為告示各塞警戒逐索逃亡者的紅色表號，亡人多指在逃罪犯與亡越塞徼的吏卒百姓。

　　　　薛英群、何雙全、李永良（1988，76 頁）：亡人赤表：告示有逃亡者越塞的紅色表幟。

　　　　程喜霖（1990，96 頁）：是烽燧警戒追索逃亡者的紅色信號。

　　　　今按，諸說多是。「赤表」漢簡又稱「亡人赤表」，應當是一種有人逃亡時所升舉的紅色表幟。

〔9〕留遲：李均明（1984，23 頁）：漢簡所見郵遞記錄所云「中程」，當指能按時傳遞而言；「不中程」則專指留遲。

　　　　高恆（1998，398 頁）：留遲，即未按時送達行書。

　　　　汪桂海（1999，187 頁）：「留遲」，謂耽擱延遲；「失期」「過程」，謂行書所用時間超出法定時限；「不中程」謂不符合時限或速度規定，漢代用作「過程」的同義詞。若將文書提前送到，則為「疾程」「不及程」。

　　　　李均明（2004A，38 頁）：「不中程」「留遲」指不符合程限或不按時送達。當時實行每日十六時制，規定每時行書十里。

　　　　今按，諸說多是。「留遲」即停留遲到。《史記・李將軍列傳》：「漢法，博望侯留遲後期，當死，贖為庶人。」漢簡中「留遲」常用來指郵書和烽火等傳遞時停留遲到，即未按規定的時間傳送。其和「不中程」「過程」等所指相同，皆指郵書等傳送超出了規定的時間。

〔10〕詬表火：初師賓（1984A，168 頁）：又有「詬表」，疑是烽燧線上催促、質責應和之事的信號，類似今日通訊之呼號。烽燧間定時進行例行聯絡，亦使用表號。

　　　　初師賓（1984B，369 頁）：詬，作斥責、辱罵解。用表號詬責，並需傳遞，約是警告、責問某種違法行為，最可能是對烽火滯留失誤的督責、催促。

　　　　薛英群、何雙全、李永良（1988，76 頁）：是表示斥責、警告、責問某種錯誤或違法行動的信號。

　　　　程喜霖（1990，96 頁）：詬，作指責解，所云「詬表」，可能是對烽火滯留、失誤的譴責和督促信號。

　　　　李明曉（2016，447 頁）：「詬表」是用表號詬責，並需傳遞，可能是表示警告、責問某種違法行為。

　　　　今按，諸說多是。「詬」義為恥辱，《說文・言部》：「詬，謑詬，恥也。」則詬表火當是表示恥辱的表幟和烽火信號。

☐責錢府 　　　　　　　　　　　　　　　　　　　　　　　73EJT22：12

☒☐安居方建平於☐意　　☒ 　　　　　　　　　　　　73EJT22：13

【校釋】

「平」字原作「王」，何茂活（2018A，117頁）釋作「平」，該字作 形，釋「平」可信。

又簡末「意」前未釋字何茂活（2018A，117頁）釋作「其」。今按，釋或可從，但該字作 形，漫漶不清，不能確知，暫從整理者釋。

☒大守府。謹案，戶籍 　　　　　　　　　　　　　　73EJT22：17

制詔〔1〕張☒
毋為所☐☒ 　　　　　　　　　　　　　　　　　　　73EJT22：20

【集注】

〔1〕制詔：羅振玉、王國維（1993，101～102頁）：《獨斷》云：「制書，其文曰制詔三公、刺史、太守、相。」又云：「凡制書，有印使符，下遠近，皆璽封，尚書令重封，故漢人亦謂之璽書。」《漢書・武五子傳》：元康二年，遣使者賜山陽太守璽書，曰「制詔山陽太守」。《陳遵傳》：宣帝賜陳遂璽書，曰「制詔太原太守」。《趙充國傳》：上賜書曰「制詔後將軍」。下文目為進兵璽書。則璽書之首，例云制詔某官。

賀昌群（2003A，103～104頁）：《漢書・鼂錯傳》：文帝嘉之，乃賜璽書寵答焉，曰：皇帝問太子家令。《吾丘壽王傳》：賜壽王璽書曰，捕斬反者，自有賞罰。是璽書之首，不必例云制詔也。考《獨斷》云：璽，印也，天子獨以印稱璽。則璽書為有天子御印之書耳，無所命令者，其首不必例云制詔。《獨斷》又云：制書者，帝者制度之命也，詔書者，詔誥也。故璽書與制詔之別，即璽書無所命令，而有所命令者，則其首例云制詔，如《劉屈氂傳》征和二年春，革公孫賀丞相之職，而稱「制詔御史」，不云璽書，《石奮傳》稱元鼎五年「制詔御史萬石君」，亦不云璽書，是璽書之首，不必例云制詔，而云制詔者，必有所命令也。

汪桂海（1999，31頁）：就目前所掌握的材料看，制書的特點有三：首先，其起首皆作「制詔某官」；其次，施用對象為郡太守以上包括將軍、公卿在內

的所有職官；再次，所涉及的內容事項有赦、贖令，有任免書，有關於其他諸事的

今按，據以上諸家所說，則這種起首作「制詔某官」的文書為制書。但李均明（2009，27～28 頁）將漢簡中這些以「制詔某官」起首的文書歸為詔書的第一種情形。該簡內容大多缺失，僅據簡首「制詔」似不宜判斷。

☐都尉君謂

☐從者，如律令　　　　　　　　　　　　　　　　　　73EJT22：21A

以以以以以以☐（習字）　　　　　　　　　　　　　　73EJT22：21B

神爵二年正月丁未朔癸酉〔1〕，執適〔2〕隧長拓〔3〕敢言之：

謹移☐☐簿一編，敢言之。　　　　　　　　　　　　　73EJT22：25

【集注】

〔1〕神爵二年正月丁未朔癸酉：神爵，漢宣帝劉詢年號。據徐錫祺（1997，1563 頁），神爵二年正月癸酉即公曆公元前 60 年 3 月 13 日。

〔2〕執適：隧名。

〔3〕拓：人名，為執適隧長。

穀積河東，今為調編檄右檄　　　　　　　　　　73EJT22：26

☐居延肩水北部都尉〔1〕卒☐　　　　　　　　　　73EJT22：29

【集注】

〔1〕北部都尉：陳夢家（1980，42 頁）：似居延都尉和肩水都尉都分出有北部都尉。

市川任三（1987，236 頁）：由於命名為「肩水北部」，這個都尉府當設在肩水都尉府的北邊，居延都尉府的南邊。該簡上同時提到肩水都尉府，所以肩水都尉府的治所想來不會有變動……新設的肩水北部都尉府的治所，可能就在橐佗候官或廣漢候官的範圍之內。它所存在的年代，如假定為哀帝時期，就和《漢書·地理志》採用的標準年代接近了。能說明肩水北部都尉存在的僅有一簡，《漢書·地理志》也無記載，而且稱謂前面也沒有張掖或居延的字樣，所以如果把它作為肩水的附屬，基本上可以成立。

紀安諾（2002，196 頁）：有關「肩水北部都尉」第一個能注意的是，其不像《地理志》其他部都尉，他不是整郡區或整個郡塞北部的都尉，而是郡中

某一個特定地區北部的都尉。僅從這個事實來說，肩水北部都尉不能和《地理志》的部都尉相比。換言之，肩水北部都尉對於居延、肩水兩都尉是否類似《地理志》所見部都尉的問題，並不相關。

唐俊峰（2014B，234 頁）：顧名思義，肩水北部都尉，轄區應在肩水地區的北部。若結合此官署和上文提及肩水都尉府南移的情況，即所謂「肩水北部」，可能是相對遷往南方的肩水都尉而言……這種情況大約存在兩種可能：一、原肩水都尉府從 A35 城南移至界亭以南的地域；A35 城變為新設的肩水北部都尉的治所。二、漢政府在 A35 南方另設一新的都尉府，並將之命名為肩水都尉；位於 A35 城的肩水都尉府則被易名為「肩水北部都尉」。

高榮（2017，130 頁）：「肩水北部都尉」顯然是郡一級的部都尉而非縣或候官的尉。對照上引「肩水守府」的記載，則此肩水北部都尉很可能是肩水郡的北部都尉。

今按，諸說多是。「肩水北部都尉」還見於居延漢簡 502・10A 號簡：「十二月乙巳張掖肩水都尉□千人行丞事下肩水北部都尉承」，又簡 73EJF3：186+188 可見「張掖肩水都尉彊下肩水候、北部都尉」。可能肩水北部都尉是王莽時期從肩水都尉分出去的一個部都尉，隸屬於肩水都尉而和候官同級。

☒不在鄣中，謹道先日弘□☒
☒行道□如□☒   73EJT22：38A
☒□□□☒
☒□潘子文□☒   73EJT22：38B

☒□幸甚☒
☒……☒   73EJT22：43

【校釋】

第一行簡首未釋字周艷濤、張顯成（2018，92 頁）補釋作「頭」。今按，其說或是。但該字殘斷，不能確知，暫從整理者釋。

☒巳，橐他候博☒（削衣）   73EJT22：45
☒忠不知國家大☒   73EJT22：53

……當舍傳舍郡邸，如律令。／掾定〔1〕、屬□、佐□、令史▨

　　　　　　　　　　　　　　　　　　　　　　73EJT22：64A

章曰居延都尉章　　▨　　　　　　　　　　　　73EJT22：64B

【集注】

〔1〕定：人名，為掾。

▨久臥官、不展轉為巧詐、不亡調書〔1〕、不主稟、不乏興〔2〕▨

　　　　　　　　　　　　　　　　　　　　　　73EJT22：65+87

【校釋】

　　伊強（2016F）綴。「稟」原作「廩」，黃艷萍（2016B，123 頁）、（2018，136
頁）釋。

【集注】

〔1〕調書：李均明（2004C，233 頁）：調書為調動物資或人員之通知書，凡「調書」
　　之文末常設「付受同月出入冊令繆」或「付受相與校計，同月出入冊令繆」語，
　　此乃強調收付雙方必須認真核對賬實，避免出錯。

　　　　李均明（2009，59 頁）：「調書」實質為支出憑證，即支出物資或人員的
　　書面依據。

　　　　今按，說是。

〔2〕乏興：即乏軍興。指耽誤軍事行動或軍用物資的徵發，為違反軍律的一種罪名。
　　如《漢書‧景武昭宣元成功臣表》：「元封六年，坐為太常行大行令事。留外國
　　書一月，乏興，入穀贖，完為城旦。」顏師古注：「當有所興發，因其留遲故
　　闕乏。」《漢書‧王莽傳下》：「未賜虎符而擅發兵，此弄兵也，厥辠乏興。」
　　顏師古注：「擅發之罪，與乏軍興同科也。」又「乏軍興」史籍亦常見，《漢書‧
　　黃霸傳》：「坐發民治馳道不先以聞，又發騎士詣北軍馬不適士。劾乏軍興，連
　　貶秩。」《後漢書‧肅宗孝章帝紀》：「詔天下繫囚減死一等，勿笞，詣戍邊；
　　妻子自隨，占著所在；父母同產欲相從者，恣聽之；有不到者，皆以乏軍興論。」
　　李賢注曰：「軍興而致闕乏，當死刑也。」

建始三年七月庚辰朔庚子〔1〕，候長　　▨　　　　73EJT22：70

【集注】

〔1〕建始三年七月庚辰朔庚子：建始，漢成帝劉驁年號。據徐錫祺（1997，1624
頁），建始三年七月庚子即公曆公元前 30 年 8 月 30 日。

☑□時舉　　　　　　　　　　　　　　　　　　　　　73EJT22：71

行在所〔1〕公車司馬〔2〕☑　　　　　　　　　　　　73EJT22：72

【集注】

〔1〕行在所：于豪亮（1983，91 頁）：「行在所」是皇帝所在之處。《漢書・武帝紀》：
「舉獨行之君子，徵詣行在所。」《梅福傳》：「求假軺傳，詣行在所條對急政。」
《漢書・王莽傳下》：「大尹太尉，皆詣行在所。」菜邕《獨斷》：「天子所在曰
行在所。」正是指所在之處而言。

　　　初師賓（2004，174 頁）：「行在所」即大行所在，一般指皇帝居止處。

　　　今按，諸說是。行在所指天子所在的地方。《漢書・武帝紀》「徵詣行在
所」，顏師古注：「天子或在京師，或出巡狩，不可豫定，故言行在所耳，不得
亦謂京師為行在也。」

〔2〕公車司馬：汪桂海（1999，164 頁）：漢代設置了日常接受臣民奏書的機構，
即公車，奏事者可詣宮闕將奏書交給公車轉呈。公車設在宮司馬門，有公車司
馬令丞總領天下送呈至公車的奏章。

　　　今按，說是。《漢書・百官公卿表上》：「衛尉，秦官，掌宮門衛屯兵，有
丞。景帝初更名中大夫令，後元年復為衛尉。屬官有公車司馬、衛士、旅賁三
令丞。」顏師古注曰：「《漢官儀》云公車司馬掌殿司馬門，夜徼宮中，天下上
事及闕下凡所徵召皆總領之，令秩六百石。」

☑事敢告　　　　　　　　　　　　　　　　　　　　　73EJT22：73
☑□五年三月，驛北亭禹……☑　　　　　　　　　　　73EJT22：79A
☑□□布□匹，直□□□☑　　　　　　　　　　　　　73EJT22：79B

□□□□毋丈人☑　　　　　　　　　　　　　　　　　73EJT22：81

【校釋】

　　　未釋字何茂活（2018A，117 頁）認為可釋為「塞上□陽」，但字迹模糊，不能
完全確定。今按，該幾字漫漶不清，不可辨識，當從整理者釋。

橐他苑佐張安世〔1〕　　☑
☑☑二年閏……　　☑　　73EJT22：82

【校釋】

第二行簡首未釋字胡永鵬（2014A，237 頁）補「本始」、簡末補作「月☑☑除」。今按，其說或是，但該行字殘斷不能辨識，當從整理者釋。

【集注】

〔1〕張安世：人名，為橐他苑佐。

合昌報子卿前君所告　子卿☑　　73EJT22：86
☑☑將軍記　☑　　73EJT22：94

檄☑☑☑☑☑何，檄到，趣日☑☑　　73EJT22：106+115

【校釋】

姚磊（2016H1）綴，綴合後補「日」字。

☑居延民女子馮倚相〔1〕等五人，倚相☑
☑六人客子〔2〕☑田上安平〔3〕里男子趙☑☑　　73EJT22：113

【集注】

〔1〕馮依相：人名。

〔2〕客子：胡平生、張德芳（2001，63 頁）：旅居者。《史記・范雎傳》：「又謂王稽曰：『謁君得無與諸侯客子俱來乎？』」

　　今按，說是。客子即客居外地之人。

〔3〕安平：里名。

・檄謂驛馬農令〔1〕：田卒九人行道物☑
故爰書問，同車邑子〔2〕移爰書都☑　　73EJT22：114

【集注】

〔1〕農令：徐樂堯（1984，322～323 頁）：田官的長官稱農令、候農令……近年在內蒙古自治區杭錦旗的一座漢代城址中，層出土漢代官印一方，印文為「西河農令」，可與漢簡所記相參證。

米田賢次郎（1987，176 頁）：屯田的負責人是農都尉。農都尉在大司農的指揮下經營屯田。農都尉之下，直接負責屯田生產的是農令。農令的地位與庫令、縣令相等，秩六百石左右，相當於負責軍事組織的候官，是屯田實際上的負責人。

張俊民（1996A，68 頁）：田官，作為屯田系統中的一個機構，置長官是農令，負責某一較大地域的農業生產。

王勇（2008，21 頁）：農都尉是郡一級的屯田管理官員，較其地位為低的是田官區的農令。大致而言，農都尉主管郡內各屯田區的全面生產及與生產有關的事務，而田官則是各個屯田區的具體負責者，故而當時往往用田官泛指屯田機構……《漢書·賈誼傳》師古注「官謂官舍」，田官之「官」也是指治事之所，為機構名稱，其首長的官稱是農令。

朱紹侯（2012，33 頁）：縣級的最高田官為農令，如「騂馬農令」，就是縣級的田官。

裘錫圭（2012B，220 頁）：居延農的地位與庫、城倉、候官相當，其首長應屬令長一級，決不可能是農都尉，其機構也決不能稱府。「居延農」似當為「居延農令（或長）」或「居延農官」的省稱。居延都尉所護的「田官」應即指此而言。

今按，諸說多是。農令為田官之長，具體負責田官的屯田事宜，其級別同於縣令、候官之候，秩六百石左右。騂馬農令即位於肩水都尉府附近的騂馬田官之長。

〔2〕邑子：中國簡牘集成編輯委員會（2001D，134 頁）：猶言同鄉。

今按，說是。邑子即同邑之人，同鄉。《漢書·趙廣漢傳》：「廣漢疑其邑子榮畜教令，後以它法論殺畜。」顏師古注：「蘇賢同邑之子也。」

▨ 元康二▨　　　　　　　　　　　　　　　　　　　　　73EJT22：116

【校釋】

姚磊（2019C7）遙綴該簡和簡 73EJT22：126。今按，兩簡或可遙綴，但不能直接拼合。

▨□□　　　　　　　　　　　　　　　　　　　　　　73EJT22：117

▨方循行〔1〕後　　　　　　　　　　　　　　　　　　73EJT22：122

【集注】

〔1〕循行：中國簡牘集成編輯委員會（2001H，81 頁）：循，通巡。循行即巡行、
　　巡守、巡查之意。

　　　　今按，說是。《漢書·成帝紀》：「遣諫大夫林等循行天下。」

☑名籍一編，敢言☑　　　　　　　　　　　　　　　　　　73EJT22：125

☑酉，候長長生〔1〕、佐通〔2〕內　　　　　　　　　　　73EJT22：126

【校釋】

　　姚磊（2019C7）遙綴簡 73EJT22：116 和該簡。今按，兩簡或可遙綴，但不能
直接拼合。又「長生」原作「武」，姚磊（2019C7）認為其是重文符號「＝」和「生」
字。說可從。

【集注】

〔1〕長生：人名，為候長。

〔2〕通：人名，為佐。

☑府定捕得之☑　　　　　　　　　　　　　　　　　　　73EJT22：130A

☑□□　　☑　　　　　　　　　　　　　　　　　　　　73EJT22：130B

隧長至今年正月☑　　　　　　　　　　　　　　　　　　73EJT22：133

☑　　□輔交復作〔1〕大男〔2〕馮常善□☑

☑　　肩水津，勿苛止，環復傳，如☑　　　　　　　　　73EJT22：137

【集注】

〔1〕復作：吳榮曾（1995，268 頁）：魏晉時人對漢的復作已不甚了解，於是產生
　　不少錯誤說法。一是說男子罰作是戍邊，女子復作不能到遠處，只能作於官。
　　現在從簡文來看，這種說法完全不能成立，因為在邊塞一帶有不少的復作大
　　男。另一是將復作和弛刑混為一談。如《漢書·宣帝紀》注引孟康曰：「復音
　　服，謂弛刑徒也。」又《鼂錯傳》注引臣瓚曰：「募有罪者及罪人，遇赦，復
　　作竟其日月也，今皆除其罰，令居之也。」這是對復字望文生義的結果，即把
　　「復作」誤解為「又作」。以為刑徒經過減刑，但仍須繼續役作。實際上復作
　　是一種輕刑。其服役期較城旦、鬼薪、司寇為短，僅一年或數月。它和城旦等

的區別不僅是服刑時間長短的差異，而且還有受刑與不受刑的這種區別。按照漢制，刑徒皆須受刑，有髡刑、完刑、耐刑三等，而復作在耐刑之外。儘管復作也要服役，但和嚴格意義的刑徒不大一樣。

徐世虹（1999，96頁）：復作可能不是性質單一的勞役刑，它和髡鉗城旦、完城旦、鬼薪、司寇等刑有所不同，即它和赦令關係密切，是用於改變執行刑的刑罰，適用對象是已經判決的罪人，但這些罪人應當是已通過赦令赦免者。由於復作是為官而作，因此其勞役內容龐雜。

邁克爾·魯惟一（2005，88頁）：復作是因皇帝的特赦而得到寬恕的罪犯，但是他們仍然要按官府的要求工作。

張建國（2006，600頁）：復作只有一種，那就是罪徒遇到皇帝下赦令詔書後，或者說國家遇到大事要赦天下時蒙赦的罪徒。這些罪徒原來是被判罰司寇以上（文帝十三年改革後指2年刑期以上）勞役刑的人，赦令下達後被免去刑徒身份，這是和刑徒的最大區別，然後以勞動的方式服完原刑期的剩餘時間。刑徒有男女徒之分，赦後復作的當然也有男徒復作和女徒復作之分。

任仲爀（2011，313頁）：據漢簡記載，復作是指繼續服刑，刑期為原定刑期減兩年之後的剩餘刑期，即死罪復作（作縣官）三年，城旦舂以上復作二年，鬼薪白粲復作一年。復作的目的在於防止赦免導致的勞動力緊缺狀況，是保障勞動力數量的有效手段。

姚磊（2019B，153頁）：在赦免過程中，「復作」不是「赦免」的必要環節，如果赦免力度較大，會免復作直接為庶民。復作時間的確定也並非是「三個月到一年」或「服完原刑期的剩餘時間」那樣簡單，會受到原判決刑期、服役人具體情況、服役表現以及赦令的赦免力度的影響，時間可長可短，並沒有定數。

今按，從漢簡來看，復作當如張建國、魯惟一等所說，是蒙赦的罪徒，其免去刑徒身份後繼續在官府勞作一段時間。如金關漢簡「復作大男彭千秋，故陳留郡陳留高里，坐傷人論，會神爵四年三月丙辰赦令，復作縣官一歲十月十日」（73EJT34：6）、「論鬼新。會二月乙丑赦令，免罪復作，以詔書贖，免為庶人」（73EJT37：526）。《漢書·鼂錯傳》：「先為室屋，具田器，乃募辠人及免徒復作令居之。」顏師古注引臣瓚曰：「募有罪者及罪人遇赦復作竟其日月者，今皆除其罰，令居之也。」這種說法應當是正確的。關於復作的時間，當如姚磊所言，其可長可短，並沒有定數。

〔2〕大男：胡平生、張德芳（2001，22 頁）：成年男子。漢制，男子十五歲以上為
　　大男。

　　　　中國簡牘集成編輯委員會（2001D，223 頁）：漢代以年齡將人區分為大、
　　小和大、使、未使。大指年齡在十四歲以上。

　　　　今按，諸說多是。大男應指年齡在十五歲以上的男子，十四歲以下為小男。

☒明塞蓬火☒☒　　　　　　　　　　　　　　　　　73EJT22：139A
☒☐☐☐☐☐☐☐☒　　　　　　　　　　　　　　73EJT22：139B

【校釋】

　　　何茂活（2015C，178 頁）釋 A 面「塞」為「察」、簡末未釋字為「事」，釋 B
面末兩字為「善者」。今按，「塞」作 形，釋「察」恐非是，其餘未釋字多殘斷不
可辨識，此從整理者釋。

長卿足下☒（削衣）　　　　　　　　　　　　　　73EJT22：140

【校釋】

　　　「長」原作「曹」，何茂活（2015C，178 頁）釋。

子☒（削衣）　　　　　　　　　　　　　　　　　73EJT22：142
☒中☐☒（削衣）　　　　　　　　　　　　　　　73EJT22：143
☒年（削衣）　　　　　　　　　　　　　　　　　73EJT22：144
☒巳朔壬戌，關☒（削衣）　　　　　　　　　　　73EJT22：146

☐☐☐☐☒

金關，寫移☒　　　　　　　　　　　　　　　　　73EJT22：150

【校釋】

　　　「移」字原未釋，何茂活（2015C，178 頁），周艷濤、張顯成（2018，89 頁）
補釋。

☒未候長☐來者聞毋☐☒　　　　　　　　　　　　73EJT22：157A
☒……張☐一☒　　　　　　　　　　　　　　　　73EJT22：157B

肩水金關 T23

永始五年二月☐
☐☐男子季臨☐　　　　　　　　　　　　　　　　　73EJT23：1A
丞印　　☐
二月辛亥以來　　☐　　　　　　　　　　　　　　　73EJT23：1B

元康二年正月辛未朔癸巳〔1〕，丞相相〔2〕告中二千石〔3〕、二千石、郡大守、
諸侯相：上吏郎元康元年☐
☐☐少其實年爵不相應，當賜奪勞〔4〕者，或不賜奪☐　　73EJT23：3+619

【校釋】

　　　許名瑲（2016K）綴。第二行「元康元年」的「元」原作「三」，劉釗（2018，
81）釋。

【集注】

〔1〕元康二年正月辛未朔癸巳：元康，漢宣帝劉詢年號。據徐錫祺（1997，1555
　　頁），元康二年正月癸巳即公曆公元前 64 年 2 月 22 日。
〔2〕丞相相：即丞相魏相，據《漢書‧百官公卿表下》，地節三年正月甲申，丞相
　　賢賜金免。六月壬辰，御史大夫魏相為丞相。神爵三年三月丙午，丞相相薨。
〔3〕中二千石：漢官秩名。《漢書‧宣帝紀》：「潁川太守黃霸以治行尤異，秩中二
　　千石。」顏師古注：「漢制，秩二千石者，一歲得一千四百四十石，實不滿二
　　千石也。其云中二千石者，一歲得二千一百六十石，舉成數言之，故曰中二千
　　石。中者，滿也。」
〔4〕賜奪勞：高恆（2001，301 頁）：勞，勞績。秦漢時，以日月年為記勞單位。對
　　有過者罰勞，即「奪勞」。
　　　　今按，說是。賜勞即賞賜勞績，奪勞為奪去勞績。

☐某鄉尹廣漢☐
☐所官家二千石郡☐☐　　　　　　　　　　　　　　73EJT23：4

☐☐佐徐譚〔1〕收流民酒泉
☐☐／兼屬武〔2〕、書佐良〔3〕　　　　　　　　　　　73EJT23：7A
☐月辛丑出　　　　　　　　　　　　　　　　　　　73EJT23：7B

【集注】

〔1〕徐譚：人名。

〔2〕武：人名，為兼屬。

〔3〕良：人名，為書佐。

☑䇓曰：**誠得錢地長即治論**　☑　　　　　　　　　73EJT23：14

【校釋】

「䇓」原作「辤」，黃艷萍（2016B，130 頁）、（2018，137 頁）釋。

☑**辰朔癸巳，廣地候欽**〔1〕**移居延卅井縣索、肩水金關：部吏所葆家屬為**

☑……　　　　　　　　　　　　　　　　　　　73EJT23：15A

☑　　**·令史誼**〔2〕｜｜　　　　　　　　　73EJT23：15B

【集注】

〔1〕欽：人名，為廣地候。

〔2〕誼：人名，為令史。

☑**謂何請人未央也，冣可財乎，且之一誤耳，不乏財人也，即**☑

　　　　　　　　　　　　　　　　　　73EJT23：19A+40B

☑**因言壬子表火，子卿持記予左前令絕□今畢不下相應**☑

　　　　　　　　　　　　　　　　　　73EJT23：19B+40A

【校釋】

伊強（2014B）綴，且認為 A 面「且之」當釋「是」，「乏」當是「足」字。今按，「且之」圖版作，應當不為一字，釋「是」恐非。「乏」字圖版作，恐亦非「足」，或當存疑待釋。

又 A 面「冣可財」何茂活（2015C，179 頁）釋「甯何䩭」。今按，「冣」圖版作形，明顯不為「冣」字，但亦恐非「甯」；「可」字整理者釋讀不誤，不當為「何」；兩「財」字圖版分別作、，應當不是「財」字，但釋「䩭」似亦不妥。暫存疑待考。

府君〔1〕**掾史**〔2〕**行亭□**☑　　　　　　　　73EJT23：21

【集注】

〔1〕府君：中國簡牘集成編輯委員會（2001D，232 頁）：府君，對都尉府都尉的尊稱。

中國簡牘集成編輯委員會（2001G，130 頁）：漢人對太守的尊稱。

今按，府君當為對太守的尊稱。《後漢書‧劉平傳》：「建武初，平狄將軍龐萌反於彭城，攻敗郡守孫萌。平時復為郡吏，冒白刃伏萌身上，被七創，困頓不知所為，號泣請曰：『願以身代府君。』」

〔2〕掾史：宋一夫（1998，313 頁）：掾與史同為郡縣屬吏，掾的地位高於史。一般來說，郡縣諸曹皆設掾史，掾為曹正官，史為曹副官。

今按，說或是。參簡 73EJT1：27「掾」集注。

☑令。掾美〔1〕、佐臨〔2〕　☑　　　　　　　　　　　　　73EJT23：22

【集注】

〔1〕美：人名，為掾。

〔2〕臨：人名，為佐。

☑□□城倉嗇夫韓☑　　　　　　　　　　　　　　　　73EJT23：24

占功署能為☑　　　　　　　　　　　　　　　　　　73EJT23：25

☑佐陽謂服胡〔1〕隧長宗□☑　　　　　　　　　　　73EJT23：29

【集注】

〔1〕服胡：何茂活（2017C，136 頁）：「服」取屈服、臣服之意，這裏為使動用法。

今按，說是。服胡為隧名。

☑奏發☑　　　　　　　　　　　　　　　　　　　　73EJT23：30A

☑伏地再拜☑　　　　　　　　　　　　　　　　　　73EJT23：30B

☑　　水居延者□☑　　　　　　　　　　　　　　　73EJT23：36

博叩頭死罪，到日月☑　　　　　　　　　　　　　　73EJT23：43

☑□使一卒往之　　　　　　　　　　　　　　　　　73EJT23：44

……　　　　　　　　　　　　　　　　　　　　　73EJT23：45

……坐☑　　　　　　　　　　　　　　　　　　　　73EJT23：47

笥□執法使者　☑　　　　　　　　　　　　　　　　73EJT23：48A

司□執法使者　☑　　　　　　　　　　　　　　　　73EJT23：48B

【校釋】

　　兩未釋字何茂活（2018A，117 頁）認為可能是「笛」。今按，其說或是，但字迹模糊，不能辨識，當從整理者釋。

☑月己未出

☑如律令。　／掾戎〔1〕、令史襃〔2〕、佐惲〔3〕　　　　73EJT23：60

【校釋】

　　「襃」原作「裒」，該字金關漢簡中大多釋「襃」，據改。

【集注】

〔1〕戎：人名，為掾。

〔2〕襃：人名，為令史。

〔3〕惲：人名，為佐。

☑子朔壬辰，登山〔1〕隧　☑

☑□敢言之　☑　　　　　　　　　　　　　　　　　　73EJT23：61

【集注】

〔1〕登山：隧名。

一椑〔1〕腐敗解隨〔2〕□□□板毋復頭☑　　　　　　73EJT23：62

【集注】

〔1〕椑：從其可腐敗解隨來看，此處椑或指內棺，櫬屍棺。《禮記・檀弓上》：「君即位而為椑，歲壹漆之，藏焉。」鄭玄注：「椑，謂杝棺親屍者。」

〔2〕解隨：薛英群、何雙全、李永良（1988，50 頁）：隨，即墮之假借，指繩索鬆懈墜落。

　　　　今按，說或非是。「解」義為破裂，分離。參簡 73EJT21：66「靡解」集注。「隨」或通「墮」，簡帛古書多有其例，參白於藍師（2017，494 頁）「隨與墮」條。「墮」有毀壞義，《史記・孔子世家》：「吳伐越，墮會稽，得骨節專車。」裴駰《集解》引王肅曰：「墮，毀也。」則解隨是說破裂毀壞。

☑東部候史陽〔1〕等，書到，聽書牒　　　　　　　　73EJT23：64

【集注】

〔1〕陽：人名，為東部候史。

朱永〔1〕白　☑
關嗇夫過卿：幸為白此致請☑　　　　　　　　　　73EJT23：66A
白　　☑　　　　　　　　　　　　　　　　　　　73EJT23：66B

【集注】

〔1〕朱永：人名，為致信者。

襃〔1〕叩頭叩頭白　□☑　　　　　　　　　　　　73EJT23：69A
孫□□頭襃☑　　　　　　　　　　　　　　　　　73EJT23：69B

【校釋】

「襃」原作「裒」，該字金關漢簡中大多釋「襃」，據改。

【集注】

〔1〕襃：人名，為致信者。

□□□　　　　　　　　　　　　　　　　　　　　　73EJT23：70

☑地節四年五月己亥下，凡百五十九〔1〕☑　　　　73EJT23：71

【集注】

〔1〕凡百五十九：陳槃（2009，7頁）：按此校勘詔令文書之記注……疑此種校勘方
　　　　法，至少前漢早年已有之。蓋詔令、文書關係綦重，故雖一字之微，罔敢疏漏。
　　　　今按，說是。

☑□再拜，唯卿幸告使□☑
☑……☑　　　　　　　　　　　　　　　　　　　73EJT23：73A
☑恩取……☑　　　　　　　　　　　　　　　　　73EJT23：73B

記白任威卿，願幸為□☑　　　　　　　　　73EJT23：76A+139A
惠卿以□書為□☑　　　　　　　　　　　　73EJT23：76B+139B

【校釋】

　　伊強（2016G）綴，且認為 B 面「為」下一字似為「位」字，而該字姚磊（2017H5）釋作「信」。今按，B 面「為」下一字左部作「亻」，但右部難以確知，釋「位」或「信」均存疑，此從整理者釋。

　　又 B 面「以」下一字秦鳳鶴（2018，89 頁）釋作「屯」。今按，該字圖版作 形，補釋或可從，但漢簡中「毛」字亦常作此形，「屯」或「毛」於簡文文義似均不可通，故暫從整理者作未釋字處理。

元延二年正月癸亥朔壬午〔1〕，肩水關嗇夫欽〔2〕以小官行☑
事，隧長章輔〔3〕自言遣收責橐他界中，出入盡〔4〕十二月止，如律令☑

73EJT23：79A

守令史駿☑

73EJT23：79B

【校釋】

　　A 面第二行「止」原作「晦」，姚磊（2016A2）釋。

【集注】

〔1〕元延二年正月癸亥朔壬午：元延，漢成帝劉驁年號。據徐錫祺（1997，1661 頁），元延二年正月壬午即公曆公元前 11 年 3 月 5 日。

〔2〕欽：人名，為關嗇夫。簡 73EJT3：73 可見「關嗇夫李欽」，又屬始建國二年的簡 73EJT23：290 中亦有「關嗇夫欽」。侯旭東（2014A，196 頁）據此認為該簡「欽」應姓李，他任關嗇夫職一直到王莽的始建國二年。黃浩波（2016B）則指出始建國二年上距元延二年已有二十年，況且中間還有李豐等人出任關嗇夫一職，因而該簡所見「關嗇夫欽」與 73EJT23：290 簡所見「關嗇夫欽」，很難說是同一個人了。黃說當是，兩「關嗇夫欽」恐非同一人。

〔3〕章輔：人名，為隧長。

〔4〕盡：于豪亮（1961，455 頁）：居延漢簡中，某年盡某年和某月盡某月的簡文很常見。《小爾雅·廣言》：「盡，止也。」這裏的盡字，正作止字解。

　　徐莉莉（2003，141 頁）：「盡」的特點是用在表時間的場合，後面緊跟表時間的名詞，意義大致為「直至……（時間）終了」。

　　今按，諸說是。「盡十二月止」意為直到十二月止。

☑朔庚子，橐他守塞尉長〔1〕移☑   73EJT23：81

【集注】

〔1〕長：人名，為守塞尉。

☑言之：謹移吏卒☑   73EJT23：90
☑□赦令免為   73EJT23：93
☑吏捕得金城☑   73EJT23：97
肩水候□☑
十月⋯⋯☑   73EJT23：101
☑當以令取傳，歸□□
☑河金關，毋苛留□   73EJT23：102

☑閏月庚午朔辛未，南鄉☑   73EJT23：103

【校釋】

　　「閏月庚午朔」陳夢家（1980，233 頁）指出諸表皆閏九月庚子朔，惟漢簡有「鴻嘉三年閏月庚午朔」，故知應閏八月庚午朔。羅見今、關守義（2014）亦認為該簡只可能是鴻嘉三年（前 18）閏八月。胡永鵬（2014B，276 頁）、（2016A，95 頁）亦指出簡文殘失的紀年應為「鴻嘉三年」。

　　今按，諸說是。鴻嘉，漢成帝劉驁年號。據徐錫祺（1997，1648 頁），鴻嘉三年閏八月辛未為公曆公元前 18 年 9 月 27 日。

☑書移肩水候官，寫移□☑   73EJT23：104

☑縣道津關，遣卒史王惲☑   73EJT23：110+222

【校釋】

　　姚磊（2017L，189 頁）綴。

☑鱳得□所告☑   73EJT23：117
將軍月廿日□☑   73EJT23：121

☑張掖都尉章〔1〕□　　☑
☑居延都尉府　　☑   73EJT23：123

【集注】

〔1〕張掖都尉章：陳夢家（1980，41頁）：地灣出土封檢上以及破城子出土北書上
的「張掖都尉章」，可以說明張掖「郡都尉」在地灣之南。《地理志》曰「日勒
（今山丹縣東南）都尉治澤索谷」，可能為郡都尉所在，與此地望相符合。

紀安諾（2002，197頁）：張掖都尉，即郡都尉一個人，其治應在日勒縣，
但這個官是宣帝以後，很可能前漢末年才置。

今按，諸說是。張掖都尉為張掖郡都尉，治日勒縣。

☑……守令史尊〔1〕　　　　　　　　　　　　73EJT23：128+127

【校釋】

姚磊（2017B3）綴。

【集注】

〔1〕尊：人名，為守令史。

☑□□□郭野兼行丞事□☑　　　　　　　　　　73EJT23：129

☑移居卅井縣索☑　　　　　　　　　　　　　73EJT23：133A
☑勝言之　　☑　　　　　　　　　　　　　　73EJT23：133B

【校釋】

姚磊（2017D1）、（2018E，28頁）遙綴簡73EJT23：141和該簡。今按，兩簡
或存同屬一簡的可能，但不能直接拼合。

☑侯國縣道河津關，毋
☑律令。／掾房〔1〕、令史敞〔2〕　　　　　　73EJT23：134A
☑……　　　　　　　　　　　　　　　　　73EJT23：134B

【校釋】

A面第一行「侯國」何茂活（2015C，180頁）釋「移過」。今按，整理者釋讀
似非，改釋可從，但該兩字殘斷，不能辨識，或當存疑待釋。

【集注】

〔1〕房：人名，為掾。

〔2〕敞：人名，為令史。

☑□舉吏卒不知蓬火☑   73EJT23：135

☑吏收責，亟報，迫卒且罷

☑史敞〔1〕、佐定〔2〕   73EJT23：136

【集注】

〔1〕敞：人名。

〔2〕定：人名，為佐。

☑博欲小決精毌☑   73EJT23：140

元延二年五月壬午朔癸☑   73EJT23：141A

令元延，毋它急〔1〕☑   73EJT23：141B

【校釋】

姚磊（2017D1）、（2018E，28 頁）遙綴該簡和簡 73EJT23：133。今按，兩簡或存同屬一簡的可能，但不能直接拼合。

「壬午朔」胡永鵬（2014B，276 頁）、（2016A，356 頁）認為五月不得為壬午朔。原簡朔干支有誤。今按，說當是。元延，漢成帝劉驁年號。據徐錫祺（1997，1661 頁），元延二年五月辛酉朔，為公曆公元前 11 年 6 月 12 日。

【集注】

〔1〕毋它急：勞榦（1960，74 頁）：漢人習用語，猶言毋恙。

    林劍鳴（1984，149 頁）：即毋它恙，沒有什麼病的意思。

    中國簡牘集成編輯委員會（2001C，27 頁）：毋，通無。猶言毋它急事。

    鄔文玲（2012B，232 頁）：漢代書信常用套語，意思是沒有什麼急難，意同無恙、平安。

    王貴元、李雨檬（2019，145 頁）：「毋它」類主要有以下三組語詞：毋它甚善、毋它善善；起居毋它、起居毋它善、起居毋它甚善、起居無它甚善、起居得毋有它、起居得無有它、得毋他緩急；間者得毋它急、間者起居毋它甚善善、間者起居無它甚善、頃舍中得毋有它急、頃之府得毋有它、頃舍中毋它。毋它，又作「無它」，義為無事。「它」這裡指不好的、緊急的情況。

    今按，諸說多是。

永始三年八月丁丑朔辛卯〔1〕，肩水候□☑

金關，敢言之。　　☑　　　　　　　　　　　　　　73EJT23：143

【集注】

〔1〕永始三年八月丁丑朔辛卯：永始，漢成帝劉驁年號。據徐錫祺（1997，1656 頁），
　　永始三年八月辛卯即公曆公元前 14 年 9 月 26 日。

☑南部元延元年三☑　　　　　　　　　　　　　　　73EJT23：144

☑當為☑　　　　　　　　　　　　　　　　　　　　73EJT23：152

☑置廚二千石傳乘用傳馬〔1〕抱者□□蔡鳳

☑嘉怒賊殺臨母□□以縣官事□□轂亭□　　　　　　73EJT23：153

【集注】

〔1〕傳馬：森鹿三（1983B，81 頁）：所謂傳馬，就是由車站供給的駕車之馬，要
　　得到這樣的馬，必須持有政府發給的使用證件。並且，這種證件，原則上只限
　　官吏用於公務。

　　　　中國簡牘集成編輯委員會（2001F，113 頁）：指驛站所用之馬，多駕車。
　　今按，諸說是。傳馬為駕駛傳車之馬。

☑□得丞印幣　　　　　　　　　　　　　　　　　　73EJT23：155

【校釋】

　　　簡首未釋字何茂活（2018A，117 頁）認為是「觻」。今按，其說當是，但該字
大部分殘佚，暫從整理者釋。

☑丈人言伏八月三日寄單衣〔1〕賈長君〔2〕所□□□☑

☑……☑　　　　　　　　　　　　　　　　　　　　73EJT23：162

【校釋】

　　　「伏」作　形，據字形來看，或非「伏」字。

【集注】

〔1〕單衣：勞榦（1953，180 頁）：襌衣就是單層的長袍。也就是所謂「綯」。《說
　　文》：「襌衣不重」，《大戴禮》及《黃小正傳》：「襌，單也」，所以是單層的……
　　又稱為單衣，《後漢書・馬援傳》：「公孫述更為援制都布單衣」，章懷注即引楊

雄《方言》為說，故「單」字亦即是「禪」的省字……就是古人的衣服，原則上是上衣而下裳，為方便起見，衣裳至相縫接，這就成為深衣。再進一層，裁的時候，就上下相通，不要裁斷，成為完整的長袍，這就成為一般的禪衣了。

黃今言（1993，302～303 頁）：《釋名》：「禪衣，言無裏也。」《說文》曰：「禪衣不重也。」禪，單也。故有時逕稱之為「單衣」。屬武士服的一種。

王震亞、張小鋒（1998，131 頁）：禪衣是單層的薄長袍。《大戴禮》曰：「禪，單也。」東漢時稱之單衣。禪衣源於深衣而又與深衣有所不同。關鍵在於深衣是由衣和裳縫合而成，而禪衣則是「上下相通，不別衣裳」，避免了深衣過於臃腫的缺點，又節省布料，是戍卒常穿的長袍之一。

中國簡牘集成編輯委員會（2001H，73 頁）：禪衣，即單衣，沒有裏子的衣裳。

今按，諸說是。單衣即禪衣，為單層的長袍。

〔2〕賈長君：人名。

書年長物色，各如書，皆毋官獄徵事，當得取傳，謁言廷，移過所縣道河津金關，毋苛留，如律令，敢言之。　　　　　　　　　　　　73EJT23：165

☑年三月己酉朔乙卯，張掖……令史事詔書到☑
☑□□□□□□□□□從者如律令　……☑　　　73EJT23：166+195

【校釋】

姚磊（2017L，191 頁）綴。該簡年代羅見今、關守義（2014），胡永鵬（2016A，347 頁）認為是漢成帝永始三年（前 14）。今按，說當是。永始，漢成帝劉驁年號。據徐錫祺（1997，1655 頁），永始三年三月乙卯即公曆公元前 14 年 4 月 23 日。

□□□幸甚□□□□□□伏地再拜
□□□足下　成子方〔1〕　　　　　　　　　　　73EJT23：167A
……　　　　　　　　　　　　　　　　　　　　73EJT23：167B

【集注】

〔1〕成子方：人名。《急就篇》可見「鄭子方」，顏師古注：「子者，男子美稱，方者言其正直不回也。」

……☑

牛長倩〔1〕記謁登山〔2〕隧長張稚孺〔3〕所　　☑　　　　　73EJT23：177A+171A

慶再拜言。・即可旦日蚤來，可見☐☐記☐☐☐☐☐☐☑

……☑　　　　　　　　　　　　　　　　　　　73EJT23：177B+171B

【校釋】

　　楊小亮（2014A，306頁）綴，並補釋B面「可見」的「可」字。

【集注】

〔1〕牛長倩：人名，為致信者。

〔2〕登山：隧名。

〔3〕張稚孺：人名，為登山隧長。

建國元年九月癸巳☐☑　　　　　　　　　　　　73EJT23：172A

右右右右右　張掖右大尉〔1〕☑　　　　　　　　73EJT23：172B

【集注】

〔1〕右大尉：饒宗頤、李均明（1995B，137頁）：大尉，新莽所改都尉稱謂，古籍
　　多作「太尉」。

　　　紀寧（2017，52～53頁）：王莽改都尉為大尉……既稱「右」「後」，按理
　　必有「左」「前」，如此說來，張掖郡最高軍事長官張掖都尉的領兵權至少被一
　　分為四。

　　　冨谷至（2018，81頁）：「右大尉」相當於肩水都尉。

　　　今按，諸說多是。大尉為新莽時期對都尉的稱謂，《漢書・王莽傳中》：
　　「改郡太守曰大尹，都尉曰太尉，縣令長曰宰。」右大尉即肩水都尉，紀寧
　　說不確。

☐鸞鳥〔1〕長印☑　　　　　　　　　　　　　　73EJT23：175A

☐令　八月☑　　　　　　　　　　　　　　　　73EJT23：175B

【集注】

〔1〕鸞鳥：陳直（2009，207頁）：志文作鸞鳥，為傳寫之誤字，殿本作鳥是也。

　　　趙爾陽（2016C）：武威郡鸞鳥縣的得名史書未有記載，筆者推斷當與嘉瑞
　　或祥瑞有關。兩漢時每當有祥瑞降臨，帝王或更改年號，或更改祥瑞發生地的

地名，以應天命，鸞鳥縣的命名或與此有關。《後漢書·段熲傳》：「永康元年，當煎諸種復反，合四千餘人，欲攻武威，熲復追擊於鸞鳥，大破之。」李賢注曰：「鳥音爵，縣名，屬武威郡，故城在今涼州昌松縣北也。」鸞鳥訛變為鸞烏，筆者認為：除了鳥與烏形近而易訛外，還與唐代時在此地域內設置神烏和嘉麟縣有關。《舊唐書·地理三》：「神烏，漢鸞鳥縣，屬武威郡。後魏廢。總章元年，復於漢武威城置武威縣。神龍元年，改為神烏。於漢鸞鳥古城置嘉麟縣。」鳥與烏本身形近易訛，此地漢唐時又分別設過鸞鳥、神烏，致使後人如宋祁、段玉裁等誤以為兩漢時設置的是鸞烏縣。綜上所述，結合金關簡圖版及居延簡圖版釋文，可知西漢時此縣為「鸞鳥」，非「鸞烏」也。中華本《漢志》誤，段玉裁亦誤。殿本、中華本《續漢志》、王先謙、陳直是。此地名西漢時當為「鸞鳥」。

今按，諸說是。鸞鳥為漢武威郡屬縣。

☑尉詡〔1〕移肩水金關☑　　　　　　　　　　　　73EJT23：178

【集注】

〔1〕詡：人名，據簡 73EJT37：1020，其當為肩水城尉。

☑☑☑☑☑　　　　　　　　　　　　　　　　　73EJT23：179
☑橐☑長謂備　　　　　　　　　　　　　　　73EJT23：185

驛北〔1〕亭☑　　　　　　　　　　　　　　　73EJT23：186A
十一月☑　　　　　　　　　　　　　　　　　73EJT23：186B

【集注】

〔1〕驛北：亭名。

☑初除詣府　☑　　　　　　　　　　　　　　73EJT23：187
☑郡中，當舍傳舍☑　　　　　　　　　　　　73EJT23：188
始建國五年八月☑
……☑　　　　　　　　　　　　　　　　　73EJT23：189
☑囗東部候☑　　　　　　　　　　　　　　　73EJT23：190
會水候☑　　　　　　　　　　　　　　　　　73EJT23：191

☑佐通〔1〕等再☑（削衣）　　　　　　　　　73EJT23：192

【集注】

〔1〕通：人名，為佐。

□□當來辦事☑　　　　　　　　　　　　　　73EJT23：196A

□□蚤為子春□☑

□□石不宜□☑　　　　　　　　　　　　　　73EJT23：196B

□長□□☑　　　　　　　　　　　　　　　　73EJT23：197

及捫　骨肉完不離絕〔1〕毋雍〔2〕□　　　　73EJT23：198

【校釋】

　　「雍」原作「維」，何茂活（2014B，228 頁）釋。又「捫」字何茂活（2014B，227 頁）認為即「捫」字，又作「扻、搧、搨（「昏」同「昏」）」；簡末未釋字何茂活（2014B，228 頁）補釋「種」。今按，「捫」字圖版作▣形，似不為「捫」；簡末未釋字作▣形，據文義釋「種」可從，但字形磨滅不清，暫從整理者釋。

　　「骨」字原作「胃」，黃艷萍（2016B，135 頁）、（2018，139 頁）釋「骨」。今按，該字作▣形，釋「骨」可從。

【集注】

〔1〕離絕：何茂活（2014B，228 頁）：句意蓋為：待撫摸時發現胃肉完好，沒有斷裂。「離」有割、刺之意。《儀禮・士冠禮》：「離肺實于鼎。」鄭玄注：「離，割也。」《儀禮・鄉飲酒禮》：「肺皆離。」可見「離絕」即隔斷之意。

　　　　今按，說是。「離」或亦為斷絕義。《戰國策・秦策四》：「則是我離秦而攻楚也。」高誘注：「離，絕也。」

〔2〕毋雍：何茂活（2014B，228 頁）：雍種，即「臃腫」，指肌肉腫脹，也指癰疽。《戰國策・韓策三》：「人之所以善扁鵲者，為有臃腫也。」也作「癰腫」。《素問・生氣通天論》：「營氣不從，逆於肉理，乃生癰腫。」至於本簡之「毋」字，則通「有無」之「無」。

　　　　今按，其說當是。「雍」通「臃」。

□□出□□書不☑　　　　　　　　　　　　　73EJT23：199

☑建昭元年☑

☐將省卒〔1〕詣☐　　　　　　　　　　　　　　73EJT23：200 ①

☐長廣地候千秋〔2〕移☐☐

☐到，案致出入律令☐　　　　　　　　　　　　73EJT23：200 ②

【集注】

〔1〕省卒：于豪亮（1963，46頁）：省卒是從各候、隧抽調出來從事勞動的士卒。

森鹿三（1983C，109頁）：所謂省卒像是離開所屬的隧，而在其它地方服
勤的隧卒。

薛英群（1991，451頁）：省者，減也。是指那些從正式戍卒名籍上減下
來的「卒」，由他們日常所從事的勞作，可以看出，他們基本上不再擔負「戍
邊」的軍事任務和行動，而主要從事各種雜役、臨時差遣、田間管理等勞役，
區別於正卒。

趙沛（1991，18頁）：是從各隧臨時抽調出來集中從事某項專門的臨時性
勞務的士兵。《漢書·趙充國傳》云：「至春省甲士卒，循河湟漕谷至臨羌，以
際羌虜。」此正謂省卒也。

張俊民（1996B，4頁）：省卒在簡牘中指的是因為工作需要，從隧亭之中
臨時抽調出來的戍卒，把他們集中起來完成某一工作。

鵜飼昌男（2001，697頁）：戍卒暫時離開所屬之隧而前往其他官署勞作，
例稱「省卒」。

邁克爾·魯惟一（2005，91頁）：據認為是指為了特殊任務或目的而從原
來所屬的軍事單位中分遣出來的士卒。

永田英正（2007，75頁）：所謂「省卒」，可以考慮是出差勤務者的名單。

中國簡牘集成編輯委員會（2001G，118頁）：從各個燧抽調到部候、候官
臨時當差，以充雜務的戍卒叫省卒。

李天虹（2003，15頁）：綜合分析，省卒大抵是候官從各部、燧抽調出來
到某地集體從事勞動的戍卒，其工作地點一般不離本候官範圍，跨候官省作的
情形很少。

李振宏（2003，56頁）：候官、候部就要不時地從值守於烽燧的戍卒中抽
調人員，以充雜役，被抽調的戍卒就稱之為「省卒」。

今按，諸說多是。唯薛英群說「省卒」是正式戍卒名籍上減下來的卒不確。

〔2〕千秋：人名，為廣地候。《急就篇》可見「周千秋」，顏師古注：「千秋亦欲長
生久視也。漢有張千秋、田千秋。」

元始六年〔1〕二月庚□□

從關嗇夫賈糧粟□　　　　　　　　　　　　　73EJT23：201A　①

肩水　　□　　　　　　　　　　　　　　　　73EJT23：201B　①

【集注】

〔1〕元始六年：肖從禮（2012A，74 頁）：「元始六年」實即為「居攝元年」。
今按，說是。改元之後依然採用舊年號的現象漢簡習見。

□□當候長宗〔1〕敢不留□□　　　　　　　　73EJT23：204

【集注】

〔1〕宗：人名，為候長。

□□界南　　　　　　　　　　　　　　　　　73EJT23：205

□尉史黨〔1〕免冠叩頭，死罪死罪□　　　　　73EJT23：206

【集注】

〔1〕黨：人名，為尉史。

□褒履敞足下□　　　　　　　　　　　　　　73EJT23：207A

□叩頭叩頭不一˪二，謹使□　　　　　　　　73EJT23：207B

□……□

【校釋】

「褒」原作「衰」，該字金關漢簡中大多釋「褒」，據改。

□□亂白牛長□　　　　　　　　　　　　　　73EJT23：208A

□具為其椑□　　　　　　　　　　　　　　　73EJT23：208B

□婢侍　　　□　　　　　　　　　　　　　　73EJT23：209

……事事具書□□　　　　　　　　　　　　　73EJT23：210

□……　　　　　　　　　　　　　73EJT23：212A＋224B

□卒□以來　掾成〔1〕、佐誼〔2〕　　　73EJT23：212B＋224A

【校釋】

　　姚磊（2016H2）綴。原簡 73EJT23：212A 胡永鵬（2013）、（2014A，238 頁）補釋作「月庚午朔戊戌居延……」，何茂活（2015C，180 頁）補釋作「□月庚辰朔戊戌居延令長以私印行」。今按，補釋或可從，但該簡左半缺失，字多不能辨識，此從整理者作未釋字處理。

　　又 B 面未釋字秦鳳鶴（2018A，89 頁）補釋作「小」。今按，補釋或可從，但該字圖版作 ▨ 形，右半部分有殘缺，不能確知，暫從整理者釋。

【集注】

〔1〕成：人名，為掾。

〔2〕誼：人名，為佐。

務作治，謁▨　　　　　　　　　　　　　　　　73EJT23：214

▨水騂北□▨　　　　　　　　　　　　　　　　73EJT23：215

【校釋】

　　未釋字周艷濤、李黎（2014）釋「亭」。今按，補釋可從，但該字僅存一點墨迹，不能確知，當從整理者釋。

▨守尉尊〔1〕移肩水▨　　　　　　　　　　　73EJT23：217A
▨　守嗇夫參〔2〕　　▨　　　　　　　　　　73EJT23：217B

【集注】

〔1〕尊：人名，為守尉。

〔2〕參：當為守嗇夫名。

▨亭長□▨　　　　　　　　　　　　　　　　　73EJT23：218
□卿行塞不□▨　　　　　　　　　　　　　　　73EJT23：219
▨　去河水百▨　　　　　　　　　　　　　　　73EJT23：225

▨夫廣宗〔1〕遷補肩水▨　　　　　　　　　　73EJT23：226

【集注】

〔1〕廣宗：人名。

☑□隧長至今不到 73EJT23：227

……☑
言廷，謁移過所縣邑，毋苛留，□☑
八月丁酉，河南宮丞〔1〕史〔2〕移過所☑ 73EJT23：229A
河南宮丞印 ☑ 73EJT23：229B

【校釋】

A 面首行胡永鵬（2015，27 頁）補「□□元年八月庚午朔丁酉」，且認為可能為黃龍元年（前 49）。今按，該行文字右半大部缺失，不能確知，當從整理者釋。

【集注】

〔1〕宮丞：似為丞的一種，不明所指，待考。

〔2〕史：似為宮丞人名。

☑……年五十，自言為家私市居
☑……過所縣邑候國，勿苛留，敢言之。
☑……六月□□□蘭出
☑……如律令 73EJT23：230

【校釋】

第一行「居」原作「張」，周艷濤（2015，120 頁）釋。第一行「年五十自」原未釋、「言」原作「宗」，第二行「過所」原未釋，「勿」原作「毋」，姚磊（2017D4）釋。又第三行「蘭出」之間原衍一「南」字，葛丹丹（2019，1616 頁）釋。

告東部候長有官移□☑ 73EJT23：232A
等皆已適半詣趣☑ 73EJT23：232B

【校釋】

A 面未釋字周艷濤（2015，121 頁）補釋「書」。今按，補釋可從，但該字僅存上部一點筆畫，不能確知，當從整理者釋。

……☑
令史□毋恙□☑ 73EJT23：234A

……☑   73EJT23：234B

【校釋】

B 面何茂活（2015C，180 頁）補釋作「☑遣叩頭白　☑」。今按，補釋或可從，但該面文字右半缺失，多不能辨識，當從整理者釋。

乘故隧昌念毋錢，衣寒，昆弟不肯來相視，恐冬寒凍死，等死，不所歸死

73EJT23：237A

五   73EJT23：237B

☑輒詣官白傳〔1〕－發致當乃自開閉獨瘦索人力不及   73EJT23：238

【校釋】

「輒」原作「輙」，黃艷萍（2016B，134 頁）、（2018，137 頁）釋。「瘦」林獻忠（2014）、（2016，134 頁）認為應釋「廋」。今按，該字作 瘦 形，從字形來看，當從整理者釋「瘦」，「瘦」通「搜」。

【集注】

〔1〕詣官白傳：趙沛、王寶萍（1994，62 頁）：詣，至也，所謂詣官，就是到候官治所之意。

今按，說是。「詣官白傳」之意或同於漢簡「詣官封符」。關於詣官封符，謝桂華（2006B，260 頁）指出：「是指凡屬候官統轄下的屬吏外出辦事，均必須赴候官簽發出入關津的符券，作為通行的憑證。」永田英正（2007，389 頁）認為：「這裏的『封』也應該是動詞，即封印的封，從而，『封符』就是將作為通行證的符進行封印的意思。」因此詣官白傳當是說到候官請求頒發通行證的傳。

□□願足下善毋恙，聞者□遣卒幸得已甚善，迫身伏前言　☑
□□□□唯丈人賴□赦罪，敞〔1〕叩頭幸甚，謹道敞前日去時，忘□　☑

73EJT23：239

【集注】

〔1〕敞：人名，當為致信者。

☒　四日張掖肩水都　☒

☒　尉□囊他廣地　☒　　　　　　　　　　　　73EJT23：241

大守并力奉詔書，遵法令與□☒　　　　　　　73EJT23：244

候官以致籍☒　　　　　　　　　　　　　　　73EJT23：247

☒□就屬今旦將稟　　　　　　　　　　　　　73EJT23：253A

☒□叩頭叩頭　　　　　　　　　　　　　　　73EJT23：253B

【校釋】

　　「稟」原作「廩」，黃艷萍（2016B，123 頁）釋。

愚以為得高官□☒　　　　　　　　　　　　　73EJT23：256

驛北亭長卒湯淮大守史淮淮淮陽□☒　　　　　73EJT23：259

☒三年八月戊午朔丙戌，東鄉有秩襃〔1〕敢言之：中宿〔2〕里男子王長〔3〕自
言從府史樊戎〔4〕☒

☒□戎俱。謹案，長爵庶更〔5〕，年十泰歲，毋官獄徵事，當得以令取傳，謁
移過☒　　　　　　　　　　　　　　73EJT23：432+260+431

【校釋】

　　伊強（2016E，119 頁）綴。第一行「襃」原作「衰」，該字金關漢簡中大多釋
「襃」，據改。

　　又該簡所屬年代，羅見今、關守義（2014），黃艷萍（2014B，194 頁）、胡永鵬
（2016A，413 頁）認為是新莽始建國三年。今按，說是。據徐錫祺（1997，1704 頁），
始建國三年八月丙戌為公曆公元 11 年 9 月 15 日。

【集注】

〔1〕襃：人名，為東鄉有秩嗇夫。

〔2〕中宿：里名。

〔3〕王長：人名，為申請傳者。

〔4〕樊戎：人名，為府史。

〔5〕庶更：饒宗頤、李均明（1995B，165 頁）：庶更，新莽爵名，未知由漢二十等
　　　爵何等改名，漢爵稱「更」者有第十二「左更」、十三「中更」、十四「右更」，

按新莽通例，凡稱「庶」者往往居同級之低層，如庶士、下士、中士、命士、元士中，庶士為最低，則「庶更」或相當漢爵「左更」。

今按，說是。該簡庶更為申請傳者王長的爵稱。

都倉責安〔1〕不得一錢也，贛〔2〕不可毋予子都錢不至，復使安往也，謹因　　　　　　　　　　　　　　　　　　　　　　　73EJT23：404A+265B

□□□□□□到今□為□責□□□□□……

安幸甚幸甚，節贛奉未出，安請案□□□君言贛負□錢也，節□□□
　　　　　　　　　　　　　　　　　　　　　73EJT23：404B+265A

【校釋】

伊強（2016F）綴，綴合後補釋 B 面末行「□錢也節□□□」。又 A 面「往」字原作「住」，黃艷萍、張再興（2018，221 頁）釋。

【集注】

〔1〕安：人名，似為致信者。

〔2〕贛：人名。

☑□以為□當　　　　　　　　　　　　　　　　　　　　73EJT23：270

☑□吏□□須白☑　　　　　　　　　　　　　　　　　73EJT23：274

觻得敬兄〔1〕里女子毛阿〔2〕自言夫武〔3〕故為肩水候官　73EJT23：275

【集注】

〔1〕敬兄：里名。

〔2〕毛阿：人名。

〔3〕武：人名，為毛阿丈夫。

……☑

用張掖、酒泉郡中，當舍傳舍，從者如律令☑　　　73EJT23：276

……茭泉〔1〕，居延官除如牒，書到，出入如律令　　73EJT23：277

【集注】

〔1〕泉：饒宗頤、李均明（1995B，112 頁）：貨幣名稱與貨幣單位「錢」寫作「泉」是新莽簡牘的又一顯著特徵。

今按，說是。「泉」為古代錢幣的名稱，新莽時期簡牘作「泉」。《漢書·食貨志下》：「私鑄作泉布者，與妻子沒入為官奴婢。」

元始四年五月庚午朔丁丑〔1〕，肩水守候、橐他塞尉業〔2〕敢☒

73EJT23：278

【集注】

〔1〕元始四年五月庚午朔丁丑：元始，漢平帝劉衎年號。據徐錫祺（1997，1689頁），元始四年五月壬子即公曆公元4年6月14日。

〔2〕業：人名，為肩水守候、橐他塞尉。

……

之小計足道乎，叩頭叩頭，前所貸粟，今故遣史受教小計，當直☒

直人請自憐之，償餘計，不敢忽，惲〔1〕再拜

白奏……

73EJT23：279A

……

73EJT23：279B

【校釋】

A面第四行「白奏」後未釋字何茂活（2017A）補釋為「有秩嗇夫坐前」六字。今按，補釋或可從，但該行文字左半殘缺，不能確知，當從整理者釋。

【集注】

〔1〕惲：人名，為致信者。

所……二年秋行塞□□□□及上積薪〔1〕毋蹛署，吏卒被兵簿〔2〕多繆誤，蓬〔3〕表〔4〕白

73EJT23：280

【集注】

〔1〕積薪：勞榦（1960，36頁）：積薪之制積於烽燧之外，據前引諸簡，則其上加以塗墍，蓋以防風雨及野燒者，積之齊整使不得傾圮（傾簡文作頃）。遇有虜來則燔薪傳烽如品，蓋積薪之長在能晝夜兼用也。今按漢簡以胡桐作者甚多，《西域傳》亦每載產胡桐，今額濟納河沿岸猶多此樹，疏勒河沿岸亦然，則居延及敦煌塞上積薪，或以此物為主矣。

初師賓（1984A，170頁）：積薪是疊積在亭燧附近一定位置的大草垛。敦煌以西漢代烽燧線上，留存至今的積薪甚多，其完整者呈二米左右的立方體，

用長莒排砌而成，距就近烽燧數十米或百米。外表多敷一層泥沙，即漢簡所謂「塗」，可防風雨、火災。簡文又有「塗堊」，即於積薪表面塗抹白土，使目標非常顯明，易於分辨、操作。

吳礽驤（1984，251頁）：積薪的體積、機構，各燧雖不盡同，但以削尖之紅柳棍豎插入葦層以加固，積薪頂上鋪砂礫以防風，則是完全一致的。

薛英群、何雙全、李永良（1988，126頁）：烽火信號之一種，多用苙苙草堆積而成，白晝有警燃之，煙起，數里之內可見。

程喜霖（1990，61頁）：積薪分大、小二種，又統稱積薪，所謂大積薪、小積薪指規格大小不同，大積薪白晝施煙，小積薪夜間放火用。凡烽燧配備大小積薪為三、三或四、四比例，積薪一組三垛或四垛，餘者備用。積薪置在距烽臺十米以外與烽燧線垂直排列，便於候望應和。

中國簡牘集成編輯委員會（2001G，16頁）：烽火警備信號。為一草垛，見敵即燃燔以發警號。白日示煙，入夜見火。《墨子‧備城門》：「城下州道內，百步一積薪，毋下三千石以上，善塗之。」《漢書‧西域傳‧車師後國》：「（陳良等）即將數千騎至校尉府，脅諸亭令燔積薪，分告諸壁。」敦煌以西漢代烽燧線上，留存至今的積薪甚多，其完整者呈二米左右的立方體，用長莒排疊而成，距就近烽燧數十米或百米。外表多敷一層泥，即漢簡所謂「塗」，可防風雨、火災。簡文有「塗堊」，即於積薪表面塗抹白土，使目標非常顯明，易於分辨、操作。

中國簡牘集成編輯委員會（2001H，91頁）：積薪分大小。積薪燔燃數目，據烽火品約為一至三不等，為防不豫，簡文與實地考察所見多為四枚，一字橫列，與烽燧線垂直，且距烽燧較遠。至於大小之別，或與晝夜有關。夜間視火，小積薪足以適用。

李天虹（2003，115頁）：是晝、夜均可使用的烽火信號，大都代表緊急的軍情。西北烽燧線上，至今尚保存有為數甚多的積薪，完好者呈立方體，用長莒排砌而成，外表多敷塗有一層覆蓋物。

李均明（2009，227頁）：積薪，柴草垛，堆積於離堠塢稍遠處，每堆之間有一定距離，多與烽隧線呈垂直角度排列。

冨谷至（2018，216頁）：用於燃燒施放信號的蘆葦等草垛，表面上會塗上白泥來保護，大小（直徑或一邊）有1.5m～2m左右和3m～3.8m左右，後者為大積薪。

今按，諸說是。積薪即堆積的柴薪草垛，有大有小。

〔2〕被兵簿：永田英正（1998，287 頁）：官吏以及戍卒所有的兵器以及衣物的記錄清單。

謝桂華、李均明（1982，152 頁）：「被」不僅可解釋為被鎧甲之「披」，亦可作配帶解。故「被兵簿」即配帶兵器之登記簿。

薛英群（1991，452 頁）：「被兵」，指有套子的兵器。

趙沛（1994，21 頁）：所謂「被兵」，指有鞘或套的兵器，所以被兵簿所記大凡是弩、幩、矢一類的兵器，弩幩即裝弩的布袋。

中國簡牘集成編輯委員會（2001H，46 頁）：或言服兵，即按規定吏卒每人裝備的兵器簿。

李天虹（2003，93 頁）：「被兵」大約是配備兵器的意思。「服兵」與「被兵」意義相近，《國語·吳語》「夜中，乃令服兵擐甲」，韋昭注：「服，執也。」

李均明（2009，309 頁）：被兵簿是配置武器的登錄簿。

今按，被兵簿為吏卒配備兵器的登錄簿。「被」當為承受之義，《墨子·尚賢中》：「下施之萬民，萬民被其利。」薛英群、趙沛說「被兵」指有套子的兵器恐不妥。

〔3〕蓬：羅振玉、王國維（1993，129～130 頁）：又三簡所記凡七烽，而或作鑽，或作薰，或作蓬，皆烽之別字也。《說文》：「熢燧，候表也。邊有警則舉火。從火，逢聲。」又「䥝，塞上亭守熢火者。從䧹，遂聲。」則隧以其地言，而烽以其物言，其實一也。然析言之，則烽與隧又自不同。《史記·司馬相如傳》「聞烽舉燧燔」，《集解》引《漢書音義》曰：「烽，如覆米薁，懸箸桔槔頭，有寇則舉之；燧，積薪，有寇則燔然之。」《漢書·賈誼傳》「斥候望烽燧不得臥」，注引文穎曰：「邊方備胡寇，作高土櫓，櫓上作桔皋，桔皋頭懸兜零，以薪草置其中，常低之，有寇則火然，舉之相告，曰烽。又多積薪，寇至即然之，以望其煙，曰燧。」二說略同。則烽用火，燧用煙，夜宜用火，晝宜用煙。他簡曰：「晝不見煙，夜不見火」是也。乃張揖（《文選·喻巴蜀檄》李善注引）、張晏（《漢書·賈誼傳》注）、司馬貞（《史記·周本紀》索隱）、張守節（《史記·司馬相如傳》正義）等，皆以為烽主晝，燧主夜。顏師古獨於《漢書·賈誼傳》注正張晏之說曰：「晝則燔燧，夜乃舉烽。」其識卓矣。據木簡所記，則或曰烽，或曰燧，而名燧者多至數十，名烽者僅上三簡所記而已。以理度之，則夜中之火視晝中之煙所及者遠。蓋古者設烽必據高地，又烽臺之高至五丈有

餘（《太白陰經》《通典》及木簡皆云），烽干之高亦至三丈（沙氏書第六百九十簡）。二者合計，得八丈有餘，夜中火光自可及數十里。若晝中之煙，較不易辨，故置熢之數，宜密於置烽，此自然之理。

賀昌群（2003B，154～155頁）：烽之構造，漢唐間記載各有詳略之不同。上舉《史記·信陵君傳》裴駰《集解》引文穎曰：「作高木櫓，櫓上作桔橰，頭兜零以薪置其中，謂之烽」。此說《漢書·賈誼傳》顏師古注引之，惟高木櫓，顏注作高土櫓，《後漢書·光武紀》下建武十二年章懷注，高木櫓又作高土臺。而顏氏引文穎之文更增「多置積薪，寇至則燔之，望其煙曰熢」云云，蓋本之《漢書音義》（見《太平御覽》卷三三五引），其實皆出於文穎之說，故疑作高木櫓者為是，而高土臺義亦可通，若顏注之高土櫓，當必傳寫之誤。烽之狀，《史記·司馬相如傳》《集解》引《漢書音義》曰：烽如覆米藪，縣著桔橰頭，有寇則舉。索隱引《字林》曰：藪，漉米藪也，音一六反。《纂要》云：藪，浙箕也。《字林》之所與《說文》同。今四川淘米所用之竹筐，形如雞卵平破之狀，殆即所謂覆米藪也。浙箕，《篇海》云：揚米去糠之具。當亦如箕帚之箕。則覆米藪、漉米藪、浙箕、兜零，其狀雖不盡同，要可得其與烽類之狀。

初師賓（1984A，164～166頁）：漢代的烽，是一種以形體、顏色見著的白天升舉的信號，與燃火毫無關係。居延邊塞亭熢所備之烽，分草、布二種……草烽用草編製。居延簡217·11「放簍（簍）不鮮明，轉櫨毋枏」；311·31「烽布索皆小，胡籠一破，……烽皆白」，所言均烽號、烽具，因疑放簍、胡籠皆草烽俗名。其形狀，大致與《漢書·司馬相如傳》孟康注所謂「烽如覆米藪」，《賈誼傳》文穎注所謂「兜零」之形近似，像淘洗米的竹籃，或裝物的籠、簍等，與今日所見航運、氣象信號的竹編籠球同屬一類。布烽形制，過去因不明而與布表混為一物。以下數例，證明它是在一個稱「坓」的框架外，蒙縛帶色的布帛製成的……烽坓約為一木框架形，其框型即所謂「戶」上，蒙縛烽布，烽布之繩為烽布索。布烽皆有色，目前僅知有赤色一種……前舉之「放簍不鮮明」，兼證草烽亦有色澤。有顏色與布帛製作，此二點為烽勿需燃火的佐證。

中國簡牘集成編輯委員會（2001C，39頁）：蓬，用帛、布做成的，通報信息的籠狀標幟物。

　　中國簡牘集成編輯委員會（2001G，89頁）：邊防線上的報警信號。為紅、白色草、布製成的信號，與燃火無關。以形狀和顏色為標識而用於白天升舉。有「草烽」和「布烽」兩種。「草烽」亦稱為「放篹」「胡籠」。其形狀大致與《漢書・司馬相如列傳》孟康注所謂「烽如覆篑」，《賈誼傳》文穎注所謂「兜零」之形近似，像淘洗米的竹籃，或狀物的籠、篹之類，與今日所見航運、氣象信號的竹編籠球同屬一類。「布烽」形狀，是在一個稱「坓」的木框上，裏附上帶有一定顏色的布帛，用轆轤升降。

　　今按，蓬即烽，又作蘲、薰或爇等，為邊塞烽火信號的一種。依據文獻典籍和已發表的漢簡來看，烽當是一種籠狀的圓形物體，上面有「紐」和「鍤」兩種相關的器物。烽在漢簡中可見有草烽、布烽的不同，其在形狀上應當沒有區別。認為坓指木框，布烽是在坓這個木框上蒙縛布帛的說法是不妥當的。

〔4〕表：羅振玉、王國維（1993，139頁）：表，即《說文》所謂「爇隧，候表也。」然不云舉爇而云舉表者，意漢時塞上告警，爇隧之外，尚有不然之薰。《漢書音義》云：「烽如覆米篑，懸著桔槔頭，有寇則舉之。」但言舉而不言然，蓋渾言之，則薰、表為一物，析言之，則然而舉之謂之薰，不然而舉之謂之表。夜則舉薰，晝則舉表。薰臺五丈，上著薰干，舉之足以代燔隧矣。《墨子・號令篇》之「垂」與《雜守篇》之「烽」，實皆謂是物也。

　　勞榦（1960，36～37頁）：烽表不燃，蓋從《墨子》猜度而來，王氏所見敦煌簡中並無證據，即文穎所言之一「舉」字，亦在疑似之間，不足以供採證……今據居延簡，參以漢世以還文獻，桔槔上之所舉者誠有燃與不燃之分。然其燃者為苣火，不燃者為繒布之表，不得謂為一物也。兜零之大，不過徑尺，中承雜草，遠望之與四周積沙雜草難分。縱加以五丈之臺，三丈之干，自十里外望之，雖機目力，應不過在日光斜照，適當其上之時，略有所見而已。以此報警，更有何用？惟以闊五尺長七尺之繒布，間以赤白，以桔槔引於烽竿之上，其面既廣闊，其色比於黃沙白草亦特顯，則十里外望之非難事也。若在夜間，則塞上鮮氛霧之阻，雖一星之火，十里外猶可見之。則徑尺之籠，中承苣火，自可報警於遐遠。故日夜之間，各有所宜，若僅以兜零為日間所用之表，則亦未為得也。

　　初師賓（1984A，167頁）：凡表的形制，約如一長條狀懸垂之布帛旗幟。《墨子・旗幟篇》：「幟，竿長二丈五，帛長丈五，廣半幅」；《備城門篇》：「城上千（按：疑七十合文）布一表，長丈」。大表當為大幟，比烽大的多，此為

烽、表二號的又一區別。表上亦有巩木……因疑表之巩木或在表帛上、下兩端。勞榦考證「具木烽」，認為以木作端，使其梃直平坦，若旗幟之木夾、木梃，所言實際是表而不是烽。

吳礽驤（1984，243～244頁）：蓬火品約中所稱的「表」，乃指作為信號標誌的旌旗。但作為蓬火器具，除表幟外，還有升舉表幟用的木竿、繩索、鹿盧等部件。在守禦器簿和舉書中，表幟或稱作「表」，或稱作「蓬」。或許用於「塢上大表」的表幟稱「表」，用於「蓬」的表幟稱「蓬」……但蓬干、蓬索、鹿盧等部件，一概「稱蓬」。

中國簡牘集成編輯委員會（2001C，119頁）：報警裝置，條狀懸垂的布帛旗幟，較布烽為大。

李明曉（2016，445頁）：「表」是在烽杆上懸垂的布帛製作而成的長條狀旗幟。

今按，表和烽一樣，為烽火信號之一種，但其和烽屬兩種不同的器具。王國維謂烽、表為一物，顯然不妥。表應當是由繒布等製作的旗幟一樣的東西。

☐秩……　☐君都　　　　　　　　　　　　　　　　　73EJT23：281A
☐叩頭白　　　　　　　　　　　　　　　　　　　　　73EJT23：281B
敢言之　　　　　　　　　　　　　　　　　　　　　　73EJT23：282A
頭　　　　　　　　　　　　　　　　　　　　　　　　73EJT23：282B

☐為家私使之居延，願以令取傳。‧謹案，就
☐金關、居延縣索關，出入如律令，敢言之。
正月戊午氐池長　守丞宏〔1〕，寫移如律令。　　／掾況〔2〕、守令史習〔3〕
　　　　　　　　　　　　　　　　　　　　　　　73EJT23：345+288

【校釋】

何茂活（2015C，181頁）綴，綴合後補第二行「關出入」三字。又第三行「宏」何茂活（2015C，181頁）釋作「客」，姚磊（2017F1）認為釋「客」非，當為「宏」。今按，姚說是，該字作 形，為「宏」字無疑，整理者釋讀不誤。

【集注】

〔1〕宏：人名，為氐池守丞。又氐池長後空缺，當為待簽署其名。饒宗頤、李均明（1995A，12頁）指出：「漢代各級文書通常由掾、佐史之類起草，然後通過

　　主管官員審定簽發。凡職官後未署人名者，當為未經審定簽發或留作存檔的文
　　書底稿。」

〔2〕況：人名，為掾。

〔3〕習：人名，為守令史。

彊漢〔1〕隧臨〔2〕、守執適〔3〕隧長音〔4〕，笑問臨欲顧校就不，即不顧，欲☐
　　　　　　　　　　　　　　　　　　　　　　　　　　　　73EJT23：289

執適守隧長彊臨、登山〔5〕隧長王詡〔6〕辭皆曰：音前☐　　73EJT23：408

☐署執隧詡金☐☐　　　　　　　　　　　　　　　　　73EJT23：426

【校釋】

　　簡 73EJT23：408 中「彊」字原未釋，姚磊（2017C3）釋。以上三簡姚磊（2017C3）
認為簡面均無紋路，材質相同；字迹、字間距近乎一致，字體以及書寫風格亦相同。
三簡內容亦具有關聯性，懷疑屬於同一冊書。又簡 73EJT23：408 姚磊（2017C3）
認為存在簡省，完整簡文疑是：「執適守隧長（音）彊（漢隧長）臨登山隧長王詡辭
皆曰音前」。今按，說是，三簡當屬同一簡冊，或可編連。

【集注】

〔1〕彊漢：隧名。

〔2〕臨：人名，當為彊漢隧長。

〔3〕執適：隧名。

〔4〕音：人名，為執適守隧長。

〔5〕登山：隧名。

〔6〕王詡：人名，為登山隧長。

始建國元年二月癸卯朔庚午〔1〕，肩水候　謂關嗇夫欽〔2〕：吏所葆如牒
　　　　　　　　　　　　　　　　　　　　　　　　　　　　73EJT23：290

【集注】

〔1〕始建國元年二月癸卯朔庚午：始建國，王莽年號。據徐錫祺（1997，1699 頁），
　　始建國元年二月庚午即公曆公元 9 年 3 月 13 日。

〔2〕欽：人名，為關嗇夫。

居聶三年十月甲戌朔丁丑〔1〕，左前〔2〕守候長……

長詣廷……行計事，言出入食司馬舍□□送豆謹□□行□□□食……

　　　　　　　　　　　　　　　　　　　　　　　　　　73EJT23：291A

良當送胡□後稟車行尉事不使吏送□司馬舍□□忘言□□毋□□

坐，敢言之。　　　　　　　　　　　　　　　　　　　73EJT23：291B

【校釋】

　　A面第二行「司馬舍□□送豆謹□□行□□□食」原未釋，姚磊（2017F1）釋。「食」前一字姚磊（2017F1）釋「國」。今按，「食」前一字圖版殘泐，不能確知，當從整理者釋。

　　又A面第二行「廷……行」之間似僅有一字，作，或為「言」字。B面第一行「稟」原作「薬」，何茂活（2014B，228頁）釋。

【集注】

〔1〕居珥三年十月甲戌朔丁丑：居攝，漢孺子嬰年號。據徐錫祺（1997，1698頁），居攝三年十月丁丑即公曆公元8年11月20日。

〔2〕左前：為候部名。

北部候長蘇君郎〔2〕　　　　　　　　　　　　　　　73EJT23：293A

……

匈奴所入候官……　　　　　　　　　　　　　　　　73EJT23：293B

【集注】

〔1〕蘇君郎：人名，為北部候長。

布橐一，直百八十；布絑一兩，直八十。始安〔1〕隧卒韓詡〔2〕自言責故東部候長牟放〔3〕□□

錢四百，驗問收責持詣廷，放在城官〔4〕界中，謁移城官治決害□日夜□

　　　　　　　　　　　　　　　　　　　　　　　　　73EJT23：295

【校釋】

　　第一行「絑」字原作「袜」，該字從「糸」，漢簡中通常釋作「絑」，據改。

　　第二行簡末未釋兩字姚磊（2017D3）認為僅是一字，郭偉濤（2017E，225頁）作「行」。今按，簡末字迹磨滅，但可看出當是一字，不過不能分辨其為何字，暫從整理者作未釋字。

【集注】

〔１〕始安：隧名。

〔２〕韓詡：人名，為始安隧卒。

〔３〕牟放：人名，為東部候長。

〔４〕城官：中國簡牘集成編輯委員會（2001D，231 頁）：指都尉府所在設防城池之管理機構。

　　　　陳安然（2020，190 頁）：城官中包含肩水城倉與肩水庫，負責儲存、發放口糧與武器等物資。長官為城尉，其下有千人、千人令史、嗇夫、佐、掾等官員，還有負責看管物資的騎士和承擔日常任務的戍卒。

　　　　今按，說是。城官即都尉府所在城之管理機構。

勞賞，第一候長毋舉隧長，議罰。書到，趣作治〔1〕，諸舉務令攻堅〔2〕、任用〔3〕，皆為□，畢成言〔4〕，毋出

月廿八日。令可覆行〔5〕，如律令。　／掾武〔6〕。　　　　73EJT23：301

【校釋】

　　「攻堅」的「攻」原未釋，鄔文玲（2014，90 頁）釋。又「皆為□」之「□」，鄔文玲（2014，91 頁）認為從圖版來看，似為「任用」二字並排書寫，但「用」字墨蹟較淡，「任」字墨蹟較濃。因此，此處很可能當取「任」字。「任」，擔保，作保。今按，「皆為□」之「□」作 形，字上有圓圈，似用筆畫圈出，又似樹丁，不可辨識，暫存疑。

【集注】

〔１〕趣作治：鄔文玲（2014，91 頁）：對於不可用的器物和設施，要求及時進行修繕，即「趣作治」。修繕器物及設施通常有時間限定。

　　　　今按，說是。「趣」通「促」。

〔２〕攻堅：鄔文玲（2014，90 頁）：「攻堅」兩字為同義複詞。「攻」即「堅固」之意。「攻堅」是漢代人們對於工程建築、器物製作、兵器打造等的基本要求。「務令攻堅」，意思是務必是之堅固、牢固。「攻堅」有時也寫作「功堅」。比如漢代石刻《張景碑》有「務令功堅」。碑文所云「務令功堅」，即是對工匠造作瓦屋、欄楯等建築所提出的要求。

　　　　今按，說是。攻堅即堅固。

〔3〕任用：鄔文玲（2014，90頁）：「任」，能、堪。《史記‧白起王剪列傳》：「是時武安君病，不任行。」「任用」，意即可堪使用。漢代邊塞各級軍事駐防機構要定期呈報各自的武器裝備及相關軍事設施的情況，詳細說明各類兵物的名稱、數量、破損情況等，並註明其是否能夠使用。如果能夠使用，則通常會標註「任用」「可用」等。

今按，說是。任用即能夠使用。

〔4〕畢成言：鄔文玲（2014，91頁）：「畢成言」，全部完成之後上報。如前引《張景碑》：「畢成言，會月廿五日。」在漢簡文書中也作「已成言」，兩者意思完全相同。

今按，說是。

〔5〕覆行：鄔文玲（2014，91頁）：「覆」，審察；考核。《周禮‧考工記‧弓人》：「覆之而角至，謂之句弓。」鄭玄注：「覆，猶察也。」「覆行」即審查、考察相關行為，與「考行」意思相類。

今按，說是。

〔6〕武：人名，為掾。

又關於該簡簡文的大意，鄔文玲（2014，92頁）謂：「這枚肩水金關漢簡係文書結尾部分，雖然前半部分不得而知，但後半部分的大意尚可明了：第一候長沒有糾舉隧長的違規行為，要議定其罪給予處罰。收到文書後，要立即進行修繕製作，所糾舉的各項兵物、設施，務必使之堅牢、可用，皆要進行擔保，全部完成之後需上報，時間不得超過本月二十八日。要對相關行為進行審查。按照法律規定從事。」其說可從。

蔡襃〔1〕叩頭白　謹因使再拜……

趙卿坐前：善毋恙。屬□日相見未及，久不敢多□因道卒□□在河西

73EJT23：302A

治席逢水大，因不得□□□□見孫級□□令級急來，級當從

官□為渡，當過趙卿亭，必令……

73EJT23：302B

【校釋】

「襃」原作「衺」，該字金關漢簡中大多釋「襃」，據改。

【集注】

〔1〕蔡襃：人名，為致信者。

鴻嘉三年六月壬寅朔壬申，河東絳邑〔1〕西鄉☒　　　　　　　73EJT23：307

【校釋】

　　「壬申」胡永鵬（2014B，276頁）、（2016A，340頁）指出為卅一日或朔前一天。原簡自悖，必為書誤。黃艷萍（2014B，192頁）亦認為鴻嘉三年六月無「壬申」日，疑「壬申」為原簡之誤。今按，諸說當是。

【集注】

〔1〕絳邑：鄭威（2015，231頁）：漢成帝鴻嘉三年，即公元前18年。漢高祖六年
　　　（前201）正月，周勃受封為絳侯，子亞夫死後國絕。《漢書·周勃傳》曰：
　　　「平帝元始二年，繼絕世，復封勃玄孫之子恭為絳侯，千戶。」元始二年即公
　　　元2年。此時絳或已改邑為縣，可立侯國。《漢志》絳縣屬河東郡，在今山西
　　　省曲沃縣樂昌鎮與侯馬市鳳城鄉之間。
　　　　　今按，說是。漢河東郡有絳縣。《漢書·地理志上》：「絳，晉武公自曲沃
　　　徙此。有鐵官。」

元延二年四月己酉〔1〕，尉　告左後守候長　謂桓軍〔2〕隧長千秋〔3〕等：府
君行塞，即日出關，□以□　　　　　　　　　　　　　　73EJT23：308

【集注】

〔1〕元延二年四月己酉：元延，漢成帝劉驁年號。據徐錫祺（1997，1661頁），元
　　　延二年四月己酉即公曆公元前11年5月31日。
〔2〕桓軍：隧名。
〔3〕千秋：人名，為桓軍隧長。

居攝二年九月辛巳朔庚寅〔1〕，……
□□為家私使旁郡中，市張掖……
願以令取傳，謁移廷，敢言之。九月……　　　　　　　　73EJT23：319

【校釋】

　　第二行「市」字似釋讀有誤。「為家私使旁郡中」即已經說明申請傳的目的，
「私使」又作「私市」，因此不當再有「市」。

【集注】

〔1〕居攝二年九月辛巳朔庚寅：居攝，漢孺子嬰年號。據徐錫祺（1997，1696 頁），
居攝二年九月庚寅即公曆公元 7 年 10 月 10 日。

徐惲〔1〕叩頭白□卿：願為□此就人徐林〔2〕等皆有致　　　　　73EJT23：323A

叩頭，幸甚幸甚，再拜白奏□卿　　　　　　　　　　　　　　　73EJT23：323B

【校釋】

B 面「白奏□卿」原作「白□卩」，何茂活（2017A）釋。又 A 面「卿願」原作
「叩頭」。此二字圖版分別作　　、　　形，當釋「卿願」。B 面「幸」後原缺釋重文
號，當補。

【集注】

〔1〕徐惲：人名，為致信者。

〔2〕徐林：人名，為就人。

朱君□□意，叩頭叩頭，因白：願往買茭〔1〕五束

……　　　　　　　　　　　　　　　　　　　　　　　　　　73EJT23：324A

……　　　　　　　　　　　　　　　　　　　　　　　　　　73EJT23：324B

【集注】

〔1〕茭：薛英群（1991，451 頁）：《說文》：「乾芻也。」《尚書·費氏》：「峙乃芻
茭。」就是乾草，為馬、牛、羊的主要飼料。

王昭義（1999，32 頁）：茭是西北屯戍邊地，用以飼養馬牛的各種乾草的
統稱，它與秦簡中的「芻藁」名異而實同。

李天虹（2003，88 頁）：茭是牲畜吃的草料。《說文》：「茭，乾芻。」《玉
篇》：「芻，茭草。」《漢書·趙充國傳》：「臣所將吏士馬牛食，月用糧穀十九萬
九千六百三十斛，鹽千六百九十三斛，茭槀二十五萬二百八十六石」，顏師古注：
「茭，乾芻也。」……茭是捆束起來存放的，出入簿裏的茭，大多以「束」來
計算……茭一般用來供應邊塞吏員執行公務時的馬匹及屯田的耕牛食用。

謝桂華（2006A，172 頁）：茭可能本是一種草，曬乾之後可作牛馬飼料，
因牛馬喜食，故把飼養牛馬的各種乾草都統稱為「茭」，它與秦簡中的「芻藁」
名異而實同，漢代西北居延、敦煌一帶係屯戍重地，有大量的軍用馬牛需要飼
養，因此對於茭的需求量非常龐大。兩地出土的漢簡中保留下來眾多關於「伐

菱」「輸菱」「積菱」以及出入菱和買賣菱的資料，據此可知，當時政府對於菱的管理以及價格方面已有比較嚴密的制度。

今按，諸說是。菱為曬乾以後供牛馬食用的各種草料的統稱。

聞者絕不得徒施刑，元始四年王府君省肩水塞聞亭卒一人門　　73EJT23：330

【校釋】

「門」字原未釋，秦鳳鶴（2018A，89 頁）補釋。

元始五年十二月辛酉朔庚辰〔1〕，東鄉嗇夫丹〔2〕敢言之：□□里男子耿永〔3〕
自言兄彭〔4〕守肩水橐他□□隧長，永願
以令取傳，遺彭衣食。謹案，永等毋官獄徵事，當得取傳，□□□謁移過所肩
水金關，往來出入，毋苛
留，如律令，敢言之。十二月庚辰，昭武長財〔5〕、守丞□移過所，寫移如律
令，掾忠〔6〕、令史放〔7〕。　　　　　　　　　73EJT23：335

【校釋】

第三行「彭」前未釋字圖版作 ，當為「遺」字。「遺」在金關漢簡中作
（73EJT 24：258）形，可以參看。該簡為傳文書，「遺彭衣食」是申請傳的事由，
「遺」義為「送」，如《廣雅·釋詁四》：「遺，送也。」「遺彭衣食」是說給名叫彭
的人送衣服食物。金關漢簡傳文書中此種事由常見，簡 73EJC：451「遺安王衣用」、
簡 73EJC：529A「願俱往遺衣用」等。

該字李迎春（2019A，259 頁）亦釋，此外第二行「兄」，第三行「謁」均李迎
春（2019A，259 頁）補釋。

【集注】

〔1〕元始五年十二月辛酉朔庚辰：元始，漢平帝劉衎年號。據徐錫祺（1997，1692
　　頁），元始五年十二月庚辰即公曆公元 6 年 2 月 7 日。

〔2〕丹：人名，為東鄉嗇夫。

〔3〕耿永：人名，為申請傳者。

〔4〕彭：人名，為守隧長。

〔5〕財：人名，為昭武縣長。

〔6〕忠：人名，為掾。

〔7〕放：人名，為令史。

幸幸叩頭叩頭頭頭頭頭頭☑   73EJT23：336A

……為……為為為為為再☑

幸甚甚幸甚甚……☑   73EJT23：336B

【校釋】

    B 面第二行後一個「幸」字原缺釋，葛丹丹（2019，1624 頁）釋。

□□□□正月庚寅朔甲午，南鄉嗇夫鳳〔1〕、佐豐〔2〕敢言之：宗里〔3〕公乘

□□自言取傳，為家私使

□□□□居延金關……毋官獄徵事，當為傳，謁移過所，毋苛留

          73EJT23：337

【校釋】

    「正月庚寅朔甲午」 羅見今、關守義（2014）指出為河平三年（前 26）或居攝元年（6）。今按，說當是。

    又「南鄉嗇夫」原作「南鄉□嗇夫」，據圖版和文義來看，「鄉」與「嗇」之間不當有字。

【集注】

〔1〕鳳：人名，為南鄉嗇夫。

〔2〕豐：人名，為南鄉佐。

〔3〕宗里：里名。

三月癸卯，居延令……   73EJT23：338A

君門下   73EJT23：338B

【校釋】

    A 面「……」胡永鵬（2016A，671 頁）作「□丞□移過所」。今按，說當是，但該簡左半缺損，字多不能辨識，暫從整理者釋。B 面「君門下」原未釋，胡永鵬（2020，117 頁）釋。

閏月乙未，肩水行事　塞尉翁　□☑   73EJT23：339

居攝二年六月癸未……☑

□□□□□致☑   73EJT23：347

【校釋】

「六月癸未」胡永鵬（2014B，276 頁）、（2016A，398 頁）認為據《朔閏表》，居攝二年六月壬子朔，癸未為卅二日或朔前廿九天。若釋文無誤，則日干支可能有誤書。黃艷萍（2014B，194 頁）認為「六月」乃「五月」之誤釋。居攝二年五月正為癸未朔。今按，「六月癸未」四字墨迹較淡，釋讀或存在問題。

東部候長則　　☑　　　　　　　　　　　　　　73EJT23：348
三月辛未，府告騂北亭長廣☑
與俱，車十六兩、馬三匹‥人廿八☐☑　　　　　73EJT23：349A
府記予騂北亭長　　☑　　　　　　　　　　　　73EJT23：349B
居聑三年正月己卯朔☑
驛馬名籍一編，敢言之☑　　　　　　　　　　　73EJT23：350

建昭五年三月丙午朔甲寅〔1〕，西部守候長☑
一編，敢言之。　　☑　　　　　　　　　　　　73EJT23：352

【集注】

〔1〕建昭五年三月丙午朔甲寅：建昭，漢元帝劉奭年號。據徐錫祺（1997，1615頁），建昭五年三月甲寅即公曆公元前 34 年 4 月 7 日。

☑欽謂關嗇夫常〔1〕：寫移☑　　　　　　　　73EJT23：353

【集注】

〔1〕常：人名，為關嗇夫。

☐☐☐叩頭白☑
程卿前：叩頭叩頭，程卿懷仁恩，哀憐☐☑　　　73EJT23：356

孫賞〔1〕叩頭言　　☑
宋巨卿〔2〕坐前：毋恙。頃久不望見，舍中起居得毋有它？先日數累左右，毋它。它欲伏前，面相見。加以新來毋器物，幸☑
巨卿時力過府君行事，毋它。欲往，會病心腹支滿〔3〕，甚☐☐注，以故至今請少☐詣前，叩頭壹數☑
……疾之，比得左右，願叩頭因白：官移記諸部，令移☑

……□言君☐   73EJT23：359A+807

……史賞致此書☐

置佐宋巨卿　賞叩頭，幸甚幸甚〔4〕　　☐   73EJT23：359B

【校釋】

　　姚磊（2019C2）綴合。A 面第一行「賞」原作「常」，周艷濤、李黎（2014）釋。第四行「支滿」原作「丈滿」，鄔文玲（2014，94 頁）、何茂活（2018A，119 頁）釋。

【集注】

〔1〕孫賞：人名，為致信者。

〔2〕宋巨卿：受信者，巨卿或為其字，據下文，其為置佐。

〔3〕支滿：裘錫圭（2008，17 頁）：《韓詩外傳》卷三：「人主之疾十有二發，非有賢醫莫能治也。何謂十二發？痿、蹷、逆、脹、滿、支、隔、肓、煩、喘、痹、風，此之曰十二發。賢醫治之何？曰……無使府庫充實則滿不作，無使群臣縱恣則支不作……」，可知支和滿是相類的兩種病症。《素問·腹中論》有「心腹滿」，《四時刺逆從論》有「心腹時滿」，似皆與心腹支滿意近。

　　李天虹（2003，13 頁）：是一種悶塞的症候。《素問·腹中論》：「有病胸肋支滿。」《熱論》：「腹滿而嗌乾。」

　　徐海榮（2005，16 頁）：「支滿」是對一組疾病而非單一疾病的描述，文獻有「胸脅支滿」（《靈樞經·經脈》）、「腹支滿」（《素問·氣交變大論篇》）、「肝脅支滿」（《金匱要略·痰飲欬嗽病脈證並治》）等。其中「胸脅支滿」或「脅支滿」伴有痰多喝唾血，與呼吸系統慢性疾病有關……「心腹支滿」似類似於現代醫學所說的胃潰瘍或慢性胃炎。

　　今按，諸說是。「支滿」為一種常見病症的名稱，具體所指不明。

〔4〕賞叩頭幸甚幸甚：馬怡（2008，182 頁）：這種在信的起首和結尾處具名（或姓名、姓字），並使用同樣的（或相似的）敬辭的格式，既可以示敬，又標出了正文的起訖，漢代書信中頗為常見。

　　今按，說是。

☐□得毋有它？願詣前，迫職不及，叩頭叩頭，因道   73EJT23：360A

☐許子□同封，願子春到必幸以時出之   73EJT23：360B

☐□□□移肩水候官：候史張普〔1〕坐不日迹☐   73EJT23：361A

☑　／掾忠〔2〕、兼獄史敝〔3〕　☑　　　　　　　　73EJT23：361B

【校釋】

A面「移」「候史」原未釋，胡永鵬（2021，115頁）補釋。

【集注】

〔1〕張普：人名，為候史。

〔2〕忠：人名，為掾。

〔3〕敝：人名，為兼獄史。

☑施刑士張廣〔1〕等發行為巧詐亡☑

☑傷一人□□賕獄未論，四人亡，未得，昧死奏名牒☑　　73EJT23：362

【集注】

〔1〕張廣：人名，為弛刑士。

☑□隧留不私，至定昏〔1〕乃私☑　　　　　　　　73EJT23：363

【集注】

〔1〕定昏：張德芳（2004，201頁）：「定昏」被排列在「昏時」之後，顯然是「昏
時」以後的一個小時段。文獻中唯《淮南子・天文訓》「至於蒙谷，是謂定昏」
是其佐證。

今按，說是。定昏為昏時之後一個時段的稱謂。

隆〔1〕叩頭白君公：見數不一└二〔2〕，叩頭叩頭，前者屬來人告，以欲為□
☑　　　　　　　　　　　　　　　　　　　73EJT23：364A

史持記來，言不能得就即為就者，今□□報須而☑　　　73EJT23：364B

【校釋】

A面「見」原作「兄」。該字作 ⿱ 形，又簡73EJT23：789A中可見「見數不
一└二」，據字形和文義來看，其當為「見」字。

【集注】

〔1〕隆：人名，為致信者。

〔2〕不一└二：陳夢家（1980，309頁）：鉤，鉤識號……一，相當於句讀……二，
鉤識某一章句……三，作為平列重文名詞的間隔。

李均明、劉軍（1999，61頁）：句讀符施於人名及數詞之間，其作用猶今之頓號或逗號……由於簡牘文字為豎寫，而數詞一、二、三為橫劃，假如一、二之間不加句讀符，則易誤認作三；同理，一、三之間不加句讀符，易誤讀為「三」。

中國簡牘集成編輯委員會（2001C，222頁）：不一└二，指時間倉促，不能一一細說。

馬怡（2014，32頁）：「└」為勾識符，表示其前後的「一」和「二」分開，以免在豎行中將這兩個字合在一起而誤為「三」字。

尚穎（2015）：常常出現在兩個數詞之間，可見其用法等同於今天的頓號。

魏璐夢（2016，83）：詳細地、緩慢地說明，猶今天的「一一說來」。

今按，諸說是。

序竟〔1〕隧長馬適中定記　☒　　　　　　　　　　　73EJT23：365A
序竟隧長馬適敞　☒
孫稚文〔2〕以印　☒　　　　　　　　　　　　　　　73EJT23：365B

【集注】

〔1〕序竟：何茂活（2018B，127頁）：「竟」仍指邊境；「斥（序）」則為開拓之意，字本作「庨」。

今按，說當是。序竟為隧名。

〔2〕孫稚文：當為人名。

☒譚□謂左部□□日久家以廉貧久☒
☒□□□□主□□□□得泉五千□☒　　　　　　　　73EJT23：367A
☒　□□□孝弟力☒　　　　　　　　　　　　　　73EJT23：367B

☒執適☒
☒適敢☒　　　　　　　　　　　　　　　　　　　73EJT23：371

【校釋】

第一行「執適」原作「報□」，何茂活（2018A，118頁）釋。

元康三年九月辛卯朔□☒
令史元康三年七月戊午☒　　　　　　　　　　　　73EJT23：380

【校釋】

第二行「七月戊午」原作「十月□□」，胡永鵬（2016A，188 頁）釋。

本始五年五月戊辰朔辛巳〔1〕，平鄉☑

保同里男子橋定廣〔2〕，年五十四☑

廷，移過所縣邑門亭，毋苛留，如律令☑　　　　　　　　73EJT23：385

【集注】

〔1〕本始五年五月戊辰朔辛巳：本始，漢宣帝劉詢年號，本始四年改元地節。本始
　　五年即地節元年，據徐錫祺（1997，1545 頁），地節元年五月辛巳即公曆公元
　　前 69 年 7 月 6 日。

〔2〕橋定廣：人名。

相伏地再　　☑　　　　　　　　　　　　　　　　　　　73EJT23：393

☑客舍客舍言，昨朝有來過者□□☑　　　　　　　　　73EJT23：394

☑徐卿白：酢日☑　　　　　　　　　　　　　　　　　　73EJT23：395

【校釋】

「酢」字何茂活（2014B，235 頁）認為同「昨」。今按，其說是。

□定世擅去署壹宿，□□□毋它以☑　　　　　　　　　73EJT23：403

☑厚嗇夫賞〔1〕復訊護〔2〕，辭已定，滿三日〔3〕，欲更言不☑　73EJT23：405

【集注】

〔1〕賞：人名，為嗇夫。

〔2〕護：人名。

〔3〕滿三日：陳仲安（1979，286 頁）：「滿三日」是漢法規定給受審者更正供辭的
　　期限。《漢書・張湯傳》王先謙補註引張晏曰：「訊考，三日復問之，知與前辭
　　同不（否）也。」可見漢代審訊案件，於審訊後三天，又要複審一次，看供辭
　　與上次是否相同。這種三日複審的規定就是要讓受審者有更正供辭的機會。

　　　謝桂華（2013，144 頁）：滿三日，是漢法規定給受審者更正供辭的期限。
　　《漢書・張湯傳》王先謙補註引張晏曰：「訊考，三日復問之，知與前辭同
　　（否）也。」更言，改變口供，參見雲夢秦簡《封診氏・訊獄》及注。

今按，說是。漢簡可見一條律文作「證財物故不以實，臟五百以上，辭以定，滿三日而不更言請者，以辭所出入罪反罪」（EPF22：1-2）。

☑成並叩頭白子春〔1〕坐前：幸所為書各已……☑　　　　73EJT23：406A

☑者□更治□孰願且復□便獲□計□□□☑　　　　73EJT23：406B

【集注】

〔1〕子春：人名，為受信者。

卿足下：幸□□，謹奉教再拜，奏客為吏□□☑　　　　73EJT23：409A

□□□屬夫人任大□充□□□因使□□☑　　　　73EJT23：409B

☑言前言解謹☑　　　　73EJT23：410

☑張佀……　　　　73EJT23：411A

☑欲使□□□□有所取……　　　　73EJT23：411B

☑伏自維念，殺身靡骨〔1〕，毋以報，叩頭　　　　73EJT23：412

【集注】

〔1〕殺身靡骨：即粉身碎骨之意。《漢書·元后傳》：「兄弟宗族所蒙不測，當殺身靡骨韰轂下，不當以無益之故有離寢門之心。」顏師古注：「靡，碎也。」

毋吏教使者狀☑　　　　73EJT23：415

元始五年□□□辛卯……☑　　　　73EJT23：416

【校釋】

未釋字周艷濤、李黎（2014）、黃艷萍（2014B，194 頁）補釋「十一月」。今按，據文義補釋可從，但該未釋字圖版磨滅不可辨識，當從整理者釋。

居聑二年十月庚☑　　　　73EJT23：419

☑月乙卯，北鄉右扶廷〔1〕殷□☑　　　　73EJT23：420

【集注】

〔1〕右扶廷：「扶」，《說文·夫部》：「扶，並行也。從二夫。輦字從此。讀若伴侶

之伴。」桂馥《義證》：「扶，即伴之正文。」右扶廷似為鄉之機構，含義不
明，待考。

☑□□□錢，遣候史☑	73EJT23：423
☑□小疾未任□☑	73EJT23：424A
☑□錢願相急□☑	73EJT23：424B
☑書到，出入如律☑	73EJT23：425
☑南部候□☑	73EJT23：433
☑卒詣府□☑	73EJT23：435A
☑武　　☑	73EJT23：435B

【校釋】

　　姚磊（2020C1）綴合簡 73EJT23：459 和該簡。今按，兩簡茬口不是十分吻
合，且相比該簡來說，73EJT23：459 簡 A 面文字書寫較為整飭，因此兩簡或不當
綴合。

☑□□□□移丁外人☑	73EJT23：436
☑□□□□廷署東部☑	73EJT23：438
☑六月丁未☑	73EJT23：440
☑解君公有☑	73EJT23：441
☑主隧七所，以徼迹□□☑	73EJT23：443
長安屬縣□☑	73EJT23：444
不知何人盜☑	73EJT23：446
☑法屯曹眾	73EJT23：448
☑長道□□以受刺☑	73EJT23：449
☑卯不待案	73EJT23：450
☑□樂不如☑	73EJT23：451
☑□□□欲以事見☑	73EJT23：453
☑月癸未朔乙酉☑	
☑□□□□□☑	73EJT23：455
☑癸丑致	73EJT23：456
留將☑	73EJT23：457

☑水金關，遣☐☑   73EJT23：459A

☑　守令史☑   73EJT23：459B

【校釋】

　　姚磊（2020C1）綴合該簡和簡 73EJT23：435。今按，兩簡茬口不是十分吻合，且相比簡 73EJT23：435 來說，該簡 A 面文字書寫較為整飭，因此兩簡或不當綴合。

孝賞叩☑   73EJT23：461A

奉月☐☑   73EJT23：461B

☑☐謹移所自占〔1〕☑   73EJT23：463

【集注】

〔1〕自占：陳直（2009，234 頁）：自占者謂自評上報也，與當時行緡錢令時之「各以其物自占，匿不自占，占不悉」同一講解（見《史記・平準書》）。

　　大庭脩（1996，269～270 頁）：「自占」亦可見於文獻。《史記・平準書》的一段著名記載，即可見自占之語：「諸賈人末作貰貸賣買，居邑稽諸物，及商以取利者，雖無市籍，各以其物自占，率緡錢二千而一算。」《索隱》：「按，郭璞云：占，自隱度也。謂各自隱度其財物多少，為文簿送之官也。」《漢書・昭帝紀》始元六年秋七月：「令民得以律占租。」如淳注云：「律，諸當占租者家長身各以其物占，占不以實，家長不身自書，皆罰金二斤，沒入所不自占物及賈錢縣官也。」顏師古注：「占謂自隱度其實，定其辭也。占音章贍反，下又言占名數，其義並同，今猶謂獄訟之辨曰占，皆其意也。」宣帝紀地節三年三月：「今膠東相成勞來不貸，流民自占八萬餘口。」師古對此亦注曰：「占者，謂自隱度其戶口而著名籍也，占音之贍反。」《後漢書・明帝紀》中元二年四月詔云：「及流人無名數欲自占者人一級。」注：「無名數謂無文簿也，占謂自歸首也。」又永平八年十月：「詔三公募郡國中都官死罪繫囚，減罪一等，毋笞，詣度遼將軍營，屯朔方、五原之邊縣，妻子自隨，便占著邊縣，父母同產欲相代者，恣聽之。」注：「占著謂附名籍。」上述文獻記載，對占或自占一語的注釋，均選擇了「自隱度」。其意為：自己評估，自己判斷，然後將結果全部報告官府，由官府正式登記在冊。

冨谷至（2018，195頁）：「占」為「估計」，也就是如郭璞注中的自己計算數量等，實際上是估計上報與財物、年齡、功勞等數量相關的事情。因此，「占」為上報之意。

今按，諸說是。自占即自己評估上報登記，大庭脩所述甚詳。

☑□格殺☑	73EJT23：464
☑六月乙巳日□☑	73EJT23：466
☑關，遣吏	73EJT23：468
☑□□不☑	73EJT23：469
十二☑	73EJT23：472
☑□三　☑	73EJT23：473
☑都倉☑	73EJT23：474
☑□恐□☑	73EJT23：476
☑水都☑	73EJT23：478

【校釋】

姚磊（2017B6）綴合簡 73EJT23：354 和該簡。今按，兩簡茬口處均較平整，73EJT23：354 簡 A 面「肩」字下部筆畫略有殘缺，拼合後不能復原「肩」字，或不能綴合。

☑□□□詣大守府，有會日須☑	73EJT23：479
☑卒悉軟林下以丁未☑	73EJT23：484
☑亭長以主隧□☑	73EJT23：489

【校釋】

姚磊（2017G5）綴合該簡和簡 73EJH2：27。今按，兩簡形制、字體筆迹較一致，但兩簡出土地點不同，茬口不能密合，或不能綴合。

辭曰：隴西首陽〔1〕☑	73EJT23：490

【集注】

〔1〕首陽：漢隴西郡屬縣。《漢書・地理志下》：「首陽，《禹貢》鳥鼠同穴山在西南，渭水所出，東至船司空入河，過郡四，行千八百里，雍州藪。」

告執適〔1〕隧長宣〔2〕，平樂〔3〕隧長遂〔4〕昨日南盡☑

發省卒。會昨莫，至今未到，宣└遂☑

　　　　　　　　　　　73EJT23：491A+492B+525A+515A+947B+1038B

如卒，至今未來。記到，宣等趣遣令☑

月食，會今，毋得以它為解。‧將作☑

　　　　　　　　　　　73EJT23：491B+492A+525B+515B+947A+1038A

【校釋】

　　簡73EJT23：491+492+525楊小亮（2013，282頁）綴，簡73EJT23：947+1038楊小亮（2014A，307頁）綴，姚磊（2017L，197頁）又綴簡73EJT23：515和以上兩組簡文。A面第一行「平樂隧長」的「隧」楊小亮（2014A，307頁）補釋。又楊小亮（2014A，307頁）A面第一行「遂」作「隧」，第二行簡末補「隧」字。今按，該字為平樂隧長的名字，從圖版來看，第一行當從整理者釋「遂」，因此第二行末亦當補「遂」。

【集注】

〔1〕執適：隧名。

〔2〕宣：人名，為執適隧長。

〔3〕平樂：隧名。

〔4〕遂：為平樂隧長。

☑之，府移剌史書……☑　　　　　　　　　　　73EJT23：494

☑□且乳反謂□☑　　　　　　　　　　　　　　73EJT23：495A

☑□人□乎以故有☑　　　　　　　　　　　　　73EJT23：495B

【校釋】

　　B面「乎」前一字何茂活（2018A，118頁）認為是「聟」字，聟同「智」。今按，該字作⬚形，釋「聟」恐不妥，暫從整理者釋。

☑塞虜〔1〕隧卒爰魯〔2〕自言，迺七月中貸故□☑　　73EJT23：497

【集注】

〔1〕塞虜：何茂活（2017C，137頁）：「塞虜」亦即塞絕胡虜、勿使侵擾之意。今按，說是。塞虜為隧名。

〔2〕爰魯：人名，為塞虜隧卒。

卿幸謂☑

☑□記

居延來☑　　　　　　　　　　　　　　　　73EJT23：502A

☑厚恩得幸甚幸甚☑　　　　　　　　　　　73EJT23：502B

☑移候令史　　　　　　　　　　　　　　　73EJT23：504

☑府傳，章曰乾齊〔1〕長☑

☑九月丁卯以來，北出☑　　　　　　　　　73EJT23：518A

☑□□二年十月□戌朔丁卯，□☑

☑□□□告臨□隧長……☑

☑月壬申……☑　　　　　　　　　　　　　73EJT23：518B

【集注】

〔1〕乾齊：漢酒泉郡屬縣。《漢書・地理志下》：「乾齊。西部都尉治西部障。莽曰
　　測虜。」

☑□從謂壽曰：□☑　　　　　　　　　　　73EJT23：520

☑□繩不黃一木☑　　　　　　　　　　　　73EJT23：521

☑水吏安世☑　　　　　　　　　　　　　　73EJT23：523A

☑　　盡☑　　　　　　　　　　　　　　　73EJT23：523B

政再拜言☑　　　　　　　　　　　　　　　73EJT23：524

□伏地言田卿足下：□見不久，不得言前田卿所取計今□☑

　　　　　　　　　　　　　　　　　　　　73EJT23：954A+526

□□□計行省持來不可□□☑　　　　　　　73EJT23：954B

【校釋】

　　姚磊（2019C2）綴合。綴合處復原「所」字，該字原簡 73EJT23：954A 作「來」，
簡 73EJT23：526 作「卿」。

☑安世除☑　　　　　　　　　　　　　　　73EJT23：528

☑□為郡送☑　　　　　　　　　　　　　　73EJT23：534

居延居延遣☑   73EJT23：535

☑長長☑   73EJT23：536

☑具在   73EJT23：537

☑□肩水都尉   73EJT23：540

☑□□作亡   73EJT23：544

☑□☑   73EJT23：547A

……☑   73EJT23：547B

☑主   ☑   73EJT23：550

☑□以私印☑   73EJT23：553

☑子卿稚婦足下見□☑

☑□□□□□□☑   73EJT23：554

五月癸亥，武☑   73EJT23：556

☑伏地再拜請☑   73EJT23：557

☑□居延都尉☑   73EJT23：558

☑為職至今七月己巳□☑   73EJT23：564

☑者，雖不為盜賊，一人當小盜，一人為郡中冣□☑   73EJT23：566+689

【校釋】

    姚磊（2018B4）綴，第二個「一人」原作「吏」，綴合後釋。

如律令   ☑   73EJT23：569A

肩水君印   ☑   73EJT23：569B

會水候官詣官府   ☑   73EJT23：570A+575B

帝為其馬名名馰騂騂之疾禾耶□留□耶旦番財☑   73EJT23：570B+575A

【校釋】

    姚磊（2017L，200 頁）、（2018E，19 頁）綴，綴合後於拼接處補釋「名名」。「□留□耶旦」原未釋，其中「留、旦」姚磊（2017L，200 頁）、（2018E，19 頁），何茂活（2018A，118 頁）釋。「耶」字何茂活（2018A，118 頁）釋，該字姚磊（2017L，200 頁）、（2018E，19 頁）作「取」。

    又 B 面「馬」字何茂活（2018A，118 頁）認為是「馮」，通「憑」。今按，該字作![字形]形，釋「馮」恐不妥，當從整理者釋。

元始六年二月庚申朔丁卯〔1〕，驛北亭長常〔2〕敢言之☑

編，敢言之。　　☑　　　　　　　　　　　　　　　73EJT23：573

【集注】

〔1〕元始六年二月庚申朔丁卯：元始，漢平帝劉衎年號。元始六年即居攝元年，據
　　　徐錫祺（1997，1693 頁），居攝元年二月丁卯即公曆公元 6 年 3 月 26 日。

〔2〕常：人名，為驛北亭長。

☑推辟〔1〕部中各☑　　　　　　　　　　　　　　　73EJT23：578

【集注】

〔1〕推辟：羅振玉、王國維（2013，260～261 頁）：推辟者，《魏志・荀攸傳》：「乃
　　　推問，權果殺人亡命。」六朝以後，均謂讞獄為推，則推辟謂驗治也。
　　　　　李均明（2009，88 頁）：「推辟」乃指分析調查。「辟」有考實的意思。《左
　　　傳・文公六年》：「辟刑獄」，杜注：「辟，猶理也。」孔穎達疏：「辟獄者有事
　　　在官未斷者，令於今理治之也。」《周禮・大史》：「若約劑亂則辟法。」鄭注：
　　　「辟法者考按讀其然否。」
　　　　　今按，諸說是。推辟猶案驗考查。

☑始二年二月丙辰朔☑（削衣）　　　　　　　　　　73EJT23：579

【校釋】

　　　該簡年代羅見今、關守義（2014），黃艷萍（2014B，195 頁）認為屬漢成帝永
始二年（前 15）。今按，諸說是。該簡當為永始二年簡。

晏〔1〕伏地白　　☑
幼□坐前善毋恙，見未久□□尉卿過，得毋有它，因白。願☑

　　　　　　　　　　　　　　　　　　　　　　73EJT23：580A+607A

☑侍有錢得日夜伏前，不即敢負之，毋尤，當食者□☑

☑使詣前受教，願毋尤□□□☑　　　　　　　73EJT23：580B+607B

【校釋】

　　　B 面第二行簡末「尤」下一字作 形，而第一行「負」字作 形，比較可知其當
為一字，或亦可釋作「負」。

【集注】

〔1〕晏：人名，為致信者。

以為意，毋忽毋忽，如律令☑   73EJT23：581

☑受降〔1〕隧長順〔2〕敢言之☑   73EJT23：585+598

【校釋】

姚磊（2016H3）綴。

【集注】

〔1〕受降：隧名。

〔2〕順：人名，為受降隧長。

☑□嗇夫章　　☑   73EJT23：587

☑不耐等請實，口告昭☑   73EJT23：589

☑近所疑☑   73EJT23：590

☑□□□☑   73EJT23：591

☑西至☑   73EJT23：592

☑□取食官候長厶〔1〕☑   73EJT23：594

【校釋】

「厶」原作「△」。從文義來看，此處厶用以代替候長的名字，當據以改釋。

【集注】

〔1〕厶：于豪亮（1983，89頁）：公文是由別人代為草擬的，在草稿中寫為「厶」，在謄正的公文中則寫發文者的名字，因此厶為某字。

    李均明、劉軍（1999，166頁）：凡涉及文件發文人名皆以「厶」或「君」字代替，顯然是文件起草人為避免直書上級官員名而致。「君」字是下級、晚輩對上級、長輩的尊稱，不用於自稱。據此，可定凡文件發文人名書以「厶」「君」的文稿皆為草稿。

    今按，諸說是。官文書草稿中常以「厶」指代發文機構長官之名。

☑居延☑（削衣）   73EJT23：595

☑候長☑（削衣）　　　　　　　　　　　　　　73EJT23：596

☑□守令史高憙☑　　　　　　　　　　　　　　73EJT23：599

☑□□□毌章　　☑　　　　　　　　　　　　　　73EJT23：600

【校釋】

　　未釋字何茂活（2015C，181 頁）補釋作「北書□封」。今按，補釋或可從，但未釋字殘缺不可辨識，當從整理者釋。

使言之亭長□☑　　　　　　　　　　　　　　　73EJT23：601

☑□教奏記不☑　　　　　　　　　　　　　　　73EJT23：604

☑……☑

☑七月己未燊陽☑（削衣）　　　　　　　　　　73EJT23：606

☑所在　　　　　　　　　　　　　　　　　　　73EJT23：609

☑□白子春〔1〕足下：徐真大厚賜，叩　　　　73EJT23：610A

☑□語塞不為，願急來伏待　　　　　　　　　　73EJT23：610B

【集注】

〔1〕子春：人名，為受信者。

子春〔1〕坐前：善毌恙，頃☑　　　　　　　　73EJT23：612+829

【校釋】

　　姚磊（2016H3）、（2018E，25 頁）綴。

【集注】

〔1〕子春：人名，為受信者。

·□□令使史刺☑　　　　　　　　　　　　　　73EJT23：613

地節四年二月乙丑〔1〕，張掖肩水司馬德〔2〕以私印行都尉事，謂肩水候官：寫移，書到，候嚴教乘亭塞吏各廡索部界中詔所名捕〔3〕施刑士
金利〔4〕等，毌令留居部界中。毌有，具移吏卒相牽證任〔5〕不舍匿〔6〕詔所名捕金利等移爰書都尉府，會二月廿五日須報大守府，毌忽，它如律令。
　　　　　　　　　　　　　　　　　　　　　　73EJT23：620

【集注】

〔1〕地節四年二月乙丑：地節，漢宣帝劉詢年號。據徐錫祺（1997，1551 頁），地節四年二月壬子朔，乙丑為十四日，即公曆公元前 66 年 4 月 6 日。

〔2〕德：人名，為肩水司馬。

〔3〕詔所名捕：大庭脩（1991，133 頁）：意味著以詔書形式發佈的指名通緝令。

中國簡牘集成編輯委員會（2001G，25 頁）：指詔書列名追捕之人。《漢書・鮑宣傳》：「時名捕隴西辛興。」顏師古注：「詔顯其名而捕之。」

陳公柔（2005，262 頁）：凡詔所名捕者，皆案情重大，令出朝廷而詔示全國者。

李均明（2009，35 頁）：「名捕詔書」指以皇帝名譽頒布的通緝令，《漢書・平帝紀》：「詔書名捕」。張晏注：「名捕，謂下詔特所捕也。」王先謙注引周壽昌曰：「名捕謂詔書所指名令捕者。」《後漢書・光武帝紀》：「詔所名捕」。李賢注：「詔書有名而特捕者」。

今按，諸說是。詔所名捕即詔書具名而追捕。

〔4〕金利：人名，為弛刑士。

〔5〕相牽證任：勞榦（1960，14 頁）：證任猶言保證，《漢書・哀帝紀》：「除任子令」師古注：「任者保也。」故證任即保證矣。

今按，說是。「牽」為關聯，牽連義，《文選・張衡〈西京賦〉》：「夫人在陽時則舒，在陰時慘，此牽乎天者也。」李善注引薛綜曰：「牽，猶繫也。」相牽證任即相互牽連保證。

〔6〕舍匿：李均明（2011A，122 頁）：「舍匿」猶今言「窩藏」，《漢書・淮南王傳》：「亡之諸侯，遊宦事人，及舍匿者，論皆有法。」師古注：「舍匿，謂容止而藏隱也。」

今按，說是。又《漢書・季布傳》：「項籍滅，高祖購求布千金，敢有舍匿，罪三族。」顏師古注：「舍，止；匿，隱也。」

☑□世、丞充〔1〕謂過所縣道河津關：遣書佐李鳳德〔2〕　　　　　73EJT23：621

【集注】

〔1〕充：人名，為丞。

〔2〕李鳳德：人名，為書佐。

……　　　　　　　　　　　　　　　　　　　　　73EJT23：625

☑□□願賜物部，今相見不一└二，陳文至遷使□☑

　☑□伏叩　☑　　　　　　　　　　　　　　　73EJT23：626A

☑謹白記〔1〕☑　　　　　　　　　　　　　　73EJT23：626B

【校釋】

　　A面「不一└二」原作「尔└二」，魏璐夢（2016，29頁）釋。

【集注】

〔1〕白記：羅振玉、王國維（1993，223頁）：古人致書，或云言疏，或云白疏，或
　　云白記，或云具書，其義一也。

　　　陳槃（2009，176頁）：案「白記」，白者奏白，記者書記。

　　　王貴元、李雨檬（2019，143頁）：「記」在西北漢簡中多指書信，「白記」
　　意思是以書信的形式稟告。

　　　今按，諸說是。白記即白奏書記。

肩水金關嗇夫候長□☑　　　　　　　　　　　　73EJT23：629A

☑錢千……☑　　　　　　　　　　　　　　　　73EJT23：629B

☑九月五日以譬□詣　　　　　　　　　　　　　73EJT23：632

【校釋】

　　未釋字何茂活（2018A，118頁）認為是「轉」。今按，其說或是，但該字作
形，殘泐不可辨識，當從整理者釋。

☑□不肯復持書來，令解□□

☑……　　　　　　　　　　　　　　　　　　　73EJT23：637A

☑　言嗇夫負四□□□　　　　　　　　　　　　73EJT23：637B

☑□令毋處尉　　　　　　　　　　　　　　　　73EJT23：639

候史朱彊〔1〕　☑　　　　　　　　　　　　　73EJT23：640

【集注】

〔1〕朱彊：人名，為候史。

為居之以送☑

……☑   73EJT23：641

……☑   73EJT23：646

【校釋】

  何茂活（2015C，182頁）補作「肩水候官以郵」。今按，補釋或可從，但該簡右半缺失，字多不能確知，當從整理者釋。

☑移過所金關、縣索關，毋☑   73EJT23：647

☑三年閏月辛☑   73EJT23：649

【校釋】

  關於該簡年代，羅見今、關守義（2014）認為可有建平三年（前4）閏三月辛亥朔，王莽天鳳三年（16）閏五月辛酉朔兩解。陳表所寫「閏四月辛酉朔」，是指《太初曆》，而非《莽曆》。今按，其說當是。簡牘殘斷，不宜判定。

☑令／兼掾前☑   73EJT23：651A
☑尉尉尉尉尉☑   73EJT23：651B
☑南部候長□☑   73EJT23：652
☑□□詣肩水都☑   73EJT23：654

鴻嘉三年六月壬寅朔甲辰〔1〕，肩水金☑ 73EJT23：664

【集注】

〔1〕鴻嘉三年六月壬寅朔甲辰：鴻嘉，漢成帝劉驁年號。據徐錫祺（1997，1647頁），鴻嘉三年六月甲辰即公曆公元前18年7月2日。

居聑三年七月丙午朔癸酉〔1〕，肩水候　謂關嗇☑ 73EJT23：668

【集注】

〔1〕居聑三年七月丙午朔癸酉：居攝，漢孺子嬰年號。據徐錫祺（1997，1698頁），居攝三年七月癸酉即公曆公元8年9月17日。

☑丑朔壬子，居　　☑

☑……　　☑　　　　　　　　　　　　　　　　73EJT23：669A

☑甲以來　門下　／佐放〔1〕☑　　　　　　　73EJT23：669B

【校釋】

　　姚磊（2019C1）綴合簡 73EJT23：678 和該簡。今按，兩簡荏口處似無法拼接，恐不當綴合。

【集注】

〔1〕放：人名，為佐。

☑□前數候問起居，迫職不及度刡已何時訖也　　　73EJT23：674

【校釋】

　　「時」字原作「計」，黃艷萍（2016B，135 頁）、（2018，139 頁）釋作「時」。今按，該字作 ▓▓ 形，釋「時」可從。

☑寅朔乙卯，居延延水□☑　　　　　　　　　　73EJT23：676

永始二年五月乙□☑　　　　　　　　　　　　　73EJT23：678A

……閏月庚☑　　　　　　　　　　　　　　　　73EJT23：678B

【校釋】

　　姚磊（2019C1）綴合該簡和簡 73EJT23：669。今按，兩簡荏口處似無法拼接，恐不當綴合。

☑庫糸□□還受遣，叩頭死罪死罪　唯　☑　　　73EJT23：679

☑　丙子　　　　　　　　　　　　　　　　　　73EJT23：680

☑元延二年十二月戊子朔……☑　　　　　　　　73EJT23：682

☑□請實言　它如☑　　　　　　　　　　　　　73EJT23：683

☑　嗇夫常☑　　　　　　　　　　　　　　　　73EJT23：686

弟幼弱└不勝願願乞胲骨，歸養父病☑　　　　　73EJT23：692

☑□司馬治所，肩水　　　　　　　　　　　　　73EJT23：694A

☑　嗇夫禹〔1〕、佐彊〔2〕　　　　　　　　　　73EJT23：694B

【集注】

〔1〕禹：人名，為嗇夫。

〔2〕彊：人名，為佐。

☑萬福☑   73EJT23：695

十二月丁酉，大司徒〔1〕下〔2〕京兆尹〔3〕、濟陰〔4〕、山陽〔5〕大守，丞書從
事，下當用☑   73EJT23：696+725

【校釋】

姚磊（2017L，200頁）綴。

【集注】

〔1〕大司徒：饒宗頤、李均明（1995B，123頁）：大司徒，新莽三公之一，《漢書・
百官公卿表》：「相國、丞相，皆秦官，金印紫綬，掌丞天子助理萬機。秦有左
右，高帝即位，置一丞相，十一年更名相國，綠綬。孝惠、高后置左右丞相，
文帝二年復置一丞相。有兩長史，秩千石。哀帝元壽二年更名大司徒。武帝元
狩五年初置司直，秩比二千石，掌佐丞相舉不法。」

今按，說是。

〔2〕下：角谷常子（2010，169頁）：詔書傳達時使用「下」，但在詔書以外的文書
中也有使用「下」的，雖然數量很少。

今按，說是。「下」為詔書下發行用之辭。

〔3〕京兆尹：漢京畿的行政區域，為三輔之一。《漢書・地理志上》：「京兆尹，故
秦內史，高帝元年屬塞國，二年更為渭南郡，九年罷，復為內史。武帝建元六
年分為右內史，太初元年更為京兆尹。」又指管轄京兆地區的行政長官，職權
相當於郡太守。

〔4〕濟陰：周振鶴（2017，64頁）：《漢志》濟陰郡九縣。其實此九縣乃元延末定
陶國屬。《漢志》濟陰郡名乃據元始二年戶口籍而來，此情形與廣平、信都同。
成帝綏和元年定陶王欣為皇太子，又紹封楚孝王孫景為定陶王。哀帝建平二年
定陶王景徙信都，國除為濟陰郡，至元始二年不變。

今按，說是。《漢書・地理志上》：「濟陰郡，故梁。景帝中六年別為濟陰
國。宣帝甘露二年更名定陶。《禹貢》菏澤在定陶東。屬兗州。」

〔5〕山陽：周振鶴（2017，64 頁）：《漢志》山陽郡領縣二十三。始封之山陽國應

無瑕丘等十王子侯國及薄縣。

今按，說是。《漢書・地理志上》：「山陽郡，故梁。景帝中六年別為山陽

國。武帝建元五年別為郡。莽曰鉅野。屬兗州。」

載九……▨　　　　　　　　　　　　　　　　　　　73EJT23：700

元始五年五月甲子朔▨　　　　　　　　　　　　　　73EJT23：701

【校釋】

「五月」原作「六月」，胡永鵬（2013）、（2014A，239 頁）、（2014B，276 頁）、

（2016A，394 頁），黃艷萍（2014B，195 頁），何茂活（2018A，119 頁）釋。

▨朔己酉，□□□□眾敢言之▨　　　　　　　　　　73EJT23：705

夫人厚恩也，今獨尚馬□▨

□□□□□□□收責□▨　　　　　　　　　　　　73EJT23：708A

君上夫人□□□，奈何不▨

聞君上夫人起居善也□▨　　　　　　　　　　　　73EJT23：708B

【校釋】

B 面第一行「君上夫人」原未釋，何茂活（2015C，182 頁）釋；簡末「不」字

原未釋，姚磊（2017F1）釋。

又 B 面第一行未釋三字，何茂活（2015C，182 頁）認為是「欲相見」，但存疑。

今按，該行文字右半缺失，不能確知，當從整理者釋。

王博〔1〕叩頭白▨　　　　　　　　　　　　　　　73EJT23：709A

罔須臾耳▨　　　　　　　　　　　　　　　　　　73EJT23：709B

【校釋】

B 面「罔」原未釋，字作🖼形，「耳」原作「而」，字作🖼形，均何茂

活（2018A，119 頁）釋。

【集注】

〔1〕王博：人名，為致信者。

☑傳之，使其人自知也 　　　　　　　　　　　　　　　73EJT23：710

☑加匈脅支滿心腹，不耐飲食☐☑ 　　　　　　　　　　73EJT23：711

【校釋】

「支滿」原作「丈滿」，鄔文玲（2014，94 頁）、何茂活（2018A，119 頁）釋。

☑☐望見趣☐☐☐☐☑ 　　　　　　　　　　　　　　　73EJT23：714
☑長年三月德宿等☐☑ 　　　　　　　　　　　　　　　73EJT23：716

☑☐縣丞刀行廚傳倉☐☐☑ 　　　　　　　　　　　　　73EJT23：717A
☑……☑ 　　　　　　　　　　　　　　　　　　　　　73EJT23：717B

【校釋】

A 面「縣」原未釋，何茂活（2015C，182 頁）釋。又何茂活（2015C，182 頁）釋「刀」作「乃」，「倉」後一字為「廩」。今按，「刀」作「刀」形，從字形來看，似非「乃」；「倉」後一字殘損不可確知，當從整理者釋。

又 B 面末兩字姚磊（2017F1）補釋「縣及」。今按，補釋或可從，但該面文字左半缺失，不能確知，當從整理者釋。

△☐☐言甲渠☐☐隧卒李……☑ 　　　　　　　　　　73EJT23：718

【校釋】

「△」或當為「厶」。

毋有它，歸到鰈得賣魚☑ 　　　　　　　　　　　　　73EJT23：723A
☐☐☐☐☐☑ 　　　　　　　　　　　　　　　　　　　73EJT23：723B
☑張掖居延郡 　　　　　　　　　　　　　　　　　　　73EJT23：724

☑☐驚檄〔1〕☐至精兵馬，明蓬火〔2〕，謹迹候，彭欲☐☑
☑☐去歸昭武田舍〔3〕乘彭邊塞吏☐以☐☐☐☑
☑……☑ 　　　　　　　　　　　　　　　　　　　　　73EJT23：727

【集注】

〔1〕驚檄：謝桂華（1983，156 頁）：疑可能即指「驚事告急」的軍書文書，類如羽書、羽檄、奔命書、驛馬軍書。

汪桂海（1999，58 頁）：漢簡中有所謂「驚備檄」者，是邊塞在發現敵情時，命令各候官、部、亭燧等加強警戒防備，謹防敵寇入侵的文書。

李均明（2009，105～106 頁）：警檄之正文，通常有三個方面的重點內容：一是對敵情的陳述……二是對己方強化警戒的要求：主要有「警烽火」「定烽火輩」。烽火是當時快捷傳遞敵情的有效手段，強化烽火管理，即能保障信息之暢通。「定烽火輩」乃指確認烽火信號的搭配方式，這些方式通常是法定的，簡文稱之為「烽火品約」。再者為「明天田，謹迹候」。「天田」是人工鋪設的沙土帶，人馬越過即能留下足迹，故要求其經常保持鬆軟狀態。「謹迹候」之「迹」即每日巡視天田上是否留有足迹的活動。三者為「送便兵戰鬥具」，保障足夠的戰鬥器材，包括個人配備的武器及城防器材。

今按，諸說是。「驚」通「警」，警檄即要求加強警戒防備的檄書。

〔2〕明蓬火：中國簡牘集成編輯委員會（2001D，236 頁）：蓬火，漢塞傳遞敵情的各種信號。明，習也。熟悉傳遞蓬火的信號，即烽火規定。

今按，說是。

〔3〕田舍：裘錫圭（2012B，243 頁）：在居延漢簡中可以看到一些關於戍卒一類人「亡歸」或「私歸」「田舍」的簡文……這些簡文中提到的田舍，有可能就是那些「亡歸」或「私歸」的戍卒租種官田的家屬所居住的地方。

今按，說是。田舍應為戍卒家屬所居之舍。

▨▨▨▨朱未央〔1〕移肩水候官書曰驛▨▨
▨▨審入▨上請易有書〔2〕，令遣廄佐▨▨　　　　　　　73EJT23：729

【集注】

〔1〕朱未央：人名。

〔2〕有書：冨谷至（2013，154～156 頁）：「有書」的原意應該是「關於此般事項，有相關的文書可資參照」。然而，從以下簡牘文書所見用例來看，它已經偏離了原意，轉而成為了文書中的一種符號，被當成是沒有意義的慣用語來使用……「有書」具有區分文書前後內容的作用。一定要解釋其含義的話，就可以理解成「關於……的原由」「……的內容」「關於……」之類的意思。

今按，說是。

寶嚴〔1〕叩頭白‧　罪法何敢逆意哉☑

李掾□者見未久，辱記告以陃政敬□☑　　　　　　　73EJT23：731A

大急身常恐不能自脫捞菙〔2〕，欲干□☑

縣官荄自完在燔離〔3〕中，出公開之校☑　　　　　73EJT23：731B

【校釋】

　　第三行「菙」字何茂活（2018A，120頁）認為當釋「箠」。今按，其說或是。

【集注】

〔1〕寶嚴：人名，為致信者。

〔2〕捞菙：「捞」為笞打，擊打義。《後漢書‧朱暉傳》：「各言官無見財，皆當出民，捞掠割剝，彊令充足。」「菙」當通「捶」，義為棒打。《說文‧手部》：「捶，以杖擊也。」則捞捶同義連用，指擊打。

〔3〕燔離：「燔」或通「藩」，藩離指籬笆或柵欄。

☑　去河水一里二百一十步，汲河　☑

☑　□□□□□　☑　　　　　　　　　　　　　　73EJT23：732

□□憙伏地伏地再拜，伏地再拜言……☑　　　　　73EJT23：734A

☑……　　　　　　　　　　　　　　　　　　　　73EJT23：734B

藉入毋轉所官遣毋入，敢言之　　　　　　　　　　73EJT23：736

□齊敢言之：常利〔1〕里女子橋徵史〔2〕自言夫廷□☑　73EJT23：737

【集注】

〔1〕常利：里名。

〔2〕橋徵史：人名。

□□　印曰肩水守候☑　　　　　　　　　　　　　　73EJT23：738

‧右鞫夬〔1〕　☑　　　　　　　　　　　　　　　73EJT23：739

【集注】

〔1〕鞫夬：「夬」通「決」，鞫決義為審訊判決。鞫，審問。《漢書‧車千秋傳》：「未聞九卿廷尉有所鞫也。」顏師古注：「鞫，問也。」決，判決。《史記‧燕世家》：「召公巡行鄉邑，有棠樹，決獄政事其下。」

☑……如律令 73EJT23：742A

☑…… 73EJT23：742B

☑鳳兼行丞事☑

☑張掖郡中，當舍☑

☑守令史詡☑ 73EJT23：743+744

【校釋】

　　楊小亮（2013，283～284 頁）綴，綴合後補「張掖郡中當舍」等字。

☑叩頭再拜白☑ 73EJT23：745

☑曰苍至其夜食〔1〕時☑ 73EJT23：747

【集注】

〔1〕夜食：陳夢家（1980，250 頁）：據居延漢簡（173・1），夜食在夜昏時後。《天官書》謂之暮食，漢簡或稱「夜食莫時」。

　　　張德芳（2004，202 頁）：「夜食」作為一個時稱，文獻無徵。十二時稱中也無「夜食」一說，但在西北漢簡中，卻使用得十分普遍……古人一日兩餐，「食時」和「餔時」這兩個時稱就是根據早晚吃飯的時間而來的。村野農夫，日出而作，日入而息，一日兩餐足矣。但日夜戍守的邊防將士，晝夜值勤的驛夫走卒，晚上可能還要加餐一頓，而且已成了當時的定制，以致「夜食」作為一個時間概念，較為經常地出現在懸泉簡的記載中。

　　　冨谷至（2018，91 頁）：夜食為十九時半左右。

　　　今按，諸說當是。

□□伏地再拜☑

……☑ 73EJT23：754

【校釋】

　　「□□伏地再拜」原未釋，何茂活（2015C，183 頁）補釋。

☑居聑 73EJT23：755

☑元始二年十月己酉朔☑

☑□□□□□□☑ 73EJT23：756

☑□□閣下通□□☑   73EJT23：757

居攝元年　朔乙□，橐他候秉〔1〕移肩水金關□□
亥朔午木△
□□□□府官   73EJT23：762A
入三乎時報發　置佐豐〔2〕   73EJT23：762B

【校釋】

　　該簡 A 面「亥朔午木△」及 B 面的「入三乎時報發」為二次書寫，應為習字
而作。B 面「豐」原作「豊」，葛丹丹（2019，1651 頁）釋。

【集注】

〔1〕秉：人名，為橐他候。
〔2〕豐：人名，為置佐。

皇天上帝隆顯大右，成命統序，符絜圖文〔1〕，金匱策書，
神明詔告，屬予以天下兆民。   73EJT23：767

【校釋】

　　「絜」原作「梁」，「圖」原作「國」，「匱」「神明詔告，屬予以天下兆民」原
未釋，劉樂賢（2013）、（2015B，78～79 頁）釋。又劉樂賢（2015B，79 頁）指出
第一行在「成」與「命」之間，以及「匱」與「策」之間明顯留有空白，第二行在
「下」與「兆」之間也明顯留有空白。這些空白，應當是先編後寫的簡冊留下的編
繩痕迹。因此，可以推斷該簡原來應當屬於一個由「兩行」編綴而成的有兩道編繩
的冊書。

【集注】

〔1〕隆顯大右，成命統序，符絜圖文：劉樂賢（2015B，79 頁）指出這支簡上的文
　　字是出自《漢書・王莽傳》中的王莽登基詔書。除個別通假字外，簡文與《漢
　　書・王莽傳》中的相關部分完全一致。
　　　　今按，其說甚是。《漢書・王莽傳上》：「皇天上帝隆顯大佑，成命統序，
　　符契圖文，金匱策書，神明詔告，屬予以天下兆民。」可知簡文「右」和「絜」
　　如劉樂賢（2015B，79 頁）所說通假為「佑」「契」。

☑適隧長安世〔1〕敢言之東部候長陳卿治所：謹移疾　　　　73EJT23：771

【集注】

　〔1〕安世：人名，為隧長。

鳳四年四月辛丑朔甲寅，南鄉嗇夫□敢言之，白石里女子蘇夫〔1〕自言夫延壽〔2〕為肩水倉丞，願以令取

居延□□□與子男□葆延壽里〔3〕段延年〔4〕□□所占用馬一匹，軺車一乘。‧謹案，戶籍在鄉□

夫□延年皆毋官獄徵事，當以令取傳，敢言之。

⋯⋯移過所，如律令。／佐定〔5〕　　　　　　　　　　73EJT23：772A

居延令印　　　　　　　　　　　　　　　　　　　　　73EJT23：772B

【校釋】

　　A 面第一行「白石里」的「白」原未釋，黃浩波（2018A，152 頁）釋。又末行未釋字胡永鵬（2016A，227 頁）補作「四月□□居延令弘」。今按，補釋或是，但該面文字左半缺失，不能確知，當從整理者釋。

　　該簡年屬，羅見今、關守義（2014），黃艷萍（2014B，196 頁）均認為屬漢宣帝五鳳四年（前 54）。今按，說當是。五鳳，漢宣帝劉詢年號。據徐錫祺（1997，1575 頁），五鳳四年四月甲寅即公曆公元前公元前 54 年 5 月 22 日。

【集注】

　〔1〕蘇夫：人名，為申請傳者。
　〔2〕延壽：人名，蘇夫丈夫，為肩水倉丞。
　〔3〕延壽里：里名。
　〔4〕段延年：人名，《急就篇》可見人名「宋延年」，顏師古注：「延年之義，取於壽考無疆也。漢有李延年，杜延年，田延年。」
　〔5〕定：人名，為佐。

趙君勢〔1〕　　白徐君公：不宜番護介具〔2〕，謹具置〔3〕□中封之；到

　　　　　　　　　　　　　　　　　　　　　　　　　73EJT23：782A

起、封發，具之〔4〕。偉□一枚，在君公所。矢羽〔5〕三枚、箭四枚，在君公所贖〔6〕。　　　　　　　　　　　　　　　　　73EJT23：782B

【校釋】

B面「矢羽三」原作「□□二」,「韇」原作「□□」,馬怡(2014,34頁)補釋。其中「矢」何茂活(2018A,120頁)亦釋。又A面未釋字馬怡(2014,34頁)釋作「鹿」,B面未釋字馬怡(2014,34頁)作「橐」,何茂活(2018A,120頁)認為是「槩」字。今按,A面未釋字作![字形]形,恐非「鹿」字,B面未釋字圖版磨滅不能確知,當從整理者釋。

【集注】

〔1〕趙君勢:人名,為致信者。

〔2〕不宜番護介具:馬怡(2014,35頁):不宜,不合宜,不方便。《戰國策·秦一》:「種樹不處者,人必害之,家有不宜之財則傷。」……番護:「番」,讀為「藩」……「藩護」,藩屏,屏護。「介」,甲鎧……「不宜番(藩)護介具」,當指鎧甲、頭盔之類「堅重」而不便攜帶的護衛之具。

    今按,說可從。但簡中未出現有「攜帶」之義的詞語,此句或意為不方便保護存放的介具。因此,後面才說要放置到某器物中並封閉起來。

〔3〕謹具置:馬怡(2014,35頁):「謹」,恭謹,鄭重。「具」,完備,齊備……「具置」,完備地放置。

    今按,說可從。謹具置即謹慎地全部放置。

〔4〕到起、封發,具之:馬怡(2014,35頁):「到起」,到達與起走(多指傳送的書信或物品)……「封發」,封閉與開啟(一般指封泥)……「到起、封發,具之」,大意是「(此篋)到達與起走、加封與啟封時,篋內之物完備」。或說,「具」同「俱」;「具(俱)之」,共同行事,一起辦理。則「到起、封發,具(俱)之」的大意是「(此篋)到達與起走、加封與啟封,(你我)一起辦理」。

    今按,「具」或通「俱」,具之為共同行事之意的說法似更恰當一些。

〔5〕矢羽:馬怡(2014,36頁):矢羽即箭翎。《釋名·釋兵》:「(矢)又謂之箭……其旁曰羽,如鳥羽也。」

    今按,說是。矢羽即箭上的羽毛。

〔6〕韇:馬怡(2014,36頁):「韇」,讀為「韇」。《說文·革部》釋「韇」:「弓矢韇也。」此物即盛放弓箭之囊,正可收存「矢羽」和「莳」。「在君公所韇(韇)」,大意是「在君公處的弓箭囊。」

    今按,可備一說。

功曹佐忠〔1〕再拜言驛北亭長惲〔2〕之部，再拜辤　　☒　　　　73EJT23：784

【集注】

〔1〕忠：人名，為功曹佐。

〔2〕惲：人名，為驛北亭長。

必毋忽，如律令。　　二月辛卯入　壬辰出　　　　　　　　73EJT23：785

元始五年四月己酉〔1〕，肩水守候城〔2〕、守尉臨〔3〕敢言之：始安

73EJT23：786

【集注】

〔1〕元始五年四月己酉：元始，漢平帝劉衎年號。據徐錫祺（1997，1691 頁），元
　　　始五年四月己酉即公曆公元 5 年 5 月 12 日。

〔2〕城：人名，為肩水守候。

〔3〕臨：人名，為守尉。

蔡豐〔1〕叩頭白王掾坐前：毋恙　敢陳愚，因言王☒　　73EJT23：788A

德幸許給，願今莫欲得數束茭，甚幸叩頭，謹因使再☒　　73EJT23：788B

【校釋】

「豐」原作「豐」，林獻忠（2016，133 頁）釋。

【集注】

〔1〕蔡豐：人名，為致信者。

樂護〔1〕叩頭白郝子春〔2〕：見數不一∟二，叩頭白，願借傳真案

73EJT23：789A

之已立歸行借穿耳器鐵，願以付使，幸甚幸甚，謹再拜白　　73EJT23：789B

【校釋】

B 面「器」字原未釋，秦鳳鶴（2018A，90 頁）補釋。又 B 面「耳」字圖版作
形，從字形來看，恐非「耳」字，或當存疑。

【集注】

〔1〕樂護：人名，為致信者。

〔2〕郝子春：受信者，子春或為其字。

……   73EJT23：793A

……   73EJT23：793B

……毋苟留   73EJT23：794

牒別言〔1〕，會月旦，謹以舉書過□□□如牒，敢言之   73EJT23：796

【集注】

〔1〕牒別言：中國簡牘集成編輯委員會（2001E，253 頁）：以牒書分別具列報告。
今按，說是。參簡 73EJT8：51「牒」集注。

本始元年十二月癸酉〔1〕，張掖大守守卒史薛則〔2〕督盜賊□□□⊘（觚）

73EJT23：797A

嗇夫安世〔3〕、亭長息憲〔4〕上書，安世、息言變事〔5〕告侍報，檄到⊘（觚）

73EJT23：797B

亡自賊殺傷，給法所當得，詔獄重事，為疑□□⊘（觚）   73EJT23：797C

……⊘（觚）   73EJT23：797D

【集注】

〔1〕本始元年十二月癸酉：本始，漢宣帝劉詢年號。據徐錫祺（1997，1538 頁），
本始元年十二月癸酉即公曆公元前 72 年 1 月 15 日。

〔2〕薛則：人名，為守卒史。

〔3〕安世：郭偉濤（2017A，244～245 頁）：本始元年（前 73），A32 遺址駐有金
關、辟北亭、東部候長治所，該簡涉及的嗇夫、亭長很可能為關嗇夫、騂北亭
長……關嗇夫安世，很可能即薛安世。

今按，說是，安世當為金關關嗇夫名。

〔4〕息憲：人名，為亭長。

〔5〕言變事：謝桂華（1983，155 頁）：所謂「上言變事」，或稱「上變事」「上變」
「變告」「急變」「飛變」等，是臣民向皇帝揭發檢舉和報告謀反、叛亂等非常
事件。

李均明（1986，30 頁）：「變事」為漢晉習用語。變，突發事故……變事
即亂事，故凡變事必需盡快處理。

連劭名（1988，140 頁）：「變事」，漢代法律專用語，泛指一切非常之事，
如揭發某人心懷惡逆，圖謀不軌，即稱為「言變事」。又稱「變告」，如《漢書·

韓信傳》：「有變告信欲反，書聞，上患之。」顏師古注：「凡言變告者，謂告非常之事。」

汪桂海（1999，41頁）：變事在漢代指非常之事……變事所涉之事屬於非常之事，此其一，因所涉乃非常之事，需急速上報，故而有「急變」之名，此其二。從內容上分析，上言變事大致也不出陳事與舉劾兩方面，惟所言之事更為急切緊迫而已。

中國簡牘集成編輯委員會（2001C，71頁）：或作「上言變事」「上變事」。《漢書》顏注：「凡言變告者，謂告非常之事。」泛指吏民向皇帝揭發檢舉和報告叛亂、謀反之事。各級官吏須為之提供方便。

中國簡牘集成編輯委員會（2001H，63頁）：漢時如有緊急變故大事，包括庶民百姓可直接上書朝廷，稱上書言變事。

李均明（2009，44頁）：常規文書通常必須逐級運行，而變事書可越級直送朝廷。變事書之用語與常規章奏同，如發文者卑稱「糞土臣」「昧死再拜」等。

今按，諸說是。「言變事」即向上報告叛亂、謀反等突發非常之事。《漢書·梅福傳》：「更生懼焉，乃使其外親上變事。」顏師古注：「非常之事，故謂之變也。」

願便告歸部☑　　　　　　　　　　　　　　　　73EJT23：808A
尉史孫卿弟從愚君所所☑
……☑　　　　　　　　　　　　　　　　　　　73EJT23：808B

【校釋】

A面「告」字圖版作 形，或為「去」字。

吳良〔1〕叩頭白　　□　　□　　　　　　　　73EJT23：811A
子春〔2〕坐前：　　□　　　　　　　　　　　73EJT23：811B

【集注】

〔1〕吳良：人名，為致信者。

〔2〕子春：為受信者，子春當為其字。

☑□少一通，解何？   73EJT23：812

☑與□□候長徐襃〔1〕內中臥譚   73EJT23：817

【校釋】

　　「襃」原作「衺」，該字金關漢簡中大多釋「襃」，據改。

【集注】

　〔1〕徐襃：人名，為候長。

□世敢言之：官移畢二牒，其一牒曰六□☑   73EJT23：823
☑客不審縣里姓名，胡人字君督☑   73EJT23：825
☑□奴婢亡人命   73EJT23：828
☑職事毋狀，罪當☑   73EJT23：831
☑從史朝☑   73EJT23：832
☑肩水北部候長□□□□□   73EJT23：834
初元□☑
名籍一□☑（削衣）   73EJT23：841
☑□不不不☑   73EJT23：843
☑表一通　候卒閒□☑   73EJT23：848A
　☑□伏地再☑
☑□長長長長長☑   73EJT23：848B
十月□□□□□
□乃遣舍署
□□□□今聞
□□□□因言
□□□錢已發
□□□都尉□   73EJT23：854A
……   73EJT23：854B

元始四年五月庚午朔乙未〔1〕，東部候長放〔2〕敢言之：謹移亡人火出入界
相付日時〔3〕一編，敢言之。   73EJT23：855A
牟放印　　　　　令史發

五月乙未以來　君前　　　　　　　　　　　　　　　　73EJT23：855B

【集注】

〔1〕元始四年五月庚午朔乙未：元始，漢平帝劉衎年號。據徐錫祺（1997，1689頁），元始四年五月乙未即公曆公元 4 年 7 月 2 日。

〔2〕放：人名，據 B 面簡文可知即牟放，為東部候長。

〔3〕亡人火出入界相付日時：亡人火即有人逃亡時的烽火信號，相付日時即相互傳遞的時間點。亡人火出入界相付日時亦即有關逃亡烽火的傳遞記錄。

☑大男王☑年二十三，長柒尺五寸，☐☐☑
☑居延庫丞威〔1〕移過所河津：遣官佐一人☑　　　73EJT23：857A
☑☐隆俱之酒泉郡中，年長如牒，毋☐☑　　　　　73EJT23：857B

【集注】

〔1〕威：人名，為居延庫丞。

☑☐☐☐☐☐☐☐☐☐☐☐☐☑
☑☐☐欲還家室北之居延☐☐☐　　　　　　　　　73EJT23：861A
☑且自愛而已而已，叩頭叩頭幸甚，夫古傳
☑☐☐☐☐毋處☐☐☐　　　　　　　　　　　　　73EJT23：861B

四年三月甲辰朔，北部守候長　　　　　　　　　　73EJT23：865A
年七月關陣人人人人人時人使奴到　　　　　　　　73EJT23：865B

【校釋】

　　B 面「關」字原未釋，何茂活（2018A，120 頁）認為是「關」。今按，該字作 形，可為「關」字，此從。

　　又該簡年屬羅見今、關守義（2014），黃艷萍（2014B，196 頁），胡永鵬（2016A，350 頁）均認為是漢成帝永始四年（前 13）。今按，說當是。

……韓君孫足下：見數不一└二，因言前韓君公☐☑　73EJT23：866A
☐☐汙射☐從今未還，君公又之觻得第四候史曹卿來書☑　73EJT23：866B

【校釋】

　　A 面「見」字原未釋，該字圖版作 ，當為見字。又 B 面「來」字原作

「求」，何茂活（2018A，120 頁）認為是「來」。今按，該字作 ![來] 形，可為「來」字，此從其釋。

☑□死罪死罪　☑　　　　　　　　　　　　　　　　73EJT23：868

長卿尊君足下　　☑　　　　　　　　　　　　　　　73EJT23：869A

長卿足下　☑　　　　　　　　　　　　　　　　　　73EJT23：869B

☑佐勤〔1〕敢言之　　　　　　　　　　　　　　　　73EJT23：871

【集注】

〔1〕勤：人名，為佐。

齋〔1〕叩頭白記大公〔2〕　　　　　　　　　　　　　73EJT23：874

【集注】

〔1〕齋：人名，為致信者。

〔2〕大公：人名，為受信者。

解□問□□各推□□中□付□□□□告言史主當坐者名，謹與□☑

73EJT23：875

【校釋】

　　A 面「解」下一字作 ![隨] 形，據字形及文義來看，或為「隨」字。「解隨」即破裂毀壞。又「□付□」據文義或為「相付受」。

居聑二年八月，關嗇夫常〔1〕叩頭叩頭、死罪死罪，敢言之：樂昌〔2〕隧長就〔3〕所捕橐他卒郭朝〔4〕、

廣地卒李襃〔5〕，驗問辤服□功以十月七日莫到臨利〔6〕隧，下□中見朝 ╚襃

問動　　　　　　　　　　　　　　　　　　　　　　73EJT23：877A

……

……夫嗇夫　夫夫夫嗇嗇

夫夫夫常常常　嗇夫　　　　　　　　　　　　　　　73EJT23：877B

【校釋】

　　A 面「常」字原作未釋兩字，馬智全（2017B，261 頁）、郭偉濤（2017A，253

頁）釋。B 面「嗇夫」數字原未釋，胡永鵬（2013）、（2014A，240 頁），周艷濤、李黎（2014）釋。B 面「常常常」原未釋，胡永鵬（2013）、（2014A，240 頁）釋，周艷濤、李黎（2014）釋作「當當當」。今按，釋「當」非，當從胡永鵬釋。又 A 面第二行兩「褒」字原均作「襃」，該字金關漢簡中大多釋「褒」，據改。

【集注】

〔1〕常：人名，為關嗇夫。

〔2〕樂昌：隧名。

〔3〕就：人名，為樂昌隧長。

〔4〕郭朝：人名，為橐他候官戍卒。

〔5〕李褒：人名，為廣地候官戍卒。

〔6〕臨利：隧名。

居耶三年十月甲戌朔壬午〔1〕，大司空假屬〔2〕建〔3〕、大司徒屬錯〔4〕逐捕反虜陳伯陽〔5〕、王孫慶〔6〕及新屬〔7〕當坐者，移
監御史〔8〕、州牧、京兆尹、四輔〔9〕、郡大守、諸侯相：伯陽、慶所犯悖天逆理，天地所不覆載，臣子所當誅滅。　　　　　　　　　　　73EJT23：878

【集注】

〔1〕居耶三年十月甲戌朔壬午：居耶即居攝，漢孺子嬰年號。據徐錫祺（1997，1698頁），居攝三年十月壬午即公曆公元 8 年 11 月 25 日。

〔2〕大司空假屬：饒宗頤、李均明（1995B，123 頁）：大司空，新莽三公之一……《通典》卷一九敘丞相云：「漢置丞相，嘗置相國，或左右丞相，尋復舊。成帝改御史大夫為大司空，與大司馬、丞相是為三公，皆宰相也。」

伊強（2015C）：簡文「大司空假屬」「大司徒屬」的說法不見於《漢書》及《後漢書》。但在文獻裏常見「屬」這一職官，一般是「職位名＋屬」，如「丞相屬」「御史屬」「太保屬」等……「屬」當是一種比較籠統的講法，如「御史屬」即指御史的下屬……簡文中的「大司空屬」「大司徒屬」大概相當於上舉《漢書》中的「御史屬」和「丞相屬」。

今按，諸說是。假屬即臨時代理之屬。

〔3〕建：人名，為大司空假屬。

〔4〕錯：人名，為大司徒屬。

〔5〕陳伯陽：劉樂賢（2014A，200～201 頁）：據金關漢簡 73EJT23：878 的記載推

測，名列「王孫慶」之前的翟義同黨「陳伯陽」應當與王孫慶一樣，在翟義造反事件中起過重要作用。可是，《漢書》等傳世文獻述及翟義造反事件時，卻沒有提到過「陳伯陽」其人。如果簡文的「陳伯陽」是姓陳名伯陽，則可能是由於《漢書》等傳世文獻的疏忽，遺漏了「陳伯陽」這位參與過翟義造反的重要人物。如果簡文的「陳伯陽」是姓陳字伯陽，則此人很可能就是上引《漢書》提到過的翟義外甥陳豐。

伊強（2015C）：簡文中的「陳伯陽」則不見於《漢書》。據《漢書》中的相關記載，參與翟義反莽之事，陳姓者唯「陳豐」……因此簡文中的「陳伯陽」會不會是《漢書》中的陳豐呢，由於證據不足，很難做出判斷。

今按，諸說是。陳伯陽或即《漢書》所見陳豐。

〔6〕王孫慶：劉樂賢（2014A，200～201頁）：「王孫慶」已見於上引《漢書》，是參與翟義造反的重要人物之一。根據《漢書・王莽傳》，翟義起事於居攝二年九月，到該年十二月就被王邑擊破。金關漢簡中的這件追捕文書，稱陳伯陽和王孫慶「所犯悖天逆理，天地所不覆載，臣子所當誅滅」，明顯與居攝二年的翟義造反事件有關。簡文直接針對的，顯然是翟義造反事件中的漏網者。從《漢書・王莽傳》看，王孫慶並沒有與翟義一同在居攝二年被殺，而是在逃脫九年之後的始建國天鳳三年（11）才被抓獲。

伊強（2015C）：結合《漢書》中的相關記載來看，簡文中的「王孫慶」可能即居攝二年（公元6年）參與翟義反莽行動的「王孫慶」……王孫慶的被捕，雖沒有記載具體月份，但從《王莽傳》的記載看，捕得「王孫慶」當在十月之後。簡文沒有提到為首的翟義，大概是居攝二年十二月已被擊破。

今按，諸說是。

〔7〕新屬：伊強（2015C）：簡文中的「新屬」當讀為「親屬」。

今按，說可從。造反為重罪，親屬要受到牽連。

〔8〕監御史：劉樂賢（2014A，203頁）：很可能是王莽當政時期鑒於州牧已經無暇顧及監察事務，遂參照秦制而設置的專門監察職位。從目前能夠見到的材料看，以「監御史」監察地方，似乎只是王莽在漢末當政時期的制度。

今按，說是。《漢書・百官公卿表上》：「監御史，秦官，掌監郡。漢省，丞相遣史分刺州，不常置。武帝元封五年初置部刺史，掌奉詔條察州，秩六百石，員十三人。成帝綏和元年更名牧，秩二千石。哀帝建平二年復為刺史，元壽二年復為牧。」

〔9〕四輔：劉樂賢（2014A，203 頁）：據古書記載，王莽執政時期是以太傅、太師、太保、少傅為「四輔」，王莽建立新朝以後，是以太師、太傅、國師、國將為「四輔」。金關漢簡排列在「京兆尹」和「郡大守」之間的「四輔」，與上述地位崇高的「四輔」頗不相稱。從文例看，該簡的「四輔」似乎與「三輔」相類，可能是指京畿地區的主管官員。簡文在「四輔」的前面已經有「京兆尹」，則「四輔」必定不包括京兆尹。

冨谷至（2018，72 頁）：四輔為與監御史、州牧、京兆尹、郡太守等地方官員和地方監察官員混雜出現，所以很難認為其為上公。而且，這裏的四輔位於京兆尹和郡太守之間，可以認為是三輔中除去京兆尹後的二輔，即右扶風與左馮翊，並將其各自一分為二。

今按，說是。從簡文來看，「四輔」當為和京兆尹、郡太守等同一級的官員。

兩關之外迫給趍走之……

……息……　　　　　　　　　　　　　　　　　　　　　73EJT23：880A

□遠居□□叩頭願為春氣不和〔1〕，近衣強飯……吏卒□前使出□

　　　　　　　　　　　　　　　　　　　　　　　　　　73EJT23：880B

【校釋】

B 面「春氣不和」原作「春□不利」，何茂活（2016F，24 頁）釋。又何茂活（2016F，24 頁）認為 B 面「吏」前有「愚」字，「使」為「快」。今按，釋或可從，但文字磨滅不能確知，當從整理者釋。

【集注】

〔1〕不和：中國簡牘集成編輯委員會（2001E，266 頁）：指季節交替之時，時氣多變。

今按，說是。不和或是說氣候不暖和。如王逸《九思·傷時》：「風習習兮和暖，百草萌兮華榮。」

……器□皆在亭□新吏范政視□以常相　　　　　　　　73EJT23：881

【校釋】

「器□」原未釋，其中「器」圖版作 形，為漢簡「器」字通常寫法，如其金關漢簡中常作 （73EJT23：807）、 （73EJF3：163）等形，可以參看。該字何

茂活（2018A，120頁）亦釋「器」。又「亭」「視」之後未釋字何茂活（2018A，120頁）認為分別是「遣」和「事」。今按，其說或是，但該兩字漫漶不清，不能辨識，暫從整理者釋。

□□□報部卿衣足博□……移簿君趣□急 　　　　　　　　73EJT23：882

【校釋】

簡末「急」前一字作 形，或當為「書」字。

張憲〔1〕白郝卿君教問登山〔2〕隧長吳良〔3〕安所，願良願騂北來

73EJT23：885A

願為審問齊中誰有謹者，願良刑將□報事…… 　　　　73EJT23：885B

【集注】

〔1〕張憲：人名，為致信者。

〔2〕登山：隧名。

〔3〕吳良：人名，為登山隧長。

守令史孫黨〔1〕迎取四人，書到，願令史以施刑付黨，報 　　73EJT23：886

【集注】

〔1〕孫黨：人名，為守令史。

☑□子孝前見未久不去，中舍〔1〕取魚六十頭，子儀〔2〕取十頭，凡七□

73EJT23：888

【集注】

〔1〕中舍：肖從禮（2011，96頁）：在漢簡中「中舍」既可指「從者」，又為邊塞官吏「從者」所居之所。

今按，說或是。該簡「中舍」當指從者。

〔2〕子儀：人名。

……王孫慶〔1〕字子宣□□□□守史臨邑〔2〕宋嘉〔3〕字 　　73EJT23：889

【集注】

〔1〕王孫慶：人名。

〔2〕臨邑：漢東郡有臨邑。《漢書・地理志上》：「臨邑，有泲廟。莽曰穀成亭。」

〔3〕宋嘉：人名。

……肩水司馬□□謁移過所縣道津關：遣書佐

……　　　　　　　　　　　　　　　　　　　　73EJT23：890

書到出入，如律令　　　　　　　　　　　　　73EJT23：891A

……　　　　　　　　　　　　　　　　　　　73EJT23：891B

□掾卒史宜□□□□不可□也　　　　　　　　73EJT23：892

張憲〔1〕叩頭白劉子胥〔2〕：間子胥車北書居延。願為糴☑　73EJT23：894A

……持三□詣前，即居延粟□還足之，叩頭必令☑　73EJT23：894B

【集注】

〔1〕張憲：人名，為致信者。

〔2〕劉子胥：受信者，子胥當為其字。

□□□□胡爰卿詣前，取　粟十石，願君上必以粟付爰卿

□□叩頭叩頭幸甚幸甚，以印　為信，願君上勿逆藉車牛離得以為

□□毋令再反大不可道　遠比相見頃願且自愛自愛，單記不一└二，叩頭叩
頭　　　　　　　　　　　　　　　　　　　　73EJT23：896A

……幸為謝粱子　贛襄叩頭叩頭，　南部候長徐君公

……昨日相見　日入莫夜不及一└二，決止中甚恨之恨之，毋已毋已

……粟十石其錢　奉來欲為身復詣前，又迫職不及　　73EJT23：896B

【校釋】

　　B面首行「襄」字原均作「衰」，該字金關漢簡中大多釋「襄」，據改。又該簡
側面有刻齒。

元壽二年七月丁卯朔辛卯，廣昌〔1〕鄉嗇夫假〔2〕、佐宏〔3〕敢言之：陽里〔4〕
男子任良〔5〕自言欲取傳，為家私使之武威、
張掖郡中。謹案，良年五十八，更賦皆給〔6〕，毋官獄徵事，非亡人命者，當
得取傳。謁移過所河津關，毋苛留，如律令。
七月辛卯，雍〔7〕令　丞鳳〔8〕，移過所，如律令。

馬車一兩，用馬一匹，齒十二歲。牛車一兩，用牛二頭。　　／掾竝〔9〕，守令

史普〔10〕。　　　　　　　　　　　　　　　　　　　　73EJT23：897A

雍丞之印　　嗇夫賞〔11〕白

　　　　君門下

正月己巳以來，南　　　　　　　　　　　　　　　　73EJT23：897B

【校釋】

　　「元壽二年七月丁卯朔辛卯」胡永鵬（2014B，276 頁）、（2016A，385 頁）指出元壽二年七月壬戌朔，丁卯為六日，辛卯為卅日。原簡係書誤。黃艷萍（2014B，196 頁）認為「七月丁卯朔」有誤。黃浩波（2016B）懷疑「二年」當為「元年」，「七月」當為「十月」，即嗇夫賞的任職至遲始於元壽元年十月。郭偉濤（2017A，252 頁）、（2017C）推測原為元壽元年十月，元壽二年五月任良經過金關，關吏謄抄通行證時誤將元壽元年記作元壽二年，故兩處釋文「七月」亦當改為「十月」。

　　今按，該簡字迹清晰，作「元壽二年七月」無誤。當為原簡書誤。B 面末行「正」原作「五」，胡永鵬（2016A，385 頁）釋。

【集注】

〔1〕廣昌：鄉名。

〔2〕叚：當為鄉嗇夫人名。

〔3〕宏：人名，為鄉佐。

〔4〕陽里：里名。

〔5〕任良：人名，為申請傳者。

〔6〕更賦皆給：勞榦（1960，18 頁）：「更賦皆給」者，言不給更賦，不得行官道間。按漢代賦役可分為三種，一為田賦，一為口賦，一為繇役。田賦即三十稅一之制。口賦有三類即口賦算賦及獻賦是也。據《昭紀》元鳳四年注，民年七歲至十五歲，年出二十三錢為口賦。又據《高紀》四年注，民年十五至五十六，年出二百十錢為算賦。其王國侯國中之算賦，以其六十三錢獻於天子，謂之獻賦。此皆屬於口賦之制者。至於繇役之制，則統稱為更。《漢書・董仲舒傳》：「又如月為更卒，已復為正一歲，屯戍一歲。」「更卒」者民每年勞役一月之謂，「正卒」則平地步卒，北邊騎士，水居樓船之謂。「屯戍」之卒，戍於宮衛者謂之衛士，戍於邊防者謂之戍卒。《昭紀》元鳳四年注引如淳說，其中一月之勞謂之卒更，為正卒及戍卒一歲謂之過更，雇人為卒謂之踐更。而《吳王濞

傳》引服虔說，則為「以當為更卒（每月）出錢三百謂之過更，自行為卒謂之踐更。」如說言踐更過更之別不如服說為長，然以繇成為更，則其說一也。由此言之，則更者繇役或繇戍之稱，賦者田賦及口賦之謂，更賦皆給者即言勞役及賦稅並經完納矣。

　　　　陳直（2009，42頁）：「更賦皆給」，謂過更之費，及田租之賦，皆已繳納，適用於移家由甲地至乙地者。

　　　　今按，諸說是。更賦皆給是說勞役賦稅均已經服完交納。

〔7〕雍：漢右扶風屬縣。《漢書・地理志上》：「雍，秦惠公都之。有五畤，太昊、黃帝以下祠三百三所。」顏師古注引應劭曰：「四面積高曰雍。」

〔8〕鳳：人名，為雍縣丞。

〔9〕竝：人名，為掾。

〔10〕普：人名，為守令史。

〔11〕賞：人名，為關嗇夫。

十二月己酉，嗇夫□卿□□□□市□□絮二枚，直百卌；黑絮〔1〕一兩，直卅
五；　　　　　　　　　　　　　　　　　　　　　　　　73EJT23：898A

□三枚、□二枚，直□□；□四，直廿。并直二百廿四，入泉九十八，少百一
十六

期還取餘泉　　　　　　　　　　　　　　　　　　　　73EJT23：898B

【集注】

〔1〕絮：中國簡牘集成編輯委員會（2001G，27頁）：粗絲綿。《說文・糸部》：「絮，弊綿也。」《急就章》第二章：「緯緹絓紬絲絮綿。」顏師古注：「漬繭擘之，清者為綿，粗者為絮。今則謂新者為綿，故者為絮。」

　　　　今按，說是。絮為質地差的絲綿。《漢書・文帝紀》：「其九十已上，又賜帛人二匹，絮三斤。」

肩水官……　　　　　　　　　　　　　　　　　　　　73EJT23：899A

受　前時十五束茭幸　用此買蔥……

鱳得成□等十八□□　第……　　　　　　　　　　　　73EJT23：899B

【校釋】

　　　　B面第一行「蔥」字原未釋，該字作 形，當為「蔥」字。

程詡　廉憲　杜嘉　黃輔

所送卒名　李襃　黃欽　董□　斡尊友

孫充　張豐〔1〕　　　　　　　　　　　　　　　73EJT23：900A

□君卿白長孟當□持□□□□小

□□□為□□告□為□□　　　　　　　　　　　73EJT23：900B

【校釋】

　　　A面第三行「充」原作「克」，白軍鵬（2020，242頁）釋。又第二行「襃」字原作「襄」，該字金關漢簡中大多釋「襃」，據改。

【集注】

〔1〕程詡、廉憲、杜嘉、黃輔、李襃、黃欽、董□、斡尊友、孫充、張豐：均為戍卒名。

遣就人車兩人名如牒，書到出入，如律令　　　　　73EJT23：907A

居延城倉丞印　嗇夫常〔1〕發　　　　　　　　　73EJT23：907B

【校釋】

　　　B面「常」原作「當」，馬智全（2017B，261頁）釋。

【集注】

〔1〕常：人名，為嗇夫。

東部候長厶再拜言：

教驗問治關門餘木厶後夫子發侍坐之，謹驗問關嗇夫欽〔1〕、亭長當〔2〕、卒蠶

承〔3〕，叩頭對曰：九月中　　　　　　　　　　　73EJT23：909A

……

時願錄毋狀，當并坐，免冠叩頭死罪，再拜白　　　73EJT23：909B

【校釋】

　　　A面第二行「欽」原作「歆」，該字圖版作 ，當為「欽」。

【集注】

〔1〕欽：人名，為關嗇夫。

〔2〕當：人名，為亭長。

〔3〕蠶承：人名，為戍卒。

因毋裘衣糧食，疑客等阿為彊健，聽姦請，私以貧弱相冒代　　73EJT23：910

【校釋】

「請」字原未釋，秦鳳鶴（2018A，90 頁）補釋。

□□□元年十一月己亥朔□□，張掖□□北郚候□移過所……一寸□□

73EJT23：911

【校釋】

該簡年代羅見今、關守義（2014）認為是漢宣帝黃龍元年（前 49），胡永鵬（2014A，240 頁）、（2014B，277 頁）認為黃龍字形與圖版差異較大，暫存疑。「朔」後兩字胡永鵬（2013）、（2014A，240 頁）、（2014B，276 頁）補釋「癸丑」，姚磊（2017D6）認為當從整理者作未釋字處理。

又姚磊（2017D6）「掖」後未釋兩字補「後殄」，「所」後補「縣道」兩字，簡末一字補「張」，「郚候」後一字從張俊民補「永」，「一寸」二字存疑待釋。今按，補釋或可從，但該簡字多磨滅不能確知，暫從整理者釋。

……為俗以穀為□空野，積物毋儲久，久不能□職卒　　73EJT23：913

始建國元年二月癸卯朔丁巳〔1〕，張掖居延都尉□、丞□將過：遣居延尉史衛望〔2〕迎　　73EJT23：915

【校釋】

「迎」字原作「延」，該字圖版作▨，當為「迎」字。「迎」字在金關漢簡中常作▨（73EJT28：63B）形，可以參看。該簡為傳文書，漢簡官傳中常見派遣官吏迎接人或物的記載，如簡 73EJT11：31A+10+3 有「遣竹亭長楊渠為郡迎三年罷戍田卒」、簡 73EJF3：118A 有「遣守尉史東郭護迎船艫得」等，亦可為證。

又未釋字魏振龍（2019A，344 頁）補作「昌」「音」。今按，釋或可從，但圖版字迹模糊，不能確知，暫從整理者釋。

【集注】

〔1〕始建國元年二月癸卯朔丁巳：始建國，王莽年號。據徐錫祺（1997，1699 頁），始建國元年二月丁巳即公曆公元 9 年 2 月 28 日。

〔2〕衛望：人名，為居延尉史。

……發各十束，其三斗錢□□□

以本賈賜之，甚厚厚，受人亟自知也，良前時校斗，凡取千五十，後又取二百

……   73EJT23：916A

……子春、楊□卒不相見

恨何已恨何已，欲且留，又聞塞外有橐佗，恐其來入天田也，以□……

……北出。車甚大，願為寄□□□   73EJT23：916B

【校釋】

　　　　B面第二行「塞外」和「有」之間原釋文衍一「□」號。第二行「又」原未釋，第三行「北出」原作「大」，肖從禮（2017A，120頁）釋。

　　　　又第二行「以□……」肖從禮（2017A，120頁）補釋作「以故□□橐佗……」。今按，該幾字圖版殘損，不能確知，當從整理者釋。

子涇業君家室諱子〔1〕毋恙。間起得毋有它〔2〕。數以田宅泉累〔3〕子涇業君，毋它。叩頭。

願昆弟家室皆得毋有它。常客為吏〔4〕，道遠不數相聞，毋恙。叩頭，叩頭。常日日欲遣

素親田〔5〕，又未得奉錢，毋以自遣，因至今。願子涇為出田，使人持之〔6〕。即毋持者，

幸為耕之〔7〕。舍東麥地，盡以種禾；舍東禾地，以種糜、黍、穄〔8〕；西內中〔9〕□，皆毋

種；川舍前塊以西盡種穬；西內中小□中，有小半毋種。願子涇用收萬石種〔10〕，破用

種萬石〔11〕。以渠南種小半。詡〔12〕願子涇及時取葵藿貿，耕餘盡賣之。願子涇即   73EJT23：919A＋917A

耐自耕耕之……

□當叩頭叩頭白

□□祭酒卿內人〔13〕：□毋以□之……通牒補空乏之處〔14〕。

補亡益數皆益者，□□祭酒卿內人厚恩。毋它，使謹因使。願幸□

如會。敝〔15〕身自犇馳□，再拜迫不及，故具斗酒相見再拜，願高□   73EJT23：917B＋919B

【校釋】

　　楊小亮（2014B，114 頁）、何茂活（2016B）綴。A 面第一段「諱」原作「煒」，楊小亮（2014B，114 頁），周艷濤、李黎（2014）釋。何茂活（2016B）存疑。第二段簡首「願」原未釋，楊小亮（2014B，115 頁），何茂活（2016B）釋。第三段「出田」原作「土田」，楊小亮（2014B，116 頁），何茂活（2016B）釋；簡末「者」原未釋，何茂活（2016B）釋。第四段「禾地」「穄」「內中」原未釋，楊小亮（2014B，116 頁），何茂活（2016B）釋。第五段「西內中」之「西」原未釋，「涇」原作「徑」，何茂活（2016B）釋。第六段「南」原作「前」，兩「涇」均原作「徑」，何茂活（2016B）釋。

　　又第三段簡首「素」何茂活（2016B）釋作「書」。今按，該字作 █ ，似非「書」字，暫從整理者釋。

　　第三段簡末「者」字楊小亮（2014B，116 頁）釋「甚」，認為仍可商。今按，該字作 █ 形，似非「甚」。

　　第四段楊小亮（2014B，116 頁）補「內中」下一字為「種，釋「毌」為「迫」。」今按，補釋或可從，但該兩字圖版模糊殘缺，不能確知，暫從整理者釋。

　　第五段楊小亮（2014B，116 頁）簡首「種」從李均明說釋作「臨」，「西」字楊釋「南」，「小□中」的「□」從劉紹剛釋作「泥」。今按，「種」「西」釋讀不誤。「小□中」的「□」作 █ 形，似不為「泥」字，當從整理者釋。

　　第六段兩「涇」字，楊小亮（2014B，116 頁）認為字從「亻」，與「侄」字極像。但從文意考慮，仍釋為「徑」。與前文從「氵」之「涇」同。今按，從字形來看，確為「徑」，或當為「涇」字訛誤。

　　B 面第一行「耐」原未釋，楊小亮（2014B，116 頁）釋。第二行「叩頭叩頭」原作「叩頭」，楊小亮（2014B，116 頁）從胡平生說補一「叩頭」。第三行「酒」原未釋，楊小亮（2014B，116 頁），何茂活（2016B）釋。第四行「補亡益數皆益者」原作「餔□適數皆□者」，「幸」原作「業」，何茂活（2016B）釋。其中「益」字楊小亮（2014B，116 頁）從胡平生說亦釋；「幸」楊小亮（2014B，117 頁）從劉少剛釋「奉」。第五行兩「再拜」，原釋文分別作「敵城」「而城」，第五行「故」原作「敵」，均何茂活（2016B）釋。

　　又第一行「耐」何茂活（2016B）釋「時」。今按，該字圖版作 █ 形，似釋「耐」是。

　　第二行未釋字楊小亮（2014B，116 頁）釋「再」。今按，該字圖版磨滅不能辨識，當從整理者釋。

第三行簡首未釋二字楊小亮（2014B，116 頁）釋「所請」。今按，圖版模糊不能確知，當從整理者釋。

第三行「□毋以□之……」楊小亮（2014B，116 頁）作「素毋以田之功，幸得怨免」。「功」依李均明先生意見補。今按，字多磨滅殘斷不能確知，當從整理者釋。

第四行楊小亮（2014B，116 頁）認為「益」前所缺字或可釋「亡」或「言」，「祭酒」前一字或可釋「報」，簡末未釋字或可釋「書」，但都不能確定。今按，「益」前一字當釋「亡」，「報」及「書」的釋讀似不妥，當從整理者釋。

又 A 面第四段和第六段的「耕」以及 B 面第一行兩「耕」字原均作「耕」。相同的字又見於簡 72EJC：80，作形，整理者釋為「耕」。「耕」何茂活（2016B）指出為「耕」字異體。此統一釋「耕」。

又何茂活（2016B）認為綴合後的正面至背面的「時自耕耕之」為一封書信，以下為另一封書信。今按，其說是。從字體及墨色上看，後者當為二次書寫，且內容不和前面部分相關，因此當為另一封書信，亦可能為習字之作。

【集注】

〔1〕子涇業君家室諱子：楊小亮（2014B，115 頁）：受信人名。「子」「君」均為尊稱，習見。「涇業」為受信人之字。「諱」原釋「煒」，劉紹剛先生認為其絕非從「火」，應從「言」，故改釋為「諱」。「家室」，家屬的統稱。因此「諱子」可能表示應避諱，而非表示作書者有一個名「諱」的兒子。

今按，說多可從。但從後文常稱呼作子涇來看，受信人當名業字子涇。

〔2〕閒起得毋有它：楊小亮（2014B，115 頁）：「閒（閑）起得」，口語，至今陝西方言中仍在使用，形容百無聊賴，無所事事。此處為客套話，強調只是寫信隨便問候，並無其他重要事情。

何茂活（2016B）：閒起，或為起居之意。

鄔文玲（2012B，231 頁）：得毋有它，得毋，豈非、莫非，副詞，表示揣測或反問，相當於今言「該不會……吧」。

今按，閒起當如何茂活所說為起居之意，並非形容百無聊類，無所事事，閒起得毋有它是對日常生活的問候。

〔3〕田宅泉累：楊小亮（2014B，115 頁）：應是指像泉水連續不斷湧出那樣，不停地勞煩別人。

何茂活（2016B）：泉，通「錢」。田宅泉，即田宅租金之類。

今按，何說是。田宅泉即和田宅有關的錢，數以田宅泉累是說多次以田宅錢的事勞煩別人，並非說是像泉水湧出一樣勞煩別人。

〔4〕常客為吏：楊小亮（2014B，115頁）：常在他鄉為客。

今按，說或是。常客為吏即經常客居他鄉做官。

〔5〕遣素親田：楊小亮（2014B，115頁）：「素」，李均明先生意即「平素」，像舊日那樣。「親田」，親自從事農業勞作。

何茂活（2016B）：原釋「素」者，實為「書」的草寫。遣書親田，指發書恤問或親往力耕，為客套語。

今按，楊說可從，「素」非「書」字。遣素親田蓋是說回去像平素那樣親自耕種田地。

〔6〕出田，使人持之：楊小亮（2014B，116頁）：即出讓田地，可能是指出租田地而非出讓土地產權。

何茂活（2016B）：出田，指出租土地。原釋「土田」，不確。使人持之，指讓別人耕種。

今按，諸說是。

〔7〕即毌持者，幸為耕之：楊小亮（2014B，116頁）：「即」猶若也，假設之詞。《左傳》（僖公二十三年）：「公子若反晉國，則何以報不穀？」《史記‧晉世家》作：「子即反國，何以報寡人。」

何茂活（2016B）：即，即令，倘使。幸，意同「願」，希望。這句是說，倘使無人租種，則請您代為耕種。

今按，諸說是。

〔8〕穄：楊小亮（2014B，116～117頁）：即「粱」之異寫……「輪作復種」，是我國古代一種維持地力的科學的耕種方法。「輪作復種」，即在一定土地上，一定的年限內，按照一定的順序輪換種植糧食作物的一種合理利用土地的耕作制度。該法見記載於戰國時期，漢時在我國北方地區已相當普遍。信中「舍東麥地，盡以種禾；舍東禾地以種穈、黍、粱」等語，即是運用此法，可與傳世文獻記載相互印證。

何茂活（2016B）：「黍」後之字圖版作「穄」，當為「粱」的累增字。

今按，諸說是。「粱」即粟。《說文‧米部》：「粱，米名也。」朱駿聲《通訓定聲》：「按：即粟也。」

〔9〕西內中：何茂活（2016B）：所謂「西內中」當為對方位及田塊的指稱。

今按，說是。

〔10〕萬石種：何茂活（2016B）：萬石，疑為對某高產地塊的稱謂，有期望和誇張的成分。今甘肅河西地區有以下種量指稱地塊的習俗，如三斗地、五斗地、三石（dàn）地等，命名方式與此近似。又，漢時三公別稱「萬石」；又指一家有五人官至二千石或一家多人為大官者。如此則「萬石」或為官家田產之美稱。

今按，萬石種用以指收穫的糧食，萬石當為誇張的稱法。

〔11〕破用種萬石：楊小亮（2014B，116頁）：破用，花費；耗費……「種」有五穀、糧食之意，「萬石種」和「種萬石」同今語之「萬石糧」。祥瑞之詞，取其好兆頭。民國時期生意人有「萬金賬簿」，與此類同。

今按，說恐非。該句意不甚明，存疑。

〔12〕訒：楊小亮（2014B，116頁）：《說文·言部》：「大言也」。此處「訒願」連用，似可相當於今語「殷切地希望」之意。

何茂活（2016B）：「訒」當為致書者自稱。此句是說，我希望子淫及時收割飼草、秸稈等，在農閒時，把它們全部賣掉。

今按，何說是。此處「訒」為致信者人名。

〔13〕祭酒卿內人：楊小亮（2014B，116～117頁）：「祭酒」可指職官，亦可用作稱謂，是對位尊或年長者的尊稱……「卿」，尊稱，亦可用於夫妻互稱。「內人」，指妻妾……信末的「祭酒卿內人」，即是「子淫業君」。開始稱「子淫業君」是以字稱受信人，而末尾因有農事、家事相託，則進一步抬高受信人地位，以「祭酒」「卿」並稱。「內人」則指明受信人身份。這種解釋將「祭酒卿內人」當作一人，即是寫信人的妻子。或可將「祭酒卿內人」理解為兩個人，即「祭酒卿」及其「內人」。總之，這信牘是一個常年在外為吏員的男子寫給「子淫業君」的私信，可定名為《敵與子淫業君書》。

今按，說多可從。前面提到該簡可分為兩封書信，因此「祭酒卿內人」和前面的「子淫業君」等內容應當沒有關係。而將該簡定名為《敵與子淫業君書》亦不妥，前面一部分當為訒致子淫業君的書信。

〔14〕通牒補空乏之處：楊小亮（2014B，117頁）：B面三行後有「通牒補空乏之處」字樣，具有防止他人在信件傳遞過程中竄改信件內容的功用，說明私自竄改他人信件這種現象可能並不是偶然的。對信件內容採取此種保護方式，

可能和私信的傳遞方式有關，因為私信絕不會像公文書那樣有一套嚴格的書寫、封緘及傳遞制度。

今按，說恐非是。從簡文內容來看，其應當還是書信正文中的一部分，和防止竄改信件內容沒有關係。

〔15〕敞：楊小亮（2014B，117 頁）：本行連續出現三個「敞」，表明「敞」是人名，為作書人。從字形看，「敞」字還應以原釋為是。

今按，後兩個「敞」字如前所述為誤釋。但該「敞」字釋讀不誤，從簡文來看，其應當是後一封書信的寫信人。

……

白　·崇叩頭請

……　　　　　　　　　　　　　　　　　　　　　　　73EJT23：918A

歸誤□宗家皆毋它，叩頭所送□□相欲急□□又□官

檄捕候長丁卿、候史姚放〔1〕、隊長王隆〔2〕等，未能盡得，守府聞

　　　　　　　　　　　　　　　　　　　　　　　73EJT23：918B

【集注】

〔1〕姚放：人名，為候史。

〔2〕王隆：人名，為隧長。

武〔1〕伏地再拜　　☑　　　　　　　　　　　73EJT23：927

【集注】

〔1〕武：人名，為致信者。

☑敢言之：遣候長外人〔1〕送昭武所訟遝令史董幸復范德趙赦之刑常致昭

☑河津金關，毋苛留止，如律令，敢言之

☑如律令。／掾安世〔2〕、令史光〔3〕、佐其〔4〕　　　73EJT23：929

【集注】

〔1〕外人：人名，為候長。

〔2〕安世：人名，為掾。

〔3〕光：人名，為令史。

〔4〕其：人名，為佐。

元康二年十二月乙丑朔庚☑

年長物色如牒，謁移肩水金☑☑　　　　　　　　　　　73EJT23：930A

……☑　　　　　　　　　　　　　　　　　　　　　　73EJT23：930B

前白都吏孫　　☑　　　　　　　　　　　　　　　　　73EJT23：943

　☑　審常　　　　　　　　　　　　　　　　　　　　73EJT23：945

☑□舍勳婦聖君在□舍　　　　　　　　　　　　　　　73EJT23：948

張玄☑　　　　　　　　　　　　　　　　　　　　　　73EJT23：950

……駒來須就關須☑　　　　　　　　　　　　　　　　73EJT23：951A

□□平樂毋官獄　☑　　　　　　　　　　　　　　　　73EJT23：951B

幸甚，自謂私受昆弟□☑　　　　　　　　　　　　　　73EJT23：953

☑等二人，書到，廋索界中毋有，具移相牽任不□☑

☑□奴等廿四人，廋索部界中，相牽證任毋舍匿詔□☑　73EJT23：955

・右爰書　　　　　　　　　　　　　　　　　　　　　73EJT23：956

□□孫君……☑

奉履□……☑

細……☑　　　　　　　　　　　　　　　　　　　　　73EJT23：957

☑步安丞勝初□下　候丞〔1〕□☑　　　　　　　　　73EJT23：958

【集注】

〔1〕候丞：吳昌廉（1985A，141 頁）：丞是副職，故候丞之職責或在襄助障候，或
　　　兼署文書簿籍，有時猶可逕直移簿籍於都尉府。

　　　　李均明（1992A，27 頁）：候丞，候之副手，不常設，有時設 1 人……候
　　　官可能長期只設尉，不設丞，只是短期有過丞的編制。

　　　　今按，說是。候丞當為候官之長候的副手，但不常設。

☑留□□甚善毋可言者，懷毋重比者

☑……　　　　　　　　　　　　　　　　　　　　　　73EJT23：959

【校釋】

　　「善」字作 形，釋讀似有誤，或當存疑待釋。

☑□會月廿三日，須以成事☑　　　　　　　　　　　　73EJT23：960

陽朔三年正月丁卯朔戊寅〔1〕，肩水

士吏政〔2〕即日視事，日直赤帝三陽長日〔3〕，利以　　　　　　73EJT23：966

入官視事，視事大吉福祿日□□□□事數得

察舉陽遂〔4〕高遷□□□敢言之　　　　　　　　　　　　　　73EJT23：967

【校釋】

　　姚磊（2017I1）認為上兩簡當屬同一冊書，可復原。簡文內容是肩水士吏政視
事任職時「擇日」。今按，說可從。以上兩簡形制、字體筆迹等一致，內容相關，當
屬同一簡冊。

【集注】

〔1〕陽朔三年正月丁卯朔戊寅：陽朔，漢成帝劉驁年號。據徐錫祺（1997，1639 頁），
　　　陽朔三年正月戊寅即公曆公元前 22 年 2 月 27 日。

〔2〕政：人名，為肩水士吏。

〔3〕赤帝三陽長日：當為某一種日子，具體不明，存疑待考。

〔4〕陽遂：利用日光取火的凹面銅鏡。《論衡·率性》：「陽遂取火於天，五月丙午
　　　日中之時，消鍊五石，鑄以為器，磨礪生光，仰以嚮日，則火來至。」

幸為生請王子贛，生幸甚　　幸甚

□□□□□青毋忘　　　　　　　　　　　　　　　　　　　　73EJT23：976A

負等事　　　　　　　　　　　　　　　　　　　　　　　　　73EJT23：976B

□之弟為葆也，少須我報候及令史福具言〔1〕候福曰：得即封　73EJT23：978

【校釋】

　　「弟」黃艷萍（2016B，123 頁）、（2018，136 頁）作「第」。今按，該字作 弟
形，據字形當為「第」。但漢簡中「第」「弟」的使用常存在混同的情況，暫從整理
者釋。

【集注】

〔1〕具言：中國簡牘集成編輯委員會（2001G，27 頁）：即詳細言告。《史記·項羽
　　　本紀》高祖對項伯曰：「願伯具言臣之不敢倍德也。」另《高祖本紀》：「辟陽
　　　侯歸，具言縮反有端矣。」皆此意。

　　　　今按，說是。

☑□卿為成請肩水鍛工〔1〕卒名安樂〔2〕，在河

☑□□□□   73EJT23：980

【集注】

〔1〕鍛工：韓華（2014，379）：現代漢語對鍛工有專門解釋，就是把金屬材料加熱
    到一定溫度，鍛造工件或毛坯的工種。

        今按，漢簡所見鍛工當不同於現今所指，其具體職責不明。待考。

〔2〕安樂：當為鍛工卒名。

……叩頭幸甚，乃弟相張利子文以行事   73EJT23：983

【校釋】

    「弟」黃艷萍（2016B，123 頁）、（2018，136 頁）作「第」。今按，該字作 ![字形] 形，據字形當為「第」。但漢簡中「第」「弟」的使用常存在混同的情況，暫從整理者釋。

……尺二寸黑色   □□□□舜以發幼   廣地候官   吏吏

……   73EJT23：984A

……子文謹□為何   子賓文

……   73EJT23：984B

【校釋】

    B 面「賓」原作「實」，該字圖版作 ![字形] ，當為「賓」字。

☑□錢不縣得毋煩□□……   73EJT23：994A

☑□留之人妻婦幼弱，獨上下塞難，叩頭，謹請往   73EJT23：944B

□□叩頭叩頭幸甚，願相見致且自愛，來者數聞起居，叩頭叩頭□☑

                                    73EJT23：995A

宋德〔1〕叩頭叩頭白□□□郝有秩□☑   73EJT23：995B

【校釋】

    B 面「郝」字原未釋，何茂活（2017A）釋。又「白」後第二個未釋字何茂活（2017A）釋「奏」，且認為其前後似有「／」，也許是起間隔和強調的作用。今按，所釋「奏」字圖版模糊不清，當從整理者釋。「白」和「有秩」之間，實際僅有一

字。其餘兩個墨迹當如何說，或是起間隔等作用的「／」號。這種情況漢簡書信中常見。

【集注】

〔1〕宋德：人名，為致信者。

☑□除譚厈缺除徐徐徐	73EJT23：996A
☑聽聽免補除補除補	73EJT23：996B
☑……自言為家私使□□	73EJT23：1000
☑未已也，願君□☑	73EJT23：1001
☑吏令□□□掖□左尉□稚君□□	73EJT23：1003A
☑告令　□叩頭言丈人坐前：善毋恙□□□□過□□	73EJT23：1003B
☑□請丈人□君□小子叩頭叩頭　□☑	73EJT23：1004A
☑多少必通今為注記者，豐叩頭叩頭　☑	
☑……☑	73EJT23：1004B
☑卒不及入官求索☑	73EJT23：1006A
☑地長　☑	73EJT23：1006B
廷言北部候長隧長等，迺十二月□會水掾□□□☑	
到秩索自持詣廷，毋忽如律令☑	73EJT23：1007
☑已取□□通不肯復遣，必使有□	73EJT23：1009A
☑……	73EJT23：1009B
馬不任豐病傷寒〔1〕，積五日苦☑	73EJT23：1010A
前□□衝□作□□病苦□☑	73EJT23：1010B

【校釋】

A面「豐」原作「豐」，林獻忠（2014）、（2016，133頁）釋。

【集注】

〔1〕傷寒：薛英群（1991，507頁）：也許就是春瘟性質時令病的泛稱。

　　高大倫（1998，117頁）：有傷寒、傷汗、溫病三種。傷汗之「汗」殆為「寒」之別寫。溫病亦為傷寒之一種……所謂傷寒即傷於風寒，有別於今天所說的傷寒病。居延士卒易患此病，與他們所在地的自然環境以及他們自身的生活條件有直接關係。

中國簡牘集成編輯委員會（2001C，9頁）：病名，風寒侵入人體所致，頭痛、畏寒、高燒、四肢酸痛，脾臟腫大。

今按，諸說是。傷寒即被風寒所傷。

……☑

從吏日勒尉史齊☑　　　　　　　　　　　　　　　　73EJT23：1013

☑……

☑到官視事行道　　　　　　　　　　　　　　　　　73EJT23：1014

神爵二年五月☑

步利〔1〕里曹自為☑　　　　　　　　　　　　　　73EJT23：1018A

正月乙卯以☑　　　　　　　　　　　　　　　　　　73EJT23：1018B

【校釋】

B面「正」字圖版模糊，從A面「五月」來看，其或當為「五」字。

【集注】

〔1〕步利：里名。

☑　　候卒利　　△　　　　　　　　　　　　　　　73EJT23：1022

☑三月丙辰朔丁巳，甲渠候□☑　　　　　　　　　　73EJT23：1025

【校釋】

該簡年代羅見今、關守義（2014）認為可為元延三年或天鳳四年，由於天鳳年簡很少，因此後者可能較小。黃艷萍（2014B，197頁）、胡永鵬（2016A，358頁）則認為可定為元延三年（前10）。今按，諸說是。該簡當屬元延三年，即公曆公元前10年。

☑正月辛丑朔丁未，千人令史袁昌〔1〕敢言之：遣令史廣〔2〕與從者居延□□里記萬〔3〕、富里〔4〕公孫世〔5〕俱來☑　　　73EJT23：1026+1047

【校釋】

姚磊（2016H4）綴，「遣」字原簡73EJT23：1047作「食」，綴合後釋。又該簡年代，羅見今、關守義（2014）認為是光武帝建武六年（30），並指出這可能是肩水

金關最晚的簡。黃艷萍（2014B，197 頁）、胡永鵬（2016A，377 頁）則認為可定為元壽元年（前 2）。今按，黃說當是，元壽元年正月辛丑朔，丁未初七日。簡首所缺當為元壽元年。

【集注】

〔1〕袁昌：人名，為千人令史。

〔2〕廣：人名，為令史。

〔3〕記萬：當為人名，「記」字圖版磨滅，不能辨識。

〔4〕富里：里名，屬居延縣。

〔5〕公孫世：人名。

☑都尉府，敢言之　☑　　　　　　　　　　　　　　73EJT23：1033

☑事，敢言之　　　　　　　　　　　　　　　　　73EJT23：1039A
☑觻得常利〔1〕里，家去大守府一里　　產觻得縣
☑為吏二歲九月十日
☑……官視事□□□　　觻得縣人　　　　　　　　73EJT23：1039B

【集注】

〔1〕常利：里名，屬觻得縣。

☑驛北亭長宗□☑
☑……☑　　　　　　　　　　　　　　　　　　　73EJT23：1041

☑出入毋留，敢言之□
☑／掾充〔1〕、佐文光〔2〕　　　　　　　　　　　73EJT23：1042

【集注】

〔1〕充：人名，為掾。

〔2〕文光：人名，為佐。

☑官謂肩水候官執胡☑　　　　　　　　　　　　　73EJT23：1046A
☑……☑　　　　　　　　　　　　　　　　　　　73EJT23：1046B

☑福祿日至☑　　　　　　　　　　　　　　　　　73EJT23：1048A

☑福祿日至☑   73EJT23：1048B

【校釋】

　　　姚磊（2017H7）遙綴該簡和簡 73EJT23：1056。今按，兩簡形制、字體筆迹等
較一致，或存同屬一簡的可能，但兩簡不能直接拼合，暫不作綴合處理。

☑用者
☑吏平□□□令史□   73EJT23：1050

告臨河〔1〕隧☑
□上□☑   73EJT23：1051A
亭來☑
□□☑   73EJT23：1051B

【集注】

　　〔1〕臨河：隧名。

☑　　致   73EJT23：1054

☑官高遷☑   73EJT23：1056A
☑官高遷☑   73EJT23：1056B

【校釋】

　　　姚磊（2017H7）遙綴簡 73EJT23：1048 和該簡。今按，兩簡形制、字體筆迹等
較一致，或存同屬一簡的可能，但兩簡不能直接拼合，暫不作綴合處理。

☑尉仁之逆寇〔1〕隧☑
☑水塞尉☑   73EJT23：1060A
☑得八十三，凡齎☑   73EJT23：1060B

【集注】

　　〔1〕逆寇：隧名。

□□　　☑
孫卿　　☑   73EJT23：1061A
□□□☑

□□大夫伏☑	73EJT23：1061B
☑……	73EJT23：1066A
☑君	73EJT23：1066B
☑……	73EJT23：1067
☑□伏地再拜☑	73EJT23：1069
☑案道□水謁告□☑	73EJT23：1074

肩水金關 T24

□賞幼都〔1〕叩頭白……	73EJT24：1A
……	73EJT24：1B

【集注】

〔1〕幼都：馬怡（2010，3頁）：漢代人之字，有用單個字的，也有用兩個字的。而後者之人數眾多，遠勝於前者，至東漢尤甚。史料中字「幼某」的人頗不少見。載於《漢書》者，如杜延年、陳萬年皆字「幼公」，雲敞字幼孺；載於《後漢書》者，如尹敏字幼季；載於《三國志》者，如管寧字幼安等。載於碑刻者，如《孔宙碑》之「韋勳字幼昌」「徐璜字幼文」，《孔彪碑》之「劉麟字幼公」，《西狹頌》之「任詩字幼起」等。

今按，說是。該簡「幼都」當為致信人的字。

……	73EJT24：2
……	73EJT24：8A
兼掾陽〔1〕、守令史譚〔2〕	73EJT24：8B

【集注】

〔1〕陽：人名，為兼掾。

〔2〕譚：人名，為守令史。

元始二年四月壬午朔……移過所縣道河津關：遣都田守嗇夫〔1〕陳惲〔2〕以詔書行水〔3〕酒
……　／兼掾詡〔4〕、令史譚〔5〕、佐宏〔6〕　　　73EJT24：9A
居延丞印

四月……南入　　　　　　　　　　　　　　　　　　73EJT24：9B

【集注】

〔1〕都田守嗇夫：高恆（2001，302頁）：都田嗇夫，掌管一縣農事的官吏。

胡平生、張德芳（2001，150頁）：西北簡中時見「都田嗇夫」一職，當與田事有關，但不屬屯田系統，而為各縣屬吏。

王勇（2008，17頁）：都田之「都」當即都官之「都」，都田嗇夫是中央官署派駐在縣內的農官，主管全縣公田。

今按，諸說多是。從該簡都田守嗇夫以詔書行水酒泉等地來看，其或如王勇所說，為中央官署派駐在縣內的農田之官。

〔2〕陳惲：人名，為都田守嗇夫。

〔3〕行水：當指巡行視察水利建設等。

〔4〕詡：人名，為兼掾。

〔5〕譚：人名，為令史。

〔6〕宏：人名，為佐。

為急治之，使會月五日□□三日食時〔1〕伏地□願必不可已，叩頭叩頭□
謹再拜君游致記□
白：幸為屬叩頭，多有張□、徐卿、宋卿、許君□、韓君公、王子游
　　　　　　　　　　　　　　　　　　　　　　　　73EJT24：10A

劉屬叩頭白
韓君孫萬去府不多云云謹道屬□日去萬宛君□□□□必　　73EJT24：10B

【集注】

〔1〕食時：張德芳（2004，193頁）：「食時」的稱謂很普遍，在一日十二時稱中，食時就是一個比較通行和固定的稱謂。

冨谷至（2018，89頁）：日食時是指上午十點半左右。但是，提到「食時」時，就如下簡所示，指的是「日食時」。

今按，說是。「食時」為時制稱謂之一。《漢書·淮南王傳》：「使為《離騷傳》，旦受詔，日食時上。」

三月晦日具記〔1〕□□□□□問
子侯君壯毋恙，頃舍中兒子起居得毋有它，今府問故卒及

☐子弟欲為卒者，言半得直，欲令歆為卒，恐屬它郡，又不☐　73EJT24：11

【集注】

〔1〕具記：中國簡牘集成編輯委員會（2001G，279 頁）：猶以記具言，具，具體列述。漢人書牘或曰「書」，或曰「記」。「記」之稱，無論官事往還，或尋常書問，並得通用。

今按，說是。「具記」亦即「白記」「奏記」。

☐☐職☐正月甲寅，當井〔1〕隧☐訒代☐☐隧畢〔2〕，與循〔3〕共盜官米一斛〔4〕亡，畢未得，循為吏　73EJT24：12

【校釋】

第一行「與」姚磊（2018E，38 頁）作「成」。今按，該字作 ![字形] 形，模糊不能辨識，暫從整理者釋。

【集注】

〔1〕當井：隧名。

〔2〕畢：人名。

〔3〕循：人名。

〔4〕斛：森鹿三（1983A，12 頁）：十斗這個容量單位一般都是以一石來表示的，極少用「斛」來表示。根據這一點，反而能使人想到使用「斛」字，大概就是王莽時期的一個特點。

楊哲峰（2001，79 頁）：兩漢之際容量「十斗」的概念經歷了從「石」到「斛」的轉變，「十斗為斛」的出現應是王莽改變量制的結果，而劉歆就是始作俑者。兩漢實物及史籍所見「石」和「斛」的區別，乃是時代早晚不同所致。

中國簡牘集成編輯委員會（2001F，70 頁）：容積單位，一斛十斗。西漢稱「石」，王莽更名為「斛」，東漢初仍沿用。

馬彪、林力娜（2018，52 頁）：學界以往認為西漢時期的容量單位只有「石」，沒有「斛」觀點是正確的。亦即，「斛」作為最高容量單位和量器的出現始自王莽對量制的改革與完善。

今按，諸說是。「斛」為容量單位，十斗一斛，《說文・斗部》：「斛，十斗也。」但漢簡中一般都是作十斗一石，唯王莽時作「斛」。因此該簡或當屬王莽時簡。

☑□居延守令、城騎千人　守丞、城倉丞義〔1〕移過，如律令。

　　　　　　　　　　　　　　　　　　　　　　　　73EJT24：14

【集注】

〔1〕義：人名，為居延守丞、城倉丞。

少吏〔1〕趙憲〔2〕叩頭言

掾坐前、夫人御者足下〔3〕：善毋恙。苦寒〔4〕，起居得毋它〔5〕？因言：憲會今日　　　　　　　　　　　　　　　　　　　　　　　　73EJT24：15A

解湲襦〔6〕，願且借故襦一∟二日所〔7〕，不敢久。叩頭叩頭。

　　　　　　　　　　　　　　　　　　　　　　　　73EJT24：15B

【集注】

〔1〕少吏：馬怡（2014，30 頁）：漢時，縣廷（或相當於該級別的機構）長官是令（千石至六百石），長（五百石至三百石），佐官是丞、尉（四百石至二百石），以下為屬吏。屬吏包括百石（掾、史等）和斗食、佐史（令史、書佐、小史等）。後者即為少吏。

　　　今按，說是。少吏為百石以下之小吏，為長吏之屬吏。

〔2〕趙憲：人名，為致信者。

〔3〕掾坐前、夫人御者足下：馬怡（2014，30 頁）：此書的受書人是掾及其夫人。該掾應是一位百石吏……他可能與趙憲在同一衙署，為後者的上級……「坐前」「御者足下」，皆提稱語。以提稱語來抬高對方，這是表示自謙自卑。上述兩個提稱語都可用於尊貴的對象或長輩，而前者略顯親近，後者則更顯恭敬。或可一提的是，趙憲對掾和他的夫人所用的提稱語不同。

　　　今按，說是。參簡 73EJT3：33「坐前」、簡 73EJT1：48「足下」集注。

〔4〕苦寒：馬怡（2014，31 頁）：苦於寒冷。鮑照《東門行》詩：「衣葛常苦寒。」

　　　今按，說是。「苦寒」漢簡書信常見，是說為嚴寒所苦。

〔5〕起居得毋它：馬怡（2014，31 頁）：當同「起居得毋有它」，意為「起居該不會有異常」，後者常見於漢代書信。

　　　今按，說是。

〔6〕解湲襦：王震亞、張小鋒（1998，131 頁）：所謂襦，《說文》曰：「短衣也。」《急就篇》顏師古注曰：「襦自膝以上。」「襦衣外曰表，內曰里，著。」可見，襦是一種及於膝上的棉夾衣。有單複之分。

　　　　馬怡（2014，31頁）：「澣」「瀚」「浣」與「緩」音近，可通。則知上述「緩」「湲」應讀為「澣（瀚、浣），而趙憲書中的「解湲襦」應即「解澣襦」，意為拆洗襦。「襦」，上衣，通常較短……襦溫暖，其樣式當較為適體，且往往絮綿。絮綿的襦又稱作複襦。

　　　　今按，諸說是。「襦」為短衣，短襖。故其需要拆解浣洗。

〔7〕願且借故襦一⌐二日所：馬怡（2014，32頁）：「願」，希望，願望。「故襦」，舊襦。「⌐」為勾識符，表示其前後的「一」和「二」分開，以免在豎行中將這兩個字合在一起而誤為「三」字。「所」，大約。

　　　　今按，說是。

謹移卒自言一事，唯治所移官，敢言之　　　　　　　　73EJT24：18

徐岑〔1〕叩頭言

……　　　　　　　　　　　　　　　　　　　　　　　73EJT24：20A

為今見不一⌐二，謹因往人奉書，叩頭再拜白　　　　73EJT24：20B

【校釋】

　　　「見」字原作「元」，該字圖版作形，當為「見」字。

【集注】

　　〔1〕徐岑：人名，為致信者。

始建國元年八月庚子朔已　　☒

耐罪囚華長六月八日與𥷷得□　☒　　　　　　　　　73EJT24：22

永始二年九月壬子朔辛酉〔1〕，東鄉有秩相〔2〕敢言之：廣世〔3〕里☒

案，毋官獄徵事，謁移過所，勿苛留，敢言之☒

九月辛酉，滎陽守丞承〔4〕移過所，如律令　　☒　　73EJT24：23A

滎陽丞印　　☒　　　　　　　　　　　　　　　　　73EJT24：23B

【集注】

　　〔1〕永始二年九月壬子朔辛酉：永始，漢成帝劉驁年號。據徐錫祺（1997，1654頁），永始二年九月辛酉即公曆公元前15年10月31日。

　　〔2〕相：人名，為東鄉有秩嗇夫。

〔3〕廣世：里名。

〔4〕承：人名，為滎陽守丞。

☑……直隧長護〔1〕行候長文書事，敢言之：廷書曰：當井〔2〕隧卒彭晏〔3〕
四月
☑盡廿三日食，書到，收晏食，遣吏持詣廷，會月廿八日。謹案，時稟吏壙
野〔4〕隧長豐〔5〕 73EJT24：24A
☑居耶二年正月□□□□□（習字） 73EJT24：24B

【校釋】

A 面第一行「直」字原未釋，何茂活（2018A，120 頁）補釋。第二行「稟」原
作「廩」，黃艷萍（2016B，123 頁）、（2018，136 頁）釋。

【集注】

〔1〕護：人名，為隧長。

〔2〕當井：隧名。

〔3〕彭晏：人名，為當井隧卒。

〔4〕壙野：隧名。

〔5〕豐：人名，為壙野隧長。

五月癸未，橐他候賢〔1〕以私印行事，敢言☑
固釵工〔2〕昌〔3〕為橐他固今遣詣府，移關門□☑ 73EJT24：25

【集注】

〔1〕賢：人名，為橐他候。

〔2〕釵工：「釵」為頭飾，以金屬或玉製作，其形似叉。《釋名·釋首飾》：「釵，叉
也；象叉之形，因名之也。」則釵工或為製作釵之工匠，不能確知，待考。

〔3〕昌：似為釵工人名。

☑隧長孫□自言買牛一頭，黑、特〔1〕，齒四歲，病傷暑不能食飲，眾□☑
73EJT24：29

【集注】

〔1〕特：公牛。《說文·牛部》：「特，朴特，牛父也。」引申為公馬和雄性的牲畜。

元始三年四月丙午朔乙丑〔1〕，□□□□襃敢言之：謹移受奉名籍〔2〕一
編，敢言之。　　　　　　　　　　　　　　　　　　73EJT24：31A

居聑二年十月　長長長長□□外具及見（習字）　　73EJT24：31B

【校釋】

　　A 面第一行「乙」原未釋，黃艷萍（2014B，198 頁）補釋。「襃」字原作「衺」，
該字金關漢簡中大多釋「襃」，據改。

【集注】

〔1〕元始三年四月丙午朔乙丑：元始，漢平帝劉衎年號。據徐錫祺（1997，1687 頁），
　　元始三年四月乙丑即公曆公元 3 年 6 月 8 日。

〔2〕受奉名籍：永田英正（2007，118 頁）：隧長以上的吏可以領受奉錢。與奉錢有
　　關的簿籍就是「吏受奉名籍」。

　　　　今按，其說是。受奉名籍即官吏領受奉錢的登記名冊。

元始六年正月庚寅朔庚戌〔1〕，橐他候秉〔2〕移肩水候官：出粟給令史官吏
如牒，前移先校連月不為簿入，令府卻出，書到，願令史簿入。

　　　　　　　　　　　　　　　　　　　　　　　73EJT24：32

【集注】

〔1〕元始六年正月庚寅朔庚戌：元始，漢平帝劉衎年號。元始六年即居攝元年，據
　　徐錫祺（1997，1693 頁），居攝元年正月庚戌即公曆公元 6 年 3 月 9 日。

〔2〕秉：人名，為橐他候。

五鳳二年二月甲申朔戊子〔1〕，北鄉佐橫〔2〕敢告尉史：臨渠〔3〕里大夫邱國
〔4〕自言取傳，為家私市張掖郡居延□☑
當為傳，謁移過所縣邑侯國，以律令從事，敢告尉史。／佐橫／二月戊子尉
史□出☑　　　　　　　　　　　　　　　　　　73EJT24：35A

在元年□□□□☑　　　　　　　　　　　　　　73EJT24：35B

【校釋】

　　B 面「在」胡永鵬（2015，29 頁）、（2016A，218 頁）釋「初」，何茂活（2015C，
183 頁）釋「嘉」。姚磊（2017F1）认為「初元元年」「鴻嘉元年」在時間上均存在
差異，簡 A 面已記載此事發生在「五鳳二年」（漢宣帝前 56 年），「初元元年」則是

漢元帝前 48 年，鴻嘉元年則是漢成帝前 20 年，時間差都較大。關於此字釋讀，暫存疑待考。

今按，「在」字圖版作 形，釋「在」「初」「嘉」似均不妥。又從簡文內容來看，B 面文字似和 A 面文字沒有關係。

【集注】

〔1〕五鳳二年二月甲申朔戊子：五鳳，漢宣帝劉詢年號。據徐錫祺（1997，1571 頁），
　　五鳳二年二月戊子即公曆公元前 56 年 3 月 7 日。

〔2〕橫：人名，為北鄉佐。

〔3〕臨渠：里名。

〔4〕邱國：人名，為申請傳者。

始建國三年黍月己丑朔乙未〔1〕，將屯〔2〕裨將軍〔3〕張掖後大尉〔4〕元〔5〕、
丞音〔6〕遣延水守丞　　　　　　　　　　　　　　　　　73EJT24：36

【集注】

〔1〕始建國三年黍月己丑朔乙未：始建國，新莽年號。據徐錫祺（1997，1704 頁），
　　始建國三年黍月乙未即公曆公元 11 年 7 月 26 日。

〔2〕將屯：勞榦（1960，53 頁）：將屯即將屯兵。

　　陳夢家（1980，191 頁）：「將屯」一詞是「將兵屯田」的省稱，在文獻和
漢簡中所指的意義有時並不完全一樣……文獻中的將屯可以是（1）將屯將
軍、太守、中郎將的形容詞，（2）可以是故吏以下屯田的兵卒，（3）可以是
領兵屯田的動詞作用。漢簡上的「將屯」亦可分別為二類……甲類相當於上
述的（1），將屯加於太守、都尉、裨將軍之前，是形容詞。乙類相當於（3），
作為動詞。

　　徐樂堯（1984，320 頁）：所謂「將屯」即「將兵屯田」之省稱。《史記・
韓長孺傳》云：「大行王恢為將屯將軍」，《正義》引「李奇云監主諸屯」。《漢
書・趙充國傳》云：「遷中郎將，將屯上谷」，注引「師古曰領兵屯於上谷也」。

　　劉光華（1988，44 頁）：「將屯」一詞為漢代軍事術語，應如勞榦先生所
釋，「即將屯兵」。而將屯者或為將軍，或為太守，或為都尉，與屯田之田官系
統中的農都尉無關。

　　黃今言（1993，188 頁）：「將屯」之「屯」，是「駐紮」「屯駐」「屯兵」
的意思。古代注釋家對「將屯」的解釋很明確：「律，謂勒兵而守曰屯。」如

淳曰：「有警則將卒而屯守也。」師古曰：「典屯兵以備非常。」甚是。「將屯」是一種軍事術語，從其內涵來講，「將屯兵」或「屯兵」，實際上是由中央委派將軍（太守即郡將、也是將軍）率領，屯駐於邊郡「要害處」的作戰部隊。

李炳泉（2004，119 頁）：「將屯」的含義就是將兵屯守；而「將田」的含義則是將兵屯田……派往邊郡地區的將兵屯守的將軍和有些設在臨邊地區的王國守相、郡太守和部都尉及其將兵屯守的屬官的官職之前要加「將屯」二字。

今按，諸說多可從。「將屯」即率兵屯守，常加於將軍名號之前。漢簡所見，亦常加於太守之前。《漢書·文帝紀》：「令中尉亞夫為車騎將軍，屬國悍為將屯將軍。」顏師古注曰：「典屯軍以備非常。」陳夢家、徐樂堯等認為「將屯」即「將兵屯田」的省稱則不妥。

〔3〕裨將軍：大庭脩（1991，313 頁）：所謂裨將，在《項籍傳中》有：「梁為會籍守，籍為裨將」，「項它為大將，龍且為裨將」等記載，顏師古的注云：「裨，助也，相副助也。」這樣的一般名詞的裨將，在王莽時期是叫作「裨將」，是最下級的將軍稱號，與偏將軍為同一個等級。

中國簡牘集成編輯委員會（2001D，154 頁）：新莽時都尉冠以「裨將軍」銜，《漢書·王莽傳》：「屬令、屬長，職如都尉」。又地皇元年，賜「屬令、長裨將軍」。

中國簡牘集成編輯委員會（2001J，62 頁）：王莽地皇元年，號郡卒正連率、大尹為偏將軍，屬令長為裨將軍，縣宰為校尉。

今按，諸說是。《漢書·王莽傳下》：「於是置前後左右中大司馬之位，賜諸州牧號為大將軍，郡卒正、連帥、大尹為偏將軍，屬令長裨將軍，縣宰為校尉。」又《漢書·王莽傳中》：「莽以《周官》《王制》之文，置卒正、連率、大尹，職如太守；屬令、屬長，職如都尉。」可知王莽時賜都尉裨將軍稱號，「大尉」為王莽時所改都尉稱謂。

〔4〕後大尉：冨谷至（2018，81 頁）：居延都尉和肩水都尉在始建國元年九月分別被稱作左大尉、右大尉，但在始建國三年七月時名稱變為後大尉、前大尉。

今按，說當是。後大尉即居延都尉。

〔5〕元：人名，為張掖後大尉。

〔6〕音：人名，為丞。

九月庚申，肩水守候欽〔1〕下尉、候長賽〔2〕等，承書從事下當用者〔3〕，書
到……

□□□無有言，會今，如詔書律令〔4〕。　　守令史□　　　　　73EJT24：40

【集注】

〔1〕欽：人名，為肩水守候。

〔2〕賽：當為候長人名。

〔3〕承書從事下當用者：羅振玉、王國維（1993，104頁）：「承書從事下當用者」，
乃漢代公文常用語。《三王世家》《孔廟置百石卒史碑》《無極山碑》，均有此語，
猶後世所謂「主者施行」也。

　　　勞榦（1960，33頁）：詔書自丞相下，至二千石為止，其二千石以下有用
及詔書者，則由二千石下之，於是太守下都尉，都尉下候官及鄣塞尉，候官下
候長，故天子詔書自太守三轉始達於烽燧間，每轉一次皆有下屬吏之文，即
「承書從事下當用者」，亦即王氏國維所舉唐宋文書相當之用語，言「主者施
行」也。

　　　大庭脩（1987A，16頁）：我認為漢代的「承書從事下當用者」這一常用
語，是相當於後世的「符到奉行」這種執行命令的辭句。

　　　汪桂海（1999，102頁）：這句話的含義，王國維、勞榦、陳槃並認為相
當於後世所謂的「主者施行」。此比附並不合適……「承書從事」，是說接到本
文書後按文書所要求的去做。

　　　永田英正（2007，335頁）所謂「承書從事下當用者，如詔書」，意思是：
承辦詔書，下達給各相關官吏，使之切實照辦。這樣的語言表現，在以下各簡
中均可看到，這用在向下級傳達執行命令的文書之中，特別是在下詔時作為慣
用語使用。

　　　李均明（2009，141頁）：「承書從事下當用者」謂上級指令其下級執行文
件並傳達給有關人員……承，接受、承受，《說文》：「承，受也。」《禮記·禮
運》：「是謂承天之佑。」孔穎達疏：「言行上事得所，則承受天之佑福也。」
從事，辦事、治事，《詩·小雅·北山》：「偕偕士子，朝夕從事。」所以「承
書從事下當用者」句包含兩層意義：一是要求收文者按來文的指示行事。二是
要將文書再傳達給有關部門及人員。

　　　今按，諸說多是。「承書從事下當用者」意為按文書所要求的去做，並將
文書下達給應當下發的部門及人員。

〔4〕如詔書律令：羅振玉、王國維（1993，106～107 頁）：律令者，《史記・酷吏傳》云：「前主所是著為律，後主所是疏為令。」《漢書・朱博傳》云「三尺律令」，是也。漢時行下詔書，或曰如詔書，或曰如律令。苟一事為律令所未具而以詔書定之者，則曰如詔書。如《孔廟置百石卒史碑》《無極山碑》及前兩簡是也。苟為律令所已定、而但以詔書督促之者，則曰如律令。《三王世家》所載元狩六年詔書是也。如者，謂如詔令行事也。「如律令」一語，不獨詔書，凡上告下之文皆得用之。《朱博傳》傳告姑蔑令丞檄、永初討羌檄，及此簡皆是。其後民間契約、道家符呪亦習用之。唐李匡乂《資暇錄》遂以律令為雷邊捷鬼，不經甚矣。卒史、書佐，亦主文書之官，故列名於簡末。

賀昌群（2003A，104～105 頁）：如律令一語，固出於詔書，漢時上告下之文亦用之。漢晉間葬禮亦嘗取為厭勝之意，其後道家符呪，乃相襲用，唐李匡乂《資暇錄》以為雷邊捷鬼，蓋有所本，未可斥為虛構也。晚近洛陽長安出土漢晉陶甕數事（中村不折氏《禹域出土墨寶源流考》卷上），如永壽二年二月一器，其上朱墨隸書八十七字，末云：「死生異簿，千秋萬歲，不得復相求索，急急如律令。」又，建寧四年，熹平元年，光和四年，初平四年各一器，晉太康三年一器，或作「急如律令」，或作「急如地下詔書如律令」，皆可謂雷邊捷鬼也。卒史非必為主文書之官，《漢官舊儀》云：五人為伍，伍長一人，十人為什，什長一人，百人為卒，卒史一人。是卒史為主兵之官之證。然漢官中又有郡文學卒史（《史記・匡衡傳》補平原文學卒史），五經百石卒史（《儒林傳》元帝好儒，郡置五經百石卒史），廷尉文學卒史（兒寬傳）。

薛英群（1991，165 頁）：兩漢之詔令、書檄多有「如律令」一詞，直釋為按照律令辦事、執行之意。後使用甚廣，各種文書多無例外，逐漸變成一種例行公事。後為道家所襲用，在其咒符中常出現。

汪桂海（1999，102 頁）：根據我們的觀察，「如詔書」「如府書」「如莫府書」等與「如律令」連語，均出現於下級機構向下轉下詔書或太守、都尉、將軍諸府文書之時，是在行下之辭里使用的習語。因此，對王國維的話可作補充修正如次：苟一事為律令所未具而以詔書定之者，則曰「如詔書」；苟一事為律令所已定，但以詔書或府書、莫府書等督促之者，則曰「如律令」「如詔書律令」「如府書律令」「如莫府書律令」等，這些用語皆只出現於轉下詔書、府書、莫府書等上級下達的文書時的行下之辭裏，若是官府直接對上級、平級、下級行文，則言「如律令」或「如書」。

中國簡牘集成編輯委員會（2001D，229頁）：或如某某律令，均漢代公文習用語。即必須嚴格依照文書內容和有關法律辦理。

冨谷至（2013，151頁）：事實上，在這個環節，個別語句的原意早已升華，僅僅是包含了「遵照以上所執行」語義的慣用結束語句而已，筆者認為，正因為如此，具體表達上才會呈現出多樣性。

今按，諸說多可從。與「律令」連用者除「如詔書律令」外，還有「如府書律令」等，其應當如冨谷至所說僅僅是慣用結束語。

□□□□□□毋官獄徵事，當得取傳，張掖肩水金關、居延縣索關，毋苛留……
三月戊□朔庚申，觻得長守□□移過所縣道河津關，毋苛留，敢言之。　掾
□、守令史襃〔1〕　　　　　　　　　　　　　　　　　73EJT24：42A
□□□印☑　　　　　　　　　　　　　　　　　　　　　73EJT24：42B

【校釋】

A面第二行「襃」字原作「衺」，該字金關漢簡中大多釋「襃」，據改。

【集注】

〔1〕襃：人名，為守令史。

四月丙申，平樂〔1〕隧長明〔2〕敢言之：謹移□☑
書一編，敢言之　　☑　　　　　　　　　　　　　　73EJT24：45

【校釋】

第一行「謹移□」原作「……」，姚磊（2017J3）釋。

【集注】

〔1〕平樂：隧名。
〔2〕明：人名，為平樂隧長。

張掖大大守□卒□（習字）　　　　　　　　　　　　73EJT24：49A
守守守……（習字）　　　　　　　　　　　　　　　73EJT24：49B
□□□□□☑　　　　　　　　　　　　　　　　　　73EJT24：53
□□……☑
牛長……☑　　　　　　　　　　　　　　　　　　　73EJT24：54
客白張卿：今毋☑　　　　　　　　　　　　　　　　73EJT24：55

☐辨願請立上不久諸小☐☐　　　　　　　　　　73EJT24：58A

☐酒，今以五斗粟直卅☐☐　　　　　　　　　　73EJT24：58B

☐對會大守府，敢言之　　　　　　　　　　　　73EJT24：59

【校釋】

　　　姚磊（2019C7）綴合該簡和簡 73EJT24：312。今按，兩簡書寫風格上似有不同，該簡字間距基本一致而簡 73EJT24：312 字間距大小不一，或不可綴合。

肩水金關遣就人☐☐　　　　　　　　　　　　　73EJT24：60A

居延倉丞印　　☐　　　　　　　　　　　　　　73EJT24：60B

☐毌用肖☐可以……☐

☐和麲直，比相見，頊且自愛☐☐☐　　　　　　73EJT24：61A

☐頭白　　☐

☐☐坐前：毌恙……☐　　　　　　　　　　　　73EJT24：61B

　☐　　小奴滿家　　☐　　　　　　　　　　　73EJT24：62

十一月五日，具書肩水驛北亭，息譚〔1〕叩頭，賜書〔2〕

丈人萬年〔3〕坐前：善毌恙，願舍中毌它。譚叩頭，因言：丈人所寄

郝子張〔4〕書一封謹到。書上言仲〔5〕病至今未愈，極坐人可☐☐。

閒者敦迫〔6〕事急，數失往來〔7〕，叩頭，因言：候使譚補官令史，☐府☐☐☐

記府☐☐守令史未如府……☐　　　　　　　　73EJT24：65A

方議其功，未知何數。叩頭，

丈人為時不和，謹衣，彊幸酒食，數進所便。往來人，願數來書記，使

譚日夜奉聞丈人萬年毌恙。叩頭，幸甚，謹因

往人，譚叩頭再拜。　　奏

丈人☐☐。　　　　　　　　　　　　　　　　　73EJT24：65B

【校釋】

　　A 面第二行「譚叩頭」的「譚」，原作「謹」；第三行「郝」原作「郵」，「上言」原未釋；第四行「失往來」原未釋，「因言」原未釋，「譚」原作「許」；均劉樂賢（2015A）釋。

　　B 面第一行「何數」原作「□奴」；第二行「所便」原作「取便」，「使」原未釋；第三行「譚」原作「得」，「奉聞」原作「承聞」，「萬年」原作「善」，「謹因」原未釋；第四行「人」原作「入」，「譚」原作「謹」，「奏」原作「耒」；均劉樂賢（2015A）釋。其中「萬年」何茂活（2016F，25 頁）亦釋。

　　又劉樂賢（2015A）認為 A 面第一行「賜」字釋讀，尚可討論，第三行「坐」字當存疑待考，第三行未釋字補「藥愈」。今按，「賜」字 形，釋讀似不誤。「坐」作 形，或當存疑，「藥愈」補釋或可從，但不能確知，暫從整理者釋。

　　又 A 面第二行「願」原作「頃」，該字圖版作 ，為「願」字無疑。第三行「愈」字原作「愈」，該字圖版作 形，左部從「人」，當釋「愈」，此從劉艷娟說。

【集注】

〔1〕息譚：劉樂賢（2015A）：「譚」在這件木牘中多次出現，顯然就是書信的作者……這裏的「息」，還是應當解釋為稱謂。古書「息」可以指兒子……在別的書信簡牘中，兒子也可以自稱為「息子」。如《敦煌漢簡》779 號正面開頭說：「息子來卿叩頭，多問丈人毋恙。」息子，即兒子。

　　　　今按，「息譚」為寫信人無疑，但「息」或是其姓，並非是兒子稱謂。

〔2〕賜書：劉樂賢（2015A）：「賜書」一詞在簡牘和古書中，是用來表示對對方來信的敬稱。從這件書信的行文來看，「賜書」的主語應當是「譚」。而「譚」作為寫信人，如將自己給父母寫信稱為「賜書」，殊不合理。

　　　　今按，說是。或該書信的受信方非「譚」的父母，因此可以稱作「賜書」。

〔3〕丈人萬年：劉樂賢（2015A）：丈人，在古代一般是對老人的尊稱。有時候，「丈人」也可以專指親近的老人或家長……這件書信中的「丈人」，是寫信人「息譚」對其家中老人的稱呼，指的是「息譚」的父母。

　　　　今按，說或是。但該簡中的「丈人」當非「譚」對其父母的稱呼，「萬年」當為丈人名字。參簡 73EJT2：55「丈人」集注。

〔4〕郝子張：劉樂賢（2015A）：郝子張，姓郝字子張。丈人所寄郝子張書謹到，丈人託郝子張帶的書信已經收到。

　　　　今按，說是。

〔5〕仲：劉樂賢（2015A）：大概是寫信人「譚」的一位兄弟或姐妹。因其在兄弟姐妹中排行第二，故稱「仲」……也有可能，譚的一位兄弟或姐妹以「仲」為字，故書信以「仲」相稱。

　　　　今按，說是。「仲」當為人名，但其和「譚」的具體關係不能確知。

〔6〕敦迫：劉樂賢（2015A）：是逼迫、迫促的意思……敦迫，別的書信簡牘多作
　　　「迫」。閒者敦迫事急，近來迫於事情緊急。
　　　　　今按，說是。「敦」亦為促迫義，《抱朴子・外篇・安貧》：「督余以誨盜之
　　　業，敦余以召賊之策。」
〔7〕數失往來：劉樂賢（2015A）：可能是「數失往來人」或「數失往來者」的意
　　　思。還有一種可能，第三個字本是「人」，因此字正好位於木牘斷裂處，以致
　　　看起來有些走樣。別的書信簡牘作「數失往人」，可參考。書信中的「數失往
　　　人」，是說屢次錯過了帶信人，其實是說已經久未寫信問候。
　　　　　今按，說或是。「數失往來」或只是說屢次錯過往來書信。

元始六年四月己未朔己未〔1〕，張掖居延卅井守候、殄北塞尉駿〔2〕移過所河
津關：遣尉史
……　　　　　　　　　　　　　　　　　　　　　　　　　73EJT24：68

【集注】

〔1〕元始六年四月己未朔己未：元始，漢平帝劉衍年號。元始六年即居攝元年，據
　　　徐錫祺（1997，1693 頁），居攝元年四月己未即公曆公元 6 年 5 月 17 日。
〔2〕駿：人名，為卅井守候、殄北塞尉。

觻得廣□里張猛年……
橐他□□隧長□□……秦光□史　　　　　　　　　　　　73EJT24：70A
□卿言夫□□□□言再拜
□□□卿再拜卿卿再拜　　　　　　　　　　　　　　　　73EJT24：70B

【校釋】

　　　B 面第二行「□□□卿再拜卿卿再拜」原未釋，何茂活（2018A，121 頁）釋。

至于今比相見，且自愛，來者數聞，毋送，甚厚，叩頭叩頭。相去日及
致互數相聞此意何能為，今相見，且毋深尤，叩頭叩頭，謹因王君游
白記記李子光，李子光致不欲李子光□謹因王君游　　　　73EJT24：73A
欲叩頭言
李子光坐前：善毋恙　　吏吏吏吏吏吏吏
元叩頭卩　　　　　　　　　　　　　　　　　　　　　　73EJT24：73B

居耶三年六月丙子朔丙子〔1〕，張掖⋯⋯

吏妻子家屬夕客〔2〕如牒，謁移　　　　　　　　　　　　　73EJT24：75A

如律令，敢言之。　　　　　　　　　　　　　　　　　　　73EJT24：75B

【集注】

〔1〕居耶三年六月丙子朔丙子：居耶即居攝，漢孺子嬰年號。據徐錫祺（1997，
　　1697頁），居攝三年六月丙子即公曆公元8年7月22日。

〔2〕夕客：義不明，「夕」作⋯⋯形，釋讀似不誤。從文義來看，該簡「夕客」是指
　　賓客一類的意思。待考。

中公耶□者時賜記，教齊以事奉聞嚴教毋恙，伏地再拜

中公夫人足下　　　　　　　　　　　　　　　　　　　　　73EJT24：77

初元五年癸酉朔甲午，□□鄉佐□敢告尉史：龐〔1〕自言為家私使居延。謹案，
毋官獄徵事，當為傳，謁移函谷關入，來復傳

□過所津關，毋苛留，敢告尉史。　　　　　　　　　　　　73EJT24：78

【校釋】

　　「五年癸酉朔」黃艷萍（2014B，198頁）認為「五年」後原簡脫「五月」二
字。今按，說當是。初元，漢元帝劉奭年號。據徐錫祺（1997，1595頁），初元五年
五月甲午即公曆公元前44年7月8日。

【集注】

〔1〕龐：人名，為申請傳者。

出關毋傳君兄☑　　　　　　　　　　　　　　　　　　　　73EJT24：83

☑□多未　　　　　　　　　　　　　　　　　　　　　　　73EJT24：85A

☑⋯⋯　　　　　　　　　　　　　　　　　　　　　　　　73EJT24：85B

□伏地再拜☑

⋯⋯☑　　　　　　　　　　　　　　　　　　　　　　　　73EJT24：89

☑　言之：府下傳□☑　　　　　　　　　　　　　　　　　73EJT24：90A

☑　嗇夫豐〔1〕　☑　　　　　　　　　　　　　　　　　　73EJT24：90B

【集注】

〔1〕豐：人名，為嗇夫。

甘露三年三月甲申朔己酉〔1〕☐

……☐　　　　　　　　　　　　　　　　　　　73EJT24：92A

五月丙申☐☐☐　　　　　　　　　　　　　　　73EJT24：92B

【集注】

〔1〕甘露三年三月甲申朔己酉：甘露，漢宣帝劉詢年號。據徐錫祺（1997，1581
　　頁），甘露三年三月己酉即公曆公元前 51 年 5 月 1 日。

記月廿五日食時起☐　　　　　　　　　　　　　73EJT24：93A

☐☐候長☐☐　　　　　　　　　　　　　　　　73EJT24：93B

【校釋】

　　　　B 面未釋第一字作 形，當為「告」字。姚磊（2019C6）綴合該簡和簡 73EJT24：
137。今按，兩簡茬口處不是十分吻合，或不可直接拼合。

本始三年十二月丙子朔甲辰〔1〕，中鄉嗇夫湯〔2〕敢言之☐☐

取傳，田畜〔3〕張掖居延界中，與大奴便 ┕始〔4〕☐

等箄簿〔5〕臧鄉官者，皆毋官獄徵事，當得取傳，謁言廷，移過所縣邑門亭

　　　　　　　　73EJT24：97+73EJT30：64+73EJT30：11

【校釋】

　　　　姚磊（2017I3）、（2018E，36 頁）綴，綴合後補釋中間行「取」「田畜」與大
奴便 ┕始」等字。其中「田畜」從張俊民說釋。末行「箄」原作「兵」，張俊民（2015A）
釋。

　　　　又第二行末張俊民（2015A）補「乘所占畜馬二匹軺車二」等字。今按，補釋
或可從，但該文字右半缺失，不能確知，當從整理者釋。

【集注】

〔1〕本始三年十二月丙子朔甲辰：本始，漢宣帝劉詢年號。據徐錫祺（1997，1542
　　頁），本始三年十二月甲辰即公曆公元前 70 年 2 月 5 日。

〔2〕湯：人名，為中鄉嗇夫。

〔3〕田畜：姚磊（2017I3）、（2018E，37 頁）：指「耕種與畜牧」。《史記・貨殖列

傳》載：「富人爭奢侈，而任氏折節為儉，力田畜。」《漢書‧卜式傳》載：「卜式，河南人也。以田畜為事。」

　　　　今按，說是。「田畜」即種田畜牧。該簡田畜為申請傳的事由，其他簡常作「客田」。

〔4〕便┗始：便和始均為人名，為大奴。

〔5〕筭簿：或指繳納算賦的簿籍。相似辭例漢簡又作「戶籍臧鄉官」（73EJT9：35）等。

☐守令史彊☐☐　　　　　　　　　　　　　　　　　73EJT24：98

　　地節三年獄計〔3〕張掖居延農都尉〔4〕隴西郡西〔5〕始昌〔6〕☐☐

大僕〔1〕未央廄〔2〕　　癸卯☐☐☐☐☐☐☐☐☐☐☐☐論罰章☐

　　　　　　　　　　　　　　　　　　　　　　　73EJT24：101+116

【校釋】

　　首行簡末未釋字姚磊（2017J4）、彭浩（2018，224頁）補釋「里」。今按，補釋可從，但該字殘斷，不能確知，當從整理者釋。

【集注】

〔1〕大僕：即「太僕」，官名。漢九卿之一，為天子執御，掌輿馬畜牧之事。《漢書‧百官公卿表上》：「太僕，秦官，掌輿馬，有兩丞。屬官有大廄、未央、家馬三令，各五丞一尉。」

〔2〕未央廄：即太僕下屬馬廄名，有廄令。《後漢書‧范眾傳》：「子安世，亦傳家業，為長樂、未央廄令。」注引《續漢志》曰：「廄令一人，秩六百石。」

〔3〕獄計：彭浩（2018，225頁）：「獄計」之「獄」指訴訟。《左傳‧襄公十年》：「坐獄於王庭」，杜注：「獄，訟也。」「計」，統計。在此不能解釋為「上計」。

　　　　今按，其說當是。獄計即有關獄訟的統計。

〔4〕農都尉：勞榦（1949，236頁）：是農都尉蓋與屬國都尉同置者。其地當同限於北邊；其事蓋專為領導移民，屯田殖穀者。今雖史籍無徵，上河，番和以外不能詳言其處；然據此簡，則西河以西之農都尉凡十一，則其設置在北邊最為普遍；而於北邊開發之功用，自當甚偉，不待言也。

陳夢家（1980，41 頁）：簡云「□□以東至西河十一農都尉官」，所缺當為敦煌，沿邊自敦煌至西河郡恰為第十一。如此似邊郡每郡各一農都尉。據此簡，十一農都尉受制於大司農，而各郡的都尉受制於太守，不可等同。居延漢簡所見，有「居延農都尉」和「張掖農都尉」，如此則一郡可有二農都尉。

陳公柔、徐蘋芳（1963，160 頁）：邊郡管理農事的官，最高者稱為農都尉，屬於中央大司農與邊郡太守。

裘錫圭（1981B，14 頁）：《漢書‧地理志》對都尉治所大多數是註明的，但是註明是農都尉的只有張掖郡番和一處。《地理志》無疑沒把農都尉治所注全。不過，如果西漢的農都尉真像勞氏、陳氏所想像的那麼多，《地理志》斷斷不會只孤另另地注出一個。所以，西漢的農都尉本來一定是相當少的。見於《漢書》的，為《地理志》所遺漏的農都尉，只有上河農都尉一個……簡文的「農都尉二」有可能就是指張掖農都尉和北地郡的上河農都尉。

藤枝晃（1983，160 頁）：《後漢書‧百官志》載：「邊郡置農都尉，主屯田殖穀」。張掖郡的番和縣也置有農都尉（《漢書‧地理志》）。在太守府文書的收件人名中，農都尉和屬國都尉、部都尉並列。因為它掌管屯田，居延簡中經常出現的田卒，當然是在它的管轄下。

徐樂堯（1984，320 頁）：郡太守下設農都尉，專管屯田事宜。《後漢書‧百官志》云：「邊郡置農都尉，主屯田殖穀」。此農都尉除接受郡太守領導外，還受制於中央的大司農，似為雙重領導。

永田英正（1987B，359 頁）：農都尉，如《續漢書‧百官志》所載：「邊郡設農都尉屯田，主殖穀」，是率領士兵實行屯田，主管農業的都尉。根據《漢書‧地理志》，張掖郡番和縣設有農都尉。

王勇（2008，20 頁）：農都尉是武帝時開始設在邊郡全面負責屯田事務的長官……農都尉在西漢由中央的大司農直接領導，東漢以後改屬邊郡太守……農都尉的辦事機構可以稱府，故簡文中的「居延農府」即居延農都尉府。居延地區屯田規模大，在張掖郡增設居延農都尉當是出於實際需要。

裘錫圭（2012B，221～224 頁）：在居延地區只有令長一級的農官，並不存在所謂居延農都尉……似乎農都尉的主要任務是固定在一個地方屯田。他本身都需要別的都尉保護，大概不可能去保護郡境內的其他農官。

今按，諸說多是。農都尉又見於居延漢簡 65‧18：「下領武校居延、屬國、部、農都尉，縣官，承書」、214‧33A：「以東至西河郡十一、農都尉官二，調

物錢穀漕轉糧□民困乏，儲調有餘給□」。陳夢家據簡214‧33A認為邊郡有十一個農都尉官，是對簡文斷句不當所致。關於該簡的斷句，裘錫圭（1981B，13頁）指出：「正確的讀法應該是『☑以東至西河，郡十一，農都尉官二』。《漢書‧食貨志上》：『元帝即位，天下大水，關東郡十一尤甚』。『關東郡十一』的文例與簡文『☑以東至西河郡十一』全同。」紀安諾（2002，174頁）認為：「整段正確的斷句則應做『……以東至西河：郡十一，農都尉官二，調物、錢、穀，漕轉糧，為民困乏』……綜括而言之，此簡所指示的不外是：從西北某個郡或某個地方到西河郡，共十一個郡中，有兩個農都尉須調物給貧民。這很可能就表示西北十一郡總共只有那兩個農都尉。」可知居延漢簡214‧33A所顯示邊郡僅有兩個農都尉。

又陳夢家和王勇認為有「居延農都尉」存在，這是對簡65‧18斷句不當所致。關於簡65‧18的斷句，裘錫圭（1981B，14頁）指出：「上引簡文應該點為『領武校居延、屬國、部、農都尉』，指張掖郡的居延都尉、屬國都尉、部都尉和農都尉。特別提出居延都尉，當是由於其地位特別重要，『領武校』這個加銜可能是專屬於居延都尉的。」因此當如裘先生所說，並不存在所謂居延農都尉。張掖郡僅有一農都尉，據《漢書‧地理志》，其治在番和縣。

需要注意的是，如果不存在「居延農都尉」，該簡「張掖居延農都尉」似不好理解。又簡73EJH2：49可見「三封大司農章，其一封破，詣居延農都尉」的郵書傳遞記錄，如釋文不誤，則似乎當存在居延農都尉。待考。

〔5〕西：漢隴西郡屬縣。《漢書‧地理志下》：「西。《禹貢》嶓冢山，西漢所出，南入廣漢白水，東南至江州入江，過郡四，行二千七百六十里。莽曰西治。」

〔6〕始昌：里名，屬西縣。

☑……☑　　　　　　　　　　　　　　　　　　　　　　　73EJT24：106

☑　十一月辛☑　　　　　　　　　　　　　　　　　　　73EJT24：109

☑□□□毋令亡人得出☑　　　　　　　　　　　　　　73EJT24：111

二月乙巳，蒙〔1〕右尉怯〔2〕敢言☑

二月乙巳，蒙守令、嗇〔3〕右☑　　　　　　　　　　73EJT24：112A

章曰嗇右尉印☑　　　　　　　　　　　　　　　　　　73EJT24：112B

【校釋】

　　A面第二行「薔右」原作「曹子」，何茂活（2015C，184頁）釋。「令」下原釋文衍一「史」字，胡永鵬（2013）、（2014A，235頁），何茂活（2015C，184頁），高天霞、何茂活（2015，39頁）釋。

【集注】

〔1〕蒙：漢梁國屬縣。《漢書‧地理志下》：「蒙，獲水首受甾獲渠，東北至彭城入泗，過郡五，行五百五十里。莽曰蒙恩。」

〔2〕恄：人名，為蒙縣右尉。

〔3〕薔：通「甾」，漢梁國屬縣。《漢書‧地理志下》：「甾，故戴國。莽曰嘉穀。」顏師古注引應劭曰：「章帝改曰考城。」

☑□倉薔夫廣漢〔1〕行丞　　　　　　　　　　　　　73EJT24：113A

☑掾常安〔2〕、獄史殷昌〔3〕　　　　　　　　　　　73EJT24：113B

【集注】

〔1〕廣漢：人名，為倉薔夫。

〔2〕常安：人名，為掾。

〔3〕殷昌：人名，為獄史。

☑□□詔書／掾召〔1〕、屬湯〔2〕、書佐□□　☑　　73EJT24：115

【校釋】

　　「／」原作「一」，據圖版和簡文來看，其當為分隔符號。

【集注】

〔1〕召：人名，為掾。

〔2〕湯：人名，為屬。

☑候長長生〔1〕，記到，遣金關省卒持彊漢　　　　73EJT24：118

【集注】

〔1〕長生：人名，為候長。

……　☑

長卿足下　　☑　　　　　　　　　　　　　　　　　73EJT24：123

☑令城倉長譚〔1〕、丞順〔2〕移過所縣道河津關，遣☑　　　73EJT24：127

【集注】

〔1〕譚：人名，為倉長。

〔2〕順：人名，為丞。

☑朔丙辰，新安鄉有秩文〔1〕、佐義〔2〕敢言之：長安宜平〔3〕里公乘滿順〔4〕
自言☑

☑賢大奴便〔5〕、大婢利〔6〕、小婢宮乳〔7〕為家私市居延界中。謹案，順等年
爵如書，算賦☑☑　　　　　　　　　　　　　　　　　73EJT24：132

【集注】

〔1〕文：人名，為新安鄉有秩嗇夫。

〔2〕義：人名，為新安鄉佐。

〔3〕宜平：里名，屬長安縣。

〔4〕滿順：人名，為申請傳者。

〔5〕便：人名，為大奴。

〔6〕利：人名，為大婢。

〔7〕宮乳：人名，為小婢。

永始四年七月壬寅朔☑

稟城官名籍〔1〕一編，敢☑　　　　　　　　　　　　73EJT24：133

【校釋】

「稟」原作「虞」，黃艷萍（2016B，123頁）、（2018，136頁）釋。

【集注】

〔1〕稟城官名籍：當指為城官內吏卒發放糧食的登記名冊。

☑逋不算日，不給更繇□算賦〔1〕☑

☑當收直，謁移屬國、居延□☑　　　　　　　　　　73EJT24：134

【集注】

〔1〕口算賦：勞榦（1987B，40～41頁）：口賦制度應當包括三類賦役，即是，口賦，算賦，和獻賦。口賦是徵收七歲以上兒童的……成人自十五歲至五十六都要出算賦，算賦是每人一百二十錢一年。女子也要出算賦，商人和奴婢算錢加倍。又家產加一萬錢以內的人出一百二十錢。家產在一萬錢以上，每增加財產一萬錢，每年多出一百二十錢。所以算賦實包括兩種性質，一為人口稅，一為財產稅……在天子直轄的郡縣對人民所徵收的是口賦算錢。在王國侯國將口賦算賦轉獻給天子的叫做獻賦……算賦是百二十錢，獻賦是六十三錢（即是算賦的一半再加三錢）。所以王國或侯國收到人民算賦百二十錢以後，獻給天子六十三錢，還可餘五十七錢。

　　朱德貴（2019，62～63頁）：「口賦」並非是針對兒童徵收的稅目，而是指「口錢」和「賦錢（成丁稅）」之總稱。我們以為，「口賦」並非如加藤氏所言之兒童稅。所謂兒童稅，亦即文獻中所記之「口錢」，西漢貢禹在上書中提到的關鍵兩點，即「宜令兒七歲去齒乃出口錢」以及元帝詔書中「令民產子七歲乃出口錢」即可為證。同時，衛宏《漢舊儀》所載「年七歲以至十四歲出口錢」亦可證明，漢代的「口錢」就是指「年七歲以至十四歲」之兒童稅。尤其值得注意的是，江陵鳳凰山漢簡亦出現了「口錢」一詞，這也進一步證明，加藤氏的「口賦」即兒童稅之說是不能夠成立的。再次，衛宏所言之「賦錢」指的就是成丁稅，是當時的一種固定稅目。我們在理解「算賦」的準確含義時，應確切把握「算」在漢代時人語境中的意義。大略說來，文獻中的「算」，既是財產稅計徵的單位，又是計算「徭」和「賦」的單位。同時，「算」還可用於行政考核，西北漢簡中的「得算」「負算」等簡文即可為證。因此，「算」作為計徵人頭稅的一種單位，其與「賦」結合，指的就是按「算」徵收之成丁稅。

　　今按，說是。「口算賦」即人口稅。漢七歲至十四歲，每人每年出二十錢以供天子，為口賦。自十五歲至五十六歲，每人每年出百二十錢，為算賦。

八月辛丑，肩水守候、塞尉外人〔1〕以　行事，敢言之☐　　　　73EJT24：139

【集注】

〔1〕外人：人名，為肩水守候、塞尉。

皆驗證。案，譚〔1〕取牛，蘭越塞天田出丿　　遣丹〔2〕罰　　　73EJT24：140

【集注】

〔1〕譚：人名。

〔2〕丹：人名。

在界中，寫移，書到，如律令。　　掾憲〔1〕　　　　　　　73EJT24：141

【集注】

〔1〕憲：人名，為掾。

□不削增，毋物可進，幸寬取過，幸甚。少卿欲買櫝〔1〕，幸報，即不欲，幸

……　　　　　　　　　　　　　　　　　　　　　　　　　　73EJT24：142

【集注】

〔1〕櫝：此處「櫝」或指木匣，函套等收藏用具。《韓非子・外儲說左上》：「楚人

有賣其珠於鄭者，為木蘭之櫝。」

元始四年三月辛未朔丁丑〔1〕，魏郡業〔2〕守尉何〔3〕以☑　　　73EJT24：145

【集注】

〔1〕元始四年三月辛未朔丁丑：元始，漢平帝劉衎年號。據徐錫祺（1997，1689

頁），元始四年三月丁丑即公曆公元 4 年 4 月 15 日。

〔2〕業：即漢魏郡鄴縣，為郡治所在。《漢書・地理志上》：「鄴，故大河在東北入

海。」

〔3〕何：當為鄴縣守尉名。

☑□稍入菱，望城東草中，根〔1〕從河上呼萬年〔2〕，萬年之根所

　　　　　　　　　　　　　　　　　　　　　　　　　　　73EJT24：148

【集注】

〔1〕根：人名。

〔2〕萬年：人名。

☑未朔乙亥，張掖居延大尉昌〔1〕、丞音〔2〕謂過所：遣城倉守丞孫尚〔3〕行

水酒泉界中，當舍

☑……　　　　　　　　　　　　　　　　　　　　　　73EJT24：149

【集注】

〔1〕昌：人名，為居延大尉。

〔2〕音：人名，為丞。

〔3〕孫尚：人名，為城倉守丞。

……☑

卒名籍一編，敢言之　　☑　　　　　　　　　　　　73EJT24：159A

百八人丙午　甘露☑　　　　　　　　　　　　　　　73EJT24：159B

叩頭地□八月……

肩水金關金關移居延　張君業

□□隧長隧長長……　　　　　　　　　　　　　　　73EJT24：160A

周吳叩頭白

卅井縣索關　子春坐前

□治所肩水金關　居延縣索關

……起居得毋有它干治所□　　　　　　　　　　　　73EJT24：160B

【校釋】

　　　A面第一行「叩頭地□八月」、第三行「隧長隧長長」，B面第三行「治所」原未釋，均何茂活（2018A，121頁）補釋。

□宜便具☑　　　　　　　　　　　　　　　　　　　73EJT24：162

【校釋】

　　　未釋字何茂活（2018A，121頁）釋作「期」。今按，該字作 ![字形] 形，和「期」字不類，暫從整理者釋。

☑假後等☑　　　　　　　　　　　　　　　　　　　73EJT24：164

☑□□後　　　　　　　　　　　　　　　　　　　　73EJT24：166

☑唯廷省察□言誠職使☑　　　　　　　　　　　　　73EJT24：168

【校釋】

　　未釋字何茂活（2018A，121 頁）認為是「所」。今按，其說或是，但該字作 形，右下部殘損，不能確知，暫從整理者釋。

☑……☑
☑……☑　　　　　　　　　　　　　　　　　　　　73EJT24：174A
☑……☑
☑……☑　　　　　　　　　　　　　　　　　　　　73EJT24：174B
☑……☑　　　　　　　　　　　　　　　　　　　　73EJT24：175

□□□□郡中，當舍傳舍，從者如律令・葆三泉〔1〕里上造同為□☑
　　　　　　　　　　　　　　　　　　　　　　　　73EJT24：180

【集注】

〔1〕三泉：里名。

☑□吏主人□□☑（削衣）　　　　　　　　　　　　73EJT24：181
☑□勢歷□☑　　　　　　　　　　　　　　　　　　73EJT24：182
☑□□者得□☑（削衣）　　　　　　　　　　　　　73EJT24：183

其或□復□□☑（削衣）　　　　　　　　　　　　　73EJT24：185

【校釋】

　　「復」後一字何茂活（2018A，121 頁）認為是「得」字。今按，其說或是，但該字模糊不清，不能確知，暫從整理者釋。

☑□迹度河西☑　　　　　　　　　　　　　　　　　73EJT24：186
☑□□□□行丞事謂過☑　　　　　　　　　　　　　73EJT24：188

角今冊野，平角須後輪　　　　　　　　　　　　　　73EJT24：190A
宋解〔1〕再拜請　　　　　　　　　　　　　　　　　73EJT24：190B
宋解謹伏地再拜請　再拜請　再拜請　入　　　　　　73EJT24：193

【校釋】

　　以上兩簡形制，字體筆迹相同，簡文內容相關，當可綴合或編連。

【集注】

〔1〕宋解：人名，為致書者。

☑五月戊辰，騂北亭長解〔1〕敢言之　　　　　　　　73EJT24：191

☑謹再拜請，以君教望其去解養視☑　　　　　　　　73EJT24：201A

☑車其主去，今解日夜養，不敢解□☑　　　　　　　73EJT24：201B

【校釋】

　　以上兩簡形制，字體筆迹相同，簡文內容相關，或屬同一簡冊，可編連。

【集注】

〔1〕解：人名，為騂北亭長。

有石斗數　　☑　　　　　　　　　　　　　　　　　73EJT24：192

還知放〔1〕病臥隧中，武〔2〕妻子病在隧外廡內中，已□□☑　73EJT24：194

【集注】

〔1〕放：當為人名。

〔2〕武：當為人名。

……　　　　　　　　　　　　　　　　　　　　　　73EJT24：196

解不知馬所病，毋豎且言　　☑　　　　　　　　　　73EJT24：198

□多問　　☑　　　　　　　　　　　　　　　　　　73EJT24：210A

知也慎事□□□自告□也☑　　　　　　　73EJT24：210B+199

【校釋】

　　伊強（2016G）綴，綴合後釋B面簡末「也」字。

☑曰安所得從奴☑　　　　　　　　　　　　　　　　73EJT24：202

☑□畢傳榆殲渡　　　　　　　　　　　　　　　　　73EJT24：204A

☑□五里見四人□　　　　　　　　　　　　　　　　73EJT24：204B

☑奇其端，以指虜所聚匿處　　　　　　　　　　　　73EJT24：211

始建國元年八月丁□☑　　　　　　　　　　　　　　73EJT24：214

☑書☐☐如律令　　　　　　　　　　　　　　　　73EJT24：215

不和願☐☐為山奴卒☑　　　　　　　　　　　　　　73EJT24：216

【校釋】

　　簡末「卒」字原作「不」，何茂活（2018A，121頁）認為是「卒」字。今按，該字作▨▨形，釋「卒」可信，此從其釋。

☑☐　　叩頭再拜☑　　　　　　　　　　　　　　　73EJT24：219A

☑……☑　　　　　　　　　　　　　　　　　　　73EJT24：219B

☑☐中亭積☐候奉國等候望☑　　　　　　　　　　　73EJT24：221

【校釋】

　　「奉」前的「候」字原作「侯」，何茂活（2018A，122頁）釋。又「積」後的未釋字何茂活（2018A，121頁）認為是「新」。今按，其說或是，該字作▨▨形，字迹磨滅，不能確知，暫從整理者釋。

居延亭長樂誼〔1〕　　居延丞印　　☑　　　　　　73EJT24：359+222

【校釋】

　　姚磊（2016H5）綴。

【集注】

〔1〕樂誼：人名，為亭長。

始建國三年八月癸☐☑

……☑　　　　　　　　　　　　　　　　　　　　　73EJT24：228

【校釋】

　　「三」原作「三」，胡永鵬（2013）、（2014A，235頁），何茂活（2018A，122頁）釋。

　　又簡末未釋字何茂活（2018A，122頁）作「丑」。今按，說或是，但該字大多殘損，暫從整理者釋。

☑子□遣□　　☑　　　　　　　　　　　　　　　73EJT24：230

・詔書□□□穀益□☑　　　　　　　　　　　　　73EJT24：231

☑頭白都士坐前□☑　　　　　　　　　　　　　73EJT24：233

☑見虜迹及以檄言　　　　　　　　　　　　　　73EJT24：236

☑□爵公乘、居驛得富里〔1〕、姓周氏、年卅八歲，迺　　73EJT24：239

【校釋】

　　簡首未釋字何茂活（2018A，122 頁）釋「狀」。今按，其說或是，但該字模糊不清，不能確知，暫從整理者釋。

【集注】

〔1〕富里：里名，屬驛得縣。

移肩金關、居延卅井縣索關，書到，出入如律令　　　73EJT24：237A

肩倉小官印　嗇夫常〔1〕發　守嗇夫宏〔2〕　　　　73EJT24：237B

【校釋】

　　B 面「常」原作「當」，馬智全（2017B，261 頁）、袁雅潔（2018，88 頁）釋。今按，該字作▯形，據漢簡屢見名「常」的關嗇夫來看，其當釋「常」。

【集注】

〔1〕常：人名，為嗇夫。

〔2〕宏：人名，為守嗇夫。

過所縣道河津關，毋苛留止，敢言之。

五月壬戌，居延丞延年〔1〕移過所縣道河津關，毋苛留止，如律令。／掾延年〔2〕、佐長世〔3〕　　　　　　　　　　　　　　73EJT24：240A

印曰居延丞印　　　　　　　　　　　　　　　73EJT24：240B

【校釋】

　　A 面第一行「過所縣道河津關毋苛留止敢言之」原未釋，胡永鵬（2013）、（2014A，241 頁），何茂活（2015C，184 頁）補釋。

【集注】

〔1〕延年：人名，為居延丞。

〔2〕延年：人名，為掾，其和居延丞同名。

〔3〕長世：人名，為佐。

張掖肩水廣地候憲□□長昌昧死再拜□□　本始五年四月己酉，日蚤食〔1〕時，

騎置馳行上　入□□□長壽隧□□□隧長妻報報子□□□□

行在所公車司馬以聞

□□五年四月戊申，日餔時受□□□　　　　　　　　　　　73EJT24：244

【校釋】

　　第一行「憲」原作「賓」，字作 ![字形] 形，當為「憲」字。「憲」字金關漢簡中作 ![字形]（73EJT23：797B）等，可以參看。金關漢簡屢見肩水候名「憲」者，該簡「憲」似為廣地候的名字，不知二人是否為同一人。

　　第一行「五年」原作「元年」，胡永鵬（2014A，241頁）、（2014B，277頁）、（2016A，168頁）認為所謂「元」字圖版不清晰，如釋文無誤，則必為書誤。又認為「元」似應釋作「五」。黃艷萍（2014B，199頁）認為元年四月無「己酉」日，疑「己酉」為「乙酉」之誤。末行「五年」郭偉濤（2017D，211頁）作「元年」。又末行簡首胡永鵬（2014A，241頁）認為應釋「本始」。

　　今按，從簡文內容來看，第一行和最後一行的紀年應當一致，因此「元年」和「五年」必有一誤。「本始元年四月」無己酉和戊申日，而「本始五年四月」正有己酉和戊申日，因此末行「五年」不誤，且亦當為本始五年，而第一行「元年」當為「五年」。

【集注】

〔1〕蚤食：陳夢家（1980，249頁）：據居延漢簡（170·4），蚤食盡在日出五分後；又據居延漢簡（505·2），日食時二分在日蚤食時後，則蚤食時與食時應區別為二，相當於《淮南子》和《素問》第六十五的蚤食、晏食。上午之食時分別為蚤食與食，猶下午之食時分別為餔與下餔，至晚間則只有夜食或莫食、參餔食。

　　張德芳（2004，193頁）：古人白天進兩餐，上半天叫「食時」，下半天叫「餔時」，在「食時」之前叫「蚤食」。

　　冨谷至（2018，89頁）：日蚤食時為上午九點左右。亦稱「蚤食時」，且有簡稱「蚤食」。

今按，諸說是。「蚕食」為時稱之一。《漢書‧五行志下之下》：「日蚕食時，
從西南起。」

顯處，令吏民卒徒奴婢盡知之。各相牽證任，毋舍匿，出已爰書鋼臧縣廷，令
可案，毋令留居部界中☒

不得胡人亡，重事，如法律令，敢言之。／九月丙子，車騎將軍、宣曲校尉
〔1〕當〔2〕，肩丞讓〔3〕敢告典屬國卒人，寫移□☒　　　　　73EJT24：245

【校釋】

　　第一行「出已」圖版分別作 ▨、▨ 形。從字形來看，似非「出已」，當存疑
待考。

【集注】

〔1〕校尉：胡平生、張德芳（2001，2 頁）：將軍以下之中上級軍官。《續漢書‧百
　　　官志一》：「大將軍營五部，部校尉一人，比二千石。」
　　　　　今按，說是。校尉為軍官名，為將軍以下分部之長。
〔2〕當：人名，為宣曲校尉。
〔3〕讓：人名，當為肩水縣丞。

‧所寄張千人〔1〕舍器物記　　胡狗一
小米庮〔2〕一并取其蓋
大斤一　　　大庮一
……（上）
告從史〔3〕孫長卿：必之廣地〔4〕行此書，案如署凡二封。
長卿必責李長君錢，及長卿所賣澗上羊〔5〕錢。長卿
所持封五安左以候屬長卿，急責所受文君屄主
錢，長卿必得□□封書□長卿□自北之橐他〔6〕（下）　　73EJT24：247A+268B
　　　　　　　　　□二
葦延席〔7〕一　窖〔8〕二　白革騎勒〔9〕一　　　　　　　弊舍橐盛家室幣寫
六尺席一　　　　　　　　　　　　　　　　　　　　　短延席一
弓一　　　　大厺闇〔10〕八居米庮中　　　　　　　　榆莢〔11〕二斗
□一　　　　　復〔12〕參靳〔13〕宣帶〔14〕各一居米庮中　檔〔15〕一
　　　　　　　　　　　　　　　　　　　　　　　73EJT24：268A+247B

【校釋】

胡永鵬（2013）、（2014A，243 頁）綴。A 面第二行「小」原未釋，胡永鵬（2013）、（2014A，243 頁），何茂活（2014A）釋；「澗」原作「閒」，胡永鵬（2013）、（2014A，243 頁）釋；「所賣」之「所」原未釋、「澗上」之「上」原作「二」，何茂活（2014A）釋。

B 面第四行「大」「闍」原未釋，胡永鵬（2013）釋、（2014A，243 頁）；「厺」原未釋，何茂活（2014A）釋。

又 A 面第三行「左」姚磊（2017D6）指出張俊民認為當釋「在」，「候」字姚磊（2017D6）釋「誰」。今按，改釋似不妥，當從整理者釋。

又 B 面第一行「二」何茂活（2014A）釋「五」。今按，此字右部大半殘缺，不能確知，當從整理者釋。

【集注】

〔1〕張千人：何茂活（2014A，74 頁）：千人，官名，都尉屬官。《漢舊儀》云：「邊郡太守……置部都尉、千人、司馬、候、農都尉，皆不治民。」《漢書·馮奉世傳》如淳注引《漢注》曰：「邊郡置都尉及千人、司馬，皆不治民也。」

今按，說是。張千人即張姓千人官。

〔2〕庀：何茂活（2014A，74 頁）：同「笡」，今作「囤」，為儲存穀物的器具。笡，多以竹篾編成，故從竹。但甘肅河西地區多以茇茇草編製。《說文·竹部》：「笡，篅也。」今甘肅河西地區謂之「囤子」，天水張家川等地謂之「篅」，正與《說文》之說相合。

白海燕（2018，514 頁）：簡文中的「米庀、大庀」顯然是用於儲存雜物的屯聚儲藏之器。

今按，白海燕說似不妥。「庀」當通「笡」。為儲糧食的器具。

〔3〕從史：何茂活（2014A，74 頁）：即從吏。《漢書·倪寬傳》：「時張湯為廷尉，廷尉府盡用文史法律之吏，而寬以儒生在其間，見謂不習事，不署曹，除為從史，之北地視畜數年。」顏師古注：「從史者，但只隨官僚，不主文書。」本簡中之「從史孫長卿」應為肩水都尉府之從史。

今按，說是。參簡 73EJT6：91「從史」集注。

〔4〕廣地：何茂活（2014A，75 頁）：即廣地候官，屬肩水都尉。肩水都尉下轄肩水候官、廣地候官及橐他候官。

今按，說是。廣地為候官名，屬肩水都尉。

〔5〕澗上羊：何茂活（2014A，74頁）：當指澗上燧之羊。同簡所見「孫長卿必之廣地行此書」之「廣地」正是澗上燧的上級機關廣地候官。

今按，說是。澗上為隧名。

〔6〕橐他：何茂活（2014A，75頁）：肩水都尉下轄有橐他候官，橐他候官下轄有橐他候等。橐他，即駱駝。《史記・匈奴列傳》：「獻橐他一匹，騎馬二匹。」也作「橐佗」「橐駝」「橐它」。

今按，說是。橐他為候官名，屬肩水都尉。

〔7〕葦延席：何茂活（2014A，74頁）：席，指用葦篾或芨芨草編織的炕席之類。舊時車廂底部亦有鋪席者……延，通「筵」，與「席」同義。

莊小霞（2017，72頁）：筵和席都是漢人的坐、臥器具，具體區別是筵長席短，筵鋪在下面，席加在上面……「延」通「筵」……西北漢簡中比較多見的還是「葦席」，應與其材料容易就地取材有關。製作葦席的原材料葦，大都也是由戍卒自己動手取得的。

今按，諸說是。「延」通「筵」，葦筵席即用蘆葦編織的筵席。

〔8〕鞌：何茂活（2014A，72頁）：「鞍」本作「鞌」。《說文・革部》：「鞌，馬鞁具也。从革从安。」許氏不言「安聲」而謂「从安」，意在揭示此字為會意兼形聲字。

今按，說是。

〔9〕白革騎勒：何茂活（2014A，72頁）：「勒」指帶有嚼口的馬籠頭。《說文・革部》：「勒，馬頭絡銜也。」勒的作用是通過嚼口控制馬的速度與方向，因此《釋名・釋車》說：「勒，絡也，絡其頭而引之也」。騎乘者必須為馬鞴鞍、佩勒。因此鞍、勒常常並提……本簡中的「白革騎勒」，是指用未經著色的皮革編縮而成的騎馬用的馬嚼子（嚼口為金屬，其他部分為皮帶或皮繩）。

今按，說是。白革騎勒即白革製作的馬龍頭。

〔10〕厾閭：何茂活（2014A，73頁）：厾，同「去」。《正字通・厶部》：「厾，去本字。」「厾閭」即「厶盧」「筥盧」。《說文・凵部》：「厶，厶盧，飯器，以柳為之。象形。筥，凵或從竹，去聲。」

今按，說是。「厾」通「筥」，「閭」通「盧」，筥盧為盛飯的器皿。

〔11〕榆莢：何茂活（2014A，74頁）：俗稱榆錢，可食用。

今按，說是。榆莢為榆樹的果實。

〔12〕復：何茂活（2014A，72頁）：通「鞴」……字本作「轉」。《說文・韋部》：「轉，
　　　軶裏也。」段注：「軶，轅前也，以皮裏之。」車軶裏以皮革，意在保護駕車
　　　的牛馬的頸部，防止磨傷。

　　　　　今按，說是。「復」或通「轉」，指車軶上裹著的皮套。

〔13〕參靳：何茂活（2014A，72～73頁）：「參」通「驂」，「參靳」即驂馬之「靳」……
　　　「靳」應指駕車之馬（無論服馬和驂馬）的胸帶，「參（驂）靳」自然指驂馬
　　　之胸帶。但因為胸帶與套繩密不可分，所以驂馬的胸帶、套繩或胸帶加套繩皆
　　　可得稱「參（驂）靳」。

　　　　　今按，說是。

〔14〕亶帶：何茂活（2014A，73頁）：敦煌懸泉漢簡中所見之「亶輩」實即「檀輿」；
　　　金關漢簡所見之「亶帶」即檀輿之「帶」。帶，即上文所說的「當膺」，亦即馬
　　　拉車時橫在胸前的皮帶，亦稱胸帶、大帶。初時服馬負軶，驂馬佩帶；後來服
　　　馬亦改用胸帶……亶帶與靳的區別大概在於：靳可指胸帶，亦可包括與之相連
　　　的套繩，而亶帶則僅指胸帶。

　　　　　今按，說是。

〔15〕櫛：陳直（2009，401頁）：櫛為鑇字之假借，近日山西永濟漢遺址，南陽西
　　　漢鐵工場遺址，均發掘出鐵齒輪多枚。

　　　　　何茂活（2014A，74頁）：同「鑇」，而「鑇」當為「鑿」之異體。

　　　　　何茂活（2014B，234頁）：「鑇」當為「鑿」的異體，而「櫛」則是「鑇」
　　　的進一步俗寫，因為鑿為穿木之器，故可從「木」。

　　　　　邢義田（2015，191～192頁）：並推測它是漢魏晉時代河西和邊塞一種由
　　　牛牽挽、丁字形橫向列有尖鐵齒、用於碎土和整田的農具，很可能類似《齊民
　　　要術》所說的「鐵齒鎘榛」或後世常說的杷或耙。

　　　　　今按，「櫛」漢簡又作「鑇」。從其常和「鋸」「椎」「斧」「斤」「錐」等工
　　　具並列在一起來看，其非農具「耙」應當是確定的。何茂活說其是「鑿」字異
　　　體，當可信從。

地節三年二月戊子朔庚子〔1〕，東鄉有秩□王、佐赦〔2〕敢告尉史：溫城陬〔3〕
里大夫張恢〔4〕自言群父騎將為居延司馬取傳，與葆
平都〔5〕里解延壽〔6〕、郭里〔7〕葛赦〔8〕往遺衣用，乘家所占畜馬〔9〕二匹。
案，毋官獄徵事，當為傳，謁移過所縣邑

侯國，以律令從事，敢告尉史。／有秩□王　　　　　73EJT24：872A+249

章曰溫之丞印　　　　　　　　　　　　　　　　　73EJT24：872B

【校釋】

　　伊強（2016E，122 頁）綴，綴合後補釋 A 面第五行「史」字，B 面「溫」字。其中 B 面「溫」字何茂活（2016D，377 頁）、胡永鵬（2016A，173 頁）亦釋。又 A 面第一行「溫」字原作「浥」，趙海龍（2014B）、（2014C）釋。

　　又 A 面未釋字位於綴合處，綴合後作 形，伊強（2016E，122 頁）認為尚需討論。今按，其說是。「□王」為東鄉有秩嗇夫的名字，暫存疑待考。

【集注】

〔1〕地節三年二月戊子朔庚子：地節，漢宣帝劉詢年號。據徐錫祺（1997，1549頁），地節三年二月庚子即公曆公元前 67 年 3 月 17 日。

〔2〕赦：人名，為東鄉佐。

〔3〕城阪：里名，屬溫縣。

〔4〕張恢：人名，為申請傳者。

〔5〕平都：里名，屬溫縣。

〔6〕解延壽：人名。

〔7〕郭里：里名，屬溫縣。

〔8〕葛赦：人名。

〔9〕乘家所占畜馬：陳直（2009，43 頁）：「乘家所占馬畜」，謂馬口錢已經完繳，適用於騎乘行道者。

　　　　今按，說是。參簡 73EJT8：9「占用馬」集注。

☑□安樂〔1〕里白延壽〔2〕與從者長樂〔3〕里蘇奉親〔4〕俱隨，取衣用張掖

☑□毋河留止，敢言之。

☑毋河留止，如律令。／掾延年〔5〕、令史可置〔6〕　　　73EJT24：250

【集注】

〔1〕安樂：里名。

〔2〕白延壽：人名。

〔3〕長樂：里名。

〔4〕蘇奉親：人名。

〔5〕延年：人名，為掾。

〔6〕可置：人名，為令史。

地節三年三月丁巳朔壬戌〔1〕，關通〔2〕敢言之：酒辛☑

……伏地再　　☑　　　　　　　　　　　　　　　　73EJT24：251

【集注】

〔1〕地節三年三月丁巳朔壬戌：地節，漢宣帝劉詢年號。據徐錫祺（1997，1549
頁），地節三年三月壬戌即公曆公元前 67 年 4 月 8 日。

〔2〕關通：郭偉濤（2017A，256 頁）：「關通」不可解，關嗇夫、關佐皆有可能。
鑒於關嗇夫無名通者，及簡 73EJT30：41、簡 73EJT24：714、簡 73EJT37：
134 出現的關佐（趙）通，簡 73EJT24：251「關通」當為關佐通的省稱。

今按，說是。「通」當為金關關佐名。

☑節三年閏月戊午，候長充宗　　　　　　　　　　　73EJT24：253A

☑□迹遠隨見□□□　　　　　　　　　　　　　　　73EJT24：253B

【校釋】

A 面「節」原未釋，何茂活（2015C，185 頁）、許名瑲（2016P）釋。又 B 面
何茂活（2015C，185 頁）釋「□迹遠隧見卒二□」。今按，補釋或可從，但所補文
字均殘損過甚，不能確知，當從整理者釋。

本始四年九月壬戌朔丁未〔1〕，西鄉有秩賢〔2〕敢告尉史：宜歲〔3〕里上造董
賁〔4〕，年卅五歲，正占〔5〕，自言為家私市

……　　　　　　　　　　　　　　　　　　　　　　73EJT24：262

【校釋】

第二行「占」字原作「令」，劉欣寧（2016）釋。又第一行「壬戌」的「戌」胡
永鵬（2014B，277 頁）、（2016A，167 頁），黃艷萍（2014B，199 頁）均認為可能
是「寅」之訛誤。今按，「戌」字圖版作 ，釋「戌」不誤，此處當為原簡誤書。

【集注】

〔1〕本始四年九月壬戌朔丁未：本始，漢宣帝劉詢年號。據徐錫祺（1997，1544
頁），本始四年九月丁未即公曆公元前 70 年 10 月 6 日。

〔2〕賢：人名，為西鄉有秩嗇夫。

〔3〕宜歲：里名。

〔4〕董賁：人名，為申請傳者。

〔5〕正占：「正」指里正，「占」為評估、申報登記。

地節三年正月戊午朔己卯〔1〕，將兵護民〔2〕、田官〔3〕居延都尉章〔4〕、居延
右尉可置〔5〕行丞事，謂過所縣道河津關：遣從史畢〔6〕歸取衣用
隴西郡，與小婢利主〔7〕、從者刑合之、趙奇〔8〕俱，乘所占用四匹，當舍傳
舍，如律令。／掾定〔9〕、屬延壽〔10〕、給事佐〔11〕充宗〔12〕

73EJT24：269A+264A

章曰居延都尉章

五月乙亥，卒史孫畢以來　　　　　　　　　73EJT24：264B+269B

【校釋】

　　伊強（2014D）綴。A 面第三行「與」原釋作「興」，該字圖版作 ，其當為
「與」字。「與」和「興」字形相似，容易混淆。結合字形和文義來看，其當為「與」
字無疑。「與某某人俱」為傳文書慣用語，義為「和某某人一起」，金關漢簡習見，
如簡 73EJT9：104「與從者陽里鄭常富俱」、簡 73EJT37：140「與從者溫千秋里張
杜俱」等，均可為證。

【集注】

〔1〕地節三年正月戊午朔己卯：地節，漢宣帝劉詢年號。據徐錫祺（1997，1549
　　頁），地節三年正月己卯即公曆公元前 67 年 2 月 24 日。

〔2〕將兵護民：陳夢家（1980，42 頁）：「居延都尉」前冠以「將屯」或「將兵護屯
　　田官」，表示都尉兼將屯之事，猶「張掖太守」前冠以「將屯」一樣，「將屯」
　　即將兵屯田。

　　　　裘錫圭（2012B，219 頁）：「民」與「田官」是並列的，其間可加頓號。
　　「將兵護民田官」中的「民」與「田官」也應是動詞「護」的並列賓語。居延
　　地處邊防前沿，居延都尉統率屯兵，保衛邊疆，並負有保護防區內一般人民和
　　田官的職責，其地位顯然比在其南面的肩水都尉以及張掖郡都尉重要，其兵力
　　大概也比其他都尉強。

　　　　今按，諸說多是。「將兵護民」即率領軍隊保護民眾。

〔3〕田官：勞榦（1960，53 頁）：故田官者領田卒以從事屯墾之官，及屯墾成功，
　　遂募民置縣邑。

－455－

　　陳公柔、徐蘋芳（1963，159 頁）：田官並非指某一等級的官吏，而是泛指某地區內管理屯田的機構。

　　徐樂堯（1984，322 頁）：居延屯田的組織，據漢簡所記，我們推斷，在部都尉以下，自候官一級起，另立田官系統，管理屯田事宜。居延邊塞的田官，在簡文中業已見到的有「騂馬田官」……田官並非指某一等級的屯田官吏，而是管理屯田的一級機構。在居延邊塞，田官的級別與候官相當。

　　劉光華（1988，99 頁）：田官與候官同為機構，而且是屬於縣一級的組織；田官的長官稱農令，與一縣之長稱為「縣令」同例，並有屬吏「丞」。

　　薛英群（1989，22 頁）：所謂「田官」，似應有廣狹兩意，廣意即泛指屯田機構。《史記‧匈奴列傳》：「漢渡河自朔方以西至令居，往往通渠置田官。吏卒五六萬人。」《漢書‧王莽傳》「五原北假，膏壤殖穀，異時常置田官」。均是泛指。狹義即指具體屯田區，例如「騂馬田官」「日勒田官」「北假田官」以及「渠犁田官」皆是。各具體田官機構的級別，視屯田區範圍之大小與主管官吏秩級高低而定，所以，高者太守可以主田官事，低者部候亦可理田官。

　　吉村昌之（1996，200 頁）：在額濟納河流域設置的田官居延農和騂馬農，是在居延都尉府和肩水都尉府的部都尉管轄之下，其耕地不是由一般農民而是由稱為「田卒」的兵士來經營。

　　朱紹侯（2012，33 頁）：田官應屬行政系統，主管假田和民屯。田官並不是某一官職的專稱，而是指管理假田和民屯的各級官職的總稱。

　　裘錫圭（2012B，223～224 頁）：騂馬田官可能也屬於張掖農都尉。就是居延的田官，雖然為居延都尉所護，在行政系統上可能也是屬於張掖農都尉的。居延的一般人民為居延都尉所護，但居延縣在行政上仍屬張掖太守。田官的情況應有類似之處……騂馬田官顯然是接受肩水都尉保護的。騂馬田官應在大灣附近，據研究大灣就是肩水都尉府所在地……看來邊郡的每一個田官似乎都要緊密依附一個部都尉或郡都尉，而農都尉倒並不是每個邊郡所必設的。

　　今按，諸說多是。「田官」為某一屯田區域的管理機構，其負責人為農令。也用以指稱某一屯田區域。

〔4〕章：人名，為居延都尉。

〔5〕可置：人名，為居延右尉。

〔6〕畢：人名，為從史，也即 B 面卒史孫畢。

〔7〕利主：人名，為小婢。

〔8〕刑合之、趙奇：均為從者人名。

〔9〕定：人名，為掾。

〔10〕延壽：人名，為屬。

〔11〕給事佐：陳夢家（1980，115 頁）：給事佐低於書佐而非書佐，大約與府佐相
　　　　當。據漢簡名籍，居延都尉府亦有給事佐。

　　　　　　今按，說是。該簡給事佐即屬居延都尉府。

〔12〕充宗：人名，為給事佐。

二月戊詣張掖郡肩水部界萬福〔1〕隧，至地節……　　　　　　　73EJT24：265

【集注】

〔1〕萬福：隧名。

案，毋官徵事，當為傳，移過所縣邑，勿何留，敢言之。
十二月雒陽丞大〔1〕移過所縣邑，勿何留，如律令。掾禹〔2〕、令史樂〔3〕。

　　　　　　　　　　　　　　　　　　　　　73EJT24：266A

章曰雒陽丞印　　　　　　　　　　　　　　73EJT24：266B

【集注】

〔1〕大：人名，為雒陽丞。

〔2〕禹：人名，為掾。

〔3〕樂：人名，為令史。

地節三年正月戊午朔辛酉〔1〕，居延軍候世〔2〕謂過所：遣
私從者河內郡〔3〕溫犀里〔4〕左通〔5〕私市張掖郡中，謁移過

　　　　　　　　　　　　　　　　　　　　　73EJT24：267A

章曰軍候印　　　　　　　　　　　　　　　73EJT24：267B

【校釋】

　　A 面第二行「犀」原作「屖」，黃浩波（2018A，117 頁），黃艷萍、張再興（2018，
221 頁）釋。

【集注】

〔1〕地節三年正月戊午朔辛酉：地節，漢宣帝劉詢年號。據徐錫祺（1997，1549
　　頁），地節三年正月辛酉即公曆公元前 67 年 2 月 6 日。

〔2〕世：人名，為居延軍候。

〔3〕河內郡：《漢書·地理志上》：「河內郡，高帝元年為殷國，二年更名。莽曰後
　　隊，屬司隸。」

〔4〕犀里：里名，屬溫縣。

〔5〕左通：人名，為申請傳者。

☐☐☐☐　胡刑原兒疾	73EJT24：273
☑☐衣莊來歸☐☐☐	73EJT24：276
☑☐不肖去丈人，居外城沙石閒，元不知丈☑	
☑☐百☐助人☐不☐幸☐得之罪☐☐☑	73EJT24：277

初元年四月辛巳朔庚午〔1〕，肩水史譚〔2〕敢言☑　　　　73EJT24：284

【校釋】

　　「辛巳」胡永鵬（2014B，277 頁）、（2016A，259 頁）認為原簡書誤。黃艷萍
（2014B，199 頁）認為當為「丁卯」。今按，諸說是，當為原簡書誤。

【集注】

〔1〕初元年四月辛巳朔庚午：初元年即初元元年。初元，漢元帝劉奭年號。據徐錫
　　祺（1997，1587 頁），初元元年四月庚午即公曆公元前 48 年 5 月 6 日。

〔2〕譚：人名，為肩水史。

☑☑相三☐宗☐有虜☐☑	73EJT24：286
☑☐猛下肩水候，承書從事	73EJT24：289
☑☐☐☐之之事有急不與也☐等☐☐	
☑……	73EJT24：293A
☑☐☐☐☐	73EJT24：293B
☑乙酉朔甲午☑	73EJT24：301
☑☐☐關以主出入吏民禁，備盜賊	73EJT24：302
正月甲辰，廣地候千☑	

□　　□   73EJT24：303A

……□   73EJT24：303B

居延左尉印□   73EJT24：306

□□行候事……□

五月癸未，雒陽守丞安……□   73EJT24：311A

雒陽丞印　　□   73EJT24：311B

□廣地里，前以詔書   73EJT24：312

【校釋】

　　姚磊（2019C7）綴合簡 73EJT24：59 和該簡。今按，兩簡書寫風格上似有不
同，簡 73EJT24：59 字間距基本一致而該簡字間距大小不一，或不可綴合。

元始四年七月□   73EJT24：315

俱買猪，其主不肯，乃武令□□   73EJT24：318

【校釋】

　　「乃」字張俊民（2021）作「與」。今按，該字作 形，和漢簡「與」似有不
同，暫從整理者釋。

□□針　　□   73EJT24：320A

□……□   73EJT24：320B

癸丑，旬遣登山〔1〕隧長□□   73EJT24：327

【集注】

〔1〕登山：隧名。

□□□□□□□□□申日，行到酒泉北部，戍卒穎□   73EJT24：330

【校釋】

　　姚磊（2019C7）綴合該簡和簡 73EJT21：482。今按，兩簡出土於不同探方，
茬口處不能密切拼合，或不當綴合。

☑☑欲得之耳，固有人

☑☑也可自言，候移書居延　　　　　　　　　73EJT24:334A

☑☑☑☑☑　　　　　　　　　　　　　　　　　73EJT24:334B

☑牛牛牧之之　　　　　　　　　　　　　　　73EJT24:335A

☑言言□敢　　　　　　　　　　　　　　　　73EJT24:335B

【校釋】

　　A 面「之之」原作「出之」，B 面「言言□敢」原作「三百□□□」，均何茂活（2018A，122 頁）釋。

□伏地再拜請　　·取□☑

中叔足下中夫御者：頃不相見，得毋☑

□草為之，故用家室累中叔中夫□□☑　　　　73EJT24:339A

湿白傳輀由落耳，以張□□□☑

□賜記部中大夫，願中叔……☑

□善視張惠君客愚兄張氏愚□☑　　　　　　　73EJT24:339B

【校釋】

　　B 面第一行簡首「湿」字原未釋，圖版作，秦鳳鶴（2018A，90 頁）、何茂活（2018A，122 頁）釋；末行後一個「愚」字原作「遣」，姚磊（2017E4）釋。

☑☑有有□☑（習字）　　　　　　　　　　　73EJT24:340A

☑有有□☑（習字）　　　　　　　　　　　　73EJT24:340B

言之：謹☑　　　　　　　　　　　　　　　　73EJT24:345A

元元元元☑（習字）　　　　　　　　　　　　73EJT24:345B

☑☑未明知之，必破盡□☑　　　　　　　　　73EJT24:346

☑恂恂☑（削衣）　　　　　　　　　　　　　73EJT24:348

☑八月廿　☑（削衣）　　　　　　　　　　　73EJT24:349

居聑三年☑　　　　　　　　　　　　　　　　73EJT24:355A

白韓掾☑　　　　　　　　　　　　　　　　　73EJT24:355B

仁□☑　　　　　　　　　　　　　　　　　　73EJT24:358

☒月癸酉有劾缺　☒　　　　　　　　　　　　　73EJT24：363

☒□業從死倉中，呼博☒　　　　　　　　　　　73EJT24：364

坐游徼蘇☒　　　　　　　　　　　　　　　　　73EJT24：365

☒前夫人來卿言許君倩屬泉，今君□言毋

☒□忽不可得也。　徐君都　　　　　　　　　　73EJT24：367A+509B

☒……不聞君□家中起居，具　　　　　　　　　73EJT24：367B+509A

【校釋】

　　姚磊（2017J1）綴，綴合後復原 A 面第二行「徐」字，又補釋 A 面第一行「今君□言」的「君」「言」二字。

轉粟大石，至今死，為泉少千五百□☒

不買長……☒　　　　　　　　　　　　　　　　73EJT24：368

☒助治天田彊落〔1〕，名縣爵里年☒　　　　　　73EJT24：369

【集注】

〔1〕彊落：勞榦（1948C，512 頁）：方詩銘先生曾說過落應當為籬落之落，那就彊落應當為彊上的籬落。《漢書·鼂錯傳》：「為中周虎落」，注：「鄭氏曰，虎落者，外蕃也，若今時竹落也。」所以彊落亦即虎落。

　　甘肅居延考古隊（1978，2 頁）：塢四周 3 米以內的地面，埋設四排尖木椿，完整者高 33、間距 70 釐米左右，三角形排列，此即史書和漢簡所謂的「虎落」「彊落」。

　　陳夢家（1980，207 頁）：僵落以木柴並舉，不盡竹連。所謂木柵實係代替土垣的建築，《太白陰經》卷四曰「木柵為敵所逼不及築成壘，或山河險隘，多石少土，不任版築，且建木為柵。……立闌干竹木柵，懸門擁墻，濠塹拒馬，一如城壘法」。此雖唐制，但漢代的彊落也應該是如此。

　　初師賓（1984A，197～198 頁）：我們前曾認為，居延遺址建築周圍發現的尖木刺應是虎落。從上述記載看，顯然是搞錯了。漢之虎落，實即先秦之柴薄、藩籬。所謂虎落、彊落，乃言其堅固有力，可阻攔臨近攻城，是城防外圍一道簡易工事障礙物。

　　侯丕勳（1997，160 頁）：文獻中的「虎落」「虎路」與簡牘中的「彊落」，確係名異實同，且與「天田」分設，也不與「天田」等同。同時「虎落」「虎

路」與「彊落」並無固定模式，實際上竹木尖椿、柳枝籬巴墙或竹木柵欄等皆可稱之為「虎落」「虎路」與「彊落」。

馬智全（2018，130 頁）：僵落是用薪柴修築的一種漢塞形式。漢簡記載的僵落橫截面呈梯形，底部寬近 3 米，頂部寬近 2 米，高度近 3 米，長度可達數千米。僵落修治要經過伐取薪材、運輸薪材、樹立僵落、上加蒙塗的過程。邊塞修治僵落是重要的省作活動，需要使用大量的人力。僵落不是史書記載的天田，與虎落、羊馬墻也有鮮明的區別。

今按，「彊落」漢簡又作「僵落」，當即文獻中的「虎落」，或指埋設於烽燧、塢鄣等周圍，排列成方形或三角形的尖木椿。

……旦夕☑　　　　　　　　　　　　　　　　73EJT24：371A
……☑　　　　　　　　　　　　　　　　　　73EJT24：371B

東部候長牟放漢　　☑　　　　　　　　　　　73EJT24：372

【校釋】

「放」原作「枚」，姚磊（2017D3）釋。

☑☑☑☑☑有它　　　　　　　　　　　　　　73EJT24：375
☑　送將軍肩☑　　　　　　　　　　　　　　73EJT24：376A
☑大大大大大大大☑　　　　　　　　　　　　73EJT24：376B
☑☑故為善白致出之，叩頭叩頭，願☑☑　　　73EJT24：377
元始五年閏月☑
賣肉，它如☑☑　　　　　　　　　　　　　　73EJT24：378
☑朔丁酉，東部守候長☑　　　　　　　　　　73EJT24：379
閏月壬子　　☑☑
莊長公　　☑　　　　　　　　　　　　　　　73EJT24：381

☑……自言為家私使居延。謹案，戶籍藏鄉者，隆
☑縣索關，出入毋苛留，敢言之。　　　　73EJT24：382A+402A
☑　六月己未以來，至今不　　　　　　　73EJT24：382B+402B

【校釋】

伊強（2016E，120～121 頁）綴，B 面「來」原作「未」，綴合後釋。

☑□市□ 73EJT24：383

二月丙辰，觻得丞建〔1〕寫移☑
…… ☑ 73EJT24：384A

…… ☑
二月乙丑，虞功房〔2〕以來 ☑ 73EJT24：384B

【校釋】

B 面「二月」周艷濤、張顯成（2018，87 頁）認為是「三月」。今按，其說或是。B 面「二」字作形，從字形來看，確有為「三」字的可能。但據文義，A 面和 B 面的月份應當相同。A 面為發文時間而 B 面為收文時間，「丙辰」和「乙丑」之間相差 9 天，符合觻得發送文書到肩水的時間。因此，如 B 面為「三月」則 A 面亦當為「三月」。此暫從整理者釋。

【集注】

〔1〕建：人名，為觻得丞。

〔2〕虞功房：人名。

□長南副〔1〕里大夫趙宗言☑ 73EJT24：385

【集注】

〔1〕南副：似為里名。

☑□士吏□☑ 73EJT24：391
五藉□☑ 73EJT24：394A
……☑ 73EJT24：394B
胡君經☑ 73EJT24：395
☑……☑
☑玄宜以時得，如□言可行☑ 73EJT24：396

謂候長禹告府移大守☑ 73EJT24：397

【校釋】

「告」字圖版作形，似非「告」字。釋「告」於文義亦不能講通，當存疑待考。

☑甲子，肩水候☑　　　　　　　　　　　　　　　73EJT24：398

☑擊殺護其☑　　　　　　　　　　　　　　　　　73EJT24：401

☑張掖居延界中。案，毋官獄徵事

☑……　　　　　　　　　　　　　　　　　　　　73EJT24：407

☑□□年七月壬午□☑　　　　　　　　　　　　　73EJT24：408

【校釋】

　　簡首未釋字胡永鵬（2015，27 頁）補釋「元始二」三字，並指出元始二年七月無壬午日，疑原簡紀日有誤。其後胡永鵬（2016A，377 頁）則補「元始」二字。今按，補釋或可從，但字多磨滅不可辨識，當從整理者釋。

☑移過所，如律令。／掾☑　　　　　　　　　　73EJT24：410

☑移肩水金關、卅井　　　　　　　　　　　　　73EJT24：413

☑二叩頭，辱賜記，告邑事，甚厚，欲詣門下，迫不　　73EJT24：417A

☑□幸毋憂也，今軍車牛行糧不在比車，患

☑……　　　　　　　　　　　　　　　　　　　　73EJT24：417B

☑當死，叩頭死罪☑　　　　　　　　　　　　　73EJT24：421

……☑　　　　　　　　　　　　　　　　　　　　73EJT24：422

☑元始五年☑　　　　　　　　　　　　　　　　73EJT24：426

☑□當為傳，謁移過所縣邑侯國，以律☑　　　　73EJT24：427A

☑……☑　　　　　　　　　　　　　　　　　　　73EJT24：427B

☑嚴嚴弟審□☑　　　　　　　　　　　　　　　73EJT24：428

☑□葆俱之長安迎

☑□謁移過所縣道　　　　　　　　　　　　　　73EJT24：431

□□□庚子，肩水守塞　　☑　　　　　　　　　73EJT24：437

☑還□☑　　　　　　　　　　　　　　　　　　　73EJT24：438

元始六年五月〔1〕☑　　　　　　　　　　　　73EJT24：439

【集注】

〔1〕元始六年五月：肖從禮（2012A，74 頁）：就已出土西北漢簡來看，邊塞機構使用元始六年年號的月份從正月到五月，至六月起則皆為居攝元年年號。一般來說，西北邊塞在未接到朝廷改元通知時，會沿用上年年號書寫文書日期，待

收到改元詔書後即採用新年號。《漢書》僅說「明年，改元居攝」，未明言改元的具體月份，我們推測其下發改元詔書的時間應在正月到三月間。總之，至遲五月，西北邊塞各級部門已收到改元詔書了。

今按，說或是。元始六年即居攝元年，邊塞地區採用新年號要比朝廷發佈的改元時間稍晚一些。

左後□……□　　　　　　　　　　　　　　　　73EJT24：440

□□稽洛三□　　　　　　　　　　　　　　　　73EJT24：441

【校釋】

未釋字圖版作 形，右部磨滅，據剩餘筆畫來看，似為「食」字。

□□有秩□□　　　　　　　　　　　　　　　　73EJT24：442A

□斗今旦□□　　　　　　　　　　　　　　　　73EJT24：442B

□叩頭死罪　　　　　　　　　　　　　　　　　73EJT24：443

□……張君□取　　□　　　　　　　　　　　　73EJT24：445A

□□□□□

□□□□□□□　　　　　　　　　　　　　　　73EJT24：445B

□起居得毋他，伏詣前，會□□　　　　　　　　73EJT24：448A

□……　　　　　　　　　　　　　　　　　　　73EJT24：448B

□三人還　　　　　　　　　　　　　　　　　　73EJT24：449A

□……　　　　　　　　　　　　　　　　　　　73EJT24：449B

□千秋敢言之：步利〔1〕里女子王嬰〔2〕自言夫輔〔3〕為居延都尉庫令史，願以令取傳，謹　　　　　　　　　　　　73EJT24：450+464

【校釋】

伊強（2014D）綴。

【集注】

〔1〕步利：里名。

〔2〕王嬰：人名，為申請傳者。

〔3〕輔：人名，王嬰丈夫，為居延都尉庫令史。

☑……以知☑☑☑   73EJT24：451

……☑   73EJT24：452

☑……☑   73EJT24：453

☑……☑   73EJT24：454

中□御者足下：善毋恙□□□□□□□☑

□日不幸為履者，光毋校   ☑   73EJT24：455

【校釋】

　　第一行簡首「中」後未釋字周艷濤、張顯成（2018，91頁）補釋作「君」。今按，其說或是。但該字殘斷，不能確知，暫從整理者釋。

☑……☑   73EJT24：459

☑……   73EJT24：461A

☑……   73EJT24：461B

☑……   73EJT24：462A

☑……   73EJT24：462B

十二月吏☑   73EJT24：463A

……☑   73EJT24：463B

☑行事丞□移會水肩水

☑……   73EJT24：465A

☑   □□□□   73EJT24：465B

☑……私☑   73EJT24：466

為為為為為☑（習字）   73EJT24：468

……☑   73EJT24：469

☑□毋狀□☑   73EJT24：470A

☑前屬☑   73EJT24：470B

☑……   73EJT24：471

……☑   73EJT24：472A

……☑   73EJT24：472B

☑□毋忽☑（削衣）   73EJT24：473

……毋☑   73EJT24：474

必□□☑ 73EJT24：475

皆……☑ 73EJT24：477

☑……☑ 73EJT24：478A

☑……☑ 73EJT24：478B

☑□□□□□☑ 73EJT24：480

☑□籍，如律☑ 73EJT24：481

☑□狀，叩頭，謹☑ 73EJT24：483

☑□□言府下□□上一歲中諸出　　☑

☑……☑ 73EJT24：484

頭死罪，敢言之　　☑ 73EJT24：486A+577

☑□坐□☑ 73EJT24：486B

【校釋】

林宏明（2016J）綴。

☑為家私市居延 73EJT24：487

☑□□　　□□ 73EJT24：488

☑□甲寅朔壬戌，□☑ 73EJT24：493

……☑

……☑ 73EJT24：499A

☑章曰溫□☑ 73EJT24：499B

【校釋】

A 面第一行何茂活（2018A，123 頁）釋作「□□公乘□□」。今按，其說或是，但該簡殘斷，字多不可辨識，當從整理者釋。

居延都尉從史□☑ 73EJT24：503

☑□□四月□□行 73EJT24：504

☑□元始元年三月☑ 73EJT24：506

布帛錢子孫咸☑ 73EJT24：507A

記巾　　☑ 73EJT24：507B

☑肩水城倉出入☑ 73EJT24：510

⧄再拜請　⧄
⧄……⧄　73EJT24：512A
⧄　張威卿幸得□⧄　73EJT24：512B
⧄□君公叩⧄
⧄□上□□⧄　73EJT24：513A
⧄□厚恩叩⧄
⧄□賜記□⧄　73EJT24：513B
⧄月己丑朔庚寅，肩水倉⧄　73EJT24：514

⧄□壬午，廣地守尉□順移肩水金關名　73EJT24：516A
⧄□言　73EJT24：516B

【校釋】

A 面中間未釋字何茂活（2016D）補釋「譚」。今按，補釋可從，但該字圖版作形，左下磨滅不能確知，暫從整理者釋。

⧄亡命□□就逕□□獄，遣守尉萬年　73EJT24：517A
⧄□□□□　73EJT24：517B

⧄章當欲衺徙，恐吏不聽，辛丑去署亡褒□　73EJT24：521

【校釋】

姚磊（2017C4）遙綴簡 73EJT24：523 和該簡。今按，兩簡形制、字體筆迹等較一致，或存在同屬一簡的可能，但不能直接拼合。

水門〔1〕隧長當〔2〕乘始安〔3〕邑夷胡〔4〕隧⧄　73EJT24：523

【校釋】

姚磊（2017C4）遙綴該簡和簡 73EJT24：521。今按，兩簡形制、字體筆迹等較一致，或存在同屬一簡的可能，但不能直接拼合。

【集注】

〔1〕水門：隧名。其得名或與地處「水門」有關。居延漢簡 263·32 有「復越水門」。勞榦（1948C，512 頁）謂：「所以水門便是開閉的水關，在溝渠中用來節制水量，在要塞地區便來防備敵人侵襲了。」初昉、世賓（2011，235 頁）

認為：「『水門』，一般指水渠水源之總入口，設在河邊或水泉源頭，並建有攏
集水流、調控進水量的閘門裝置。」說均可從，因此或水門處的烽燧便命名為
「水門隧」。

〔2〕當：似為水門隧長名。

〔3〕始安：邑名。

〔4〕夷胡：隧名。

☑……☑

☑吏所葆名縣爵里年姓如牒，書到☑　　　　　　　　　　　73EJT24：525

☑□酉十日食一牒，書實，敢言之　　　　　　　　　　　　73EJT24：527

【校釋】

　　「實」原作「寶」，該字圖版作 形，中部筆迹潦亂，但並不作「玉」和「缶」
形，其當為「實」字。金關漢簡官府往來文書中常見一種「書實敢言之」的表述方
式，如簡 73EJT21：264「稟畢已，書實敢言之　☑」、簡 73EJC：551「☑一牒，書
實敢言　☑」等，其中「書實」一語或是文書結尾的慣用語，義為「文書屬實」。其
常用於「敢言之」之前，表示對所發官文書內容屬實的一種保證。「稟畢已」是說稟
食等已全部完成，「一牒書實敢言」，表明文書還附有簿籍等牒書一起發送，「書實」
是對所附牒書真實性的保證。

地節二年十月庚寅朔庚子〔1〕，榮昌鄉佐弘〔2〕敢言之：脩正〔3〕里公乘☑
年爵如書，毋官獄事，當得取偃檢，謁移過所縣邑津☑
敢言之。十月庚子，平陵〔4〕令湯〔5〕、守丞調眾〔6〕移所縣邑如律☑

　　　　　　　　　　　　　　　　　　　　　　　　　73EJT24：532A

章曰平陵令印　　☑　　　　　　　　　　　　　　　　73EJT24：532B

【集注】

〔1〕地節二年十月庚寅朔庚子：地節，漢宣帝劉詢年號。據徐錫祺（1997，1548 頁），
　　　地節二年十月庚子即公曆公元前 68 年 11 月 17 日。

〔2〕弘：人名，為榮昌鄉佐

〔3〕脩正：里名，屬平陵縣。

〔4〕平陵：漢右扶風屬縣。《漢書・地理志上》：「平陵，昭帝置。莽曰廣利。」

〔5〕湯：人名，為平陵縣令。

〔6〕調眾：人名，為平陵守丞。

☑□苣火〔1〕所起何所苣火也，使傳行

☑持奉賦籍〔2〕來，何難也，使驛北卒　　　　　　　　　73EJT24：533A

☑□急之　　　　　　　　　　　　　　　　　　　　　73EJT24：533B

【集注】

〔1〕苣火：賀昌群（2003B，153頁）：苣者，炬之本字，說文：「苣，束葦燒也」，故謂之苣火。蓋畫燔積薪可見煙，夜舉葦苣可望火也。

薛英群、何雙全、李永良（1988，54頁）：用草紮成的火把。

中國簡牘集成編輯委員會（2001C，39頁）：苣火，漢塞傳遞情報用的小火把。離合苣火，苣火的一種類型，具體情況不明。

中國簡牘集成編輯委員會（2001G，16頁）：用草稈紮成的火炬，即火把。為夜間燃放的烽火信號。稱苣火。《說文》：「束葦燒也。」《墨子‧備城門》：「寇在城下，聞鼓音，燔苣。」《後漢書‧皇甫嵩傳》：「嵩乃約敕軍士皆束苣乘城。」河西地區考古發現之苣，係用乾蘆葦紮成，長度不一，正與漢簡所見大苣、小苣、四尺苣、桯苣相符。

李天虹（2003，115頁）：考古發現的實物都是用蘆葦紮成的圓把，長度不一。《墨子‧備城門》：「寇在城下，聞鼓音，燔苣。」孫詒讓《閒詁》：「蓋苣束葦為之，有大小長短之異。」漢代烽燧使用的苣是在夜間升舉的烽火信號。

上官緒智、黃今言（2004，96頁）：「苣」就是用蘆葦或其他類似蘆葦的草捆紮起來的今謂之火把的一種信息器具，發現敵情依照事先的約定點燃，傳遞敵情信息。

李均明（2009，227頁）：苣是用蘆葦、芨芨草等紮製的草把，用以燃火，即簡文所謂「苣火」。苣之長度大小不一。

今按，諸說是。苣即火把，簡文可見有大苣、小苣、程苣，苣用以燃火即稱苣火。

〔2〕奉賦籍：永田英正（1998，287頁）：官吏的俸祿支給名冊的一種。

李天虹（2003，34～35頁）：受俸名籍和俸賦名籍是相同性質的文書，只是受俸名籍所載主要以「錢」支付吏俸，而俸賦名籍係以「賦錢」支付吏俸。

李均明（2009，362 頁）：吏奉賦名籍是給官吏支付俸祿的名單。

今按，諸說是。奉賦籍即用賦錢支付官吏俸祿的名冊。

☑申朔辛巳，茂陵令　獄丞福☐☐☐☐鄉☐☑　　　　　　　73EJT24：535

☐☐都尉張功子記充史三人☐☐衣☐☑

☐☐幸時使吏存問☐☐☐☐☑　　　　　　　　　　　　　　73EJT24：536

【校釋】

　　第一行簡首葛丹丹（2019，1591 頁）補釋「張掖」，「人」後一字補釋「留」。
今按，補釋或是，但字多磨滅不能辨識，暫從整理者釋。

☑始四年計乘所占馬一匹、軺車一乘　　　　　　　　　　73EJT24：538

賤更充國伏地☑　　　　　　　　　　　　　　　　　　　73EJT24：545A

元年八月☑　　　　　　　　　　　　　　　　　　　　　73EJT24：545B

☑充宗證謁報府，敢言之　　　　　　　　　　　　　　　73EJT24：555

迺甲申直隧長觻得萬金〔1〕里邧種已〔2〕，廣野〔3〕隧長屋☐☑

　　　　　　　　　　　　　　　　　　　　　　　　　　　73EJT24：557

【集注】

〔1〕萬金：里名，屬觻得縣。

〔2〕邧種已：人名。

〔3〕廣野：隧名。

☑主倉長司馬君家☐☐非食不見略　　　　　　　　　　　73EJT24：558

☑李虎〔1〕等冊六人，皆☑　　　　　　　　　　　　　　73EJT24：559

【集注】

〔1〕李虎：人名。

☑國☐☐☐☐之☐冊財　　　　　　　　　　　　　　　　73EJT24：562

☑☐鄉佐勝〔1〕敢告尉史：常平〔2〕里不更陽隻〔3〕年冊歲，正奉〔4〕占，自言

☑謹案，隻毋官獄徵事，當得傳，□謁言廷，移過所縣邑津關

73EJT24：563A

☑□ 73EJT24：563B

【集注】

〔1〕勝：人名，為鄉佐。

〔2〕常平：里名。

〔3〕陽隻：人名，為申請傳者。

〔4〕奉：人名，為里正。

☑已成未成簿一編，敢□☑ 73EJT24：564

☑□候事敢言之：謁尉 73EJT24：567

☑□臨以既知而□ 73EJT24：568

【校釋】

　　「臨」原作「徐」，葛丹丹（2019，1717頁）釋「臨」。字作 形，釋「臨」可信。

☑月丙戌朔戊戌，東鄉佐赦〔1〕敢告尉史：溫城陬〔2〕里張調〔3〕自言取傳，以今□☑

☑□□事，當為傳，移過所縣邑侯國，以律令從事□□☑

73EJT24：570+571

【校釋】

　　伊強（2015A）綴，且認為第二行簡首未釋兩字為「獄徵」。今按，從文例來看，補釋可從，但該兩字圖版磨滅不能辨識，當從整理者釋。

【集注】

〔1〕赦：人名，為東鄉佐。

〔2〕城陬：里名，屬溫縣。

〔3〕張調：人名，為申請傳者。

元始二年十月己酉朔丁卯〔1〕，居☑

遣佐楊戎……當舍□☑ 73EJT24：574

【集注】

〔1〕元始二年十月己酉朔丁卯：元始，漢平帝劉衎年號。據徐錫祺（1997，1686 頁），
　　元始二年十月丁卯即公曆公元 2 年 12 月 12 日。

☑□護民、田官居延都尉嘉〔1〕、甲渠□□☑
☑□錢□☑（削衣）　　　　　　　　　　　　　　　　73EJT24：576

【集注】

〔1〕嘉：人名，為居延都尉。

☑……自言為家私市張掖□□占。案，毋官獄事　　　73EJT24：580

【校釋】

　　「占」字原未釋，張俊民（2015A）補。該字圖版作 形，左半有缺失，據
　字形和文義來看，無疑為「占」字。

☑充、令史尊〔1〕、佐奉〔2〕　　　　　　　　　　73EJT24：581

【集注】

〔1〕尊：人名，為令史。

〔2〕奉：人名，為佐。

☑□□　　　　　　　　　　　　　　　　　　　　　73EJT24：582

☑言繇為家私市，當☑　　　　　　　　　　　　　　73EJT24：583

【校釋】

　　「繇」後原釋文有「一」字，從圖版來看，該「一」字為右邊一行文字筆畫的
　延伸，當刪。

☑今為右大尉肩水候官☑（削衣）　　　　　　　　　73EJT24：586
元始五年四月乙未朔☑
□☑（削衣）　　　　　　　　　　　　　　　　　　73EJT24：587
☑齋者有毋十□☑　　　　　　　　　　　　　　　　73EJT24：591
☑□四年八月□☑　　　　　　　　　　　　　　　　73EJT24：594

☑毌留　　　　　　　　　　　　　　　　　　　　　　　73EJT24：595

☑□，天覆地戴〔1〕，永永無極，天下幸甚幸甚，臣豐奴〔2〕☑

73EJT24：599+597

【校釋】

姚磊（2016H6）、胡永鵬（2016B，157 頁）綴。「戴」原作「載」，胡永鵬（2016B，157 頁）據馮勝軍提示釋。

又簡首未釋字何茂活（2015D）釋「從」，胡永鵬（2016B，157 頁）釋「戌」，劉嬌（2018，310 頁）釋「位」。今按，該字圖版作 形，上部殘損，釋「從」「戌」均似不確，釋「位」似可信從，但不能確知，暫從整理者釋。

又「奴」字胡永鵬（2016B，157 頁）認為是「駑」字之殘。今按，「奴」字圖版作 ，其下部似無多餘筆畫，當為「奴」字無疑。

【集注】

〔1〕天覆地戴：姚磊（2016H6）：《漢書·諸葛豐傳》所載的「今陛下天覆地載」「臣豐頓首幸甚」與 73EJT24：599+597 號簡簡文接近。

今按，說是。「戴」通「載」。「天覆地載」形容範圍至大至廣。

〔2〕臣豐奴：姚磊（2016H6）：《漢書·諸葛豐傳》「臣豐駑」中的「駑」字又與「奴」可通假，如《馬王堆漢墓帛書·稱》：「兩虎相爭，奴（駑）犬制其餘。」由此，《漢書·諸葛豐傳》的「臣豐駑」又可作「臣豐奴」，與 73EJT24：599+597 號簡簡文一致。

胡永鵬（2016B，157～158 頁）：《漢書》所載名為「豐」的朝臣有三位：諸葛豐、耿豐、甄豐。諸葛豐曾上書元帝請辭，奏書有「臣豐駑怯」「陛下天覆地載，物無不容」之語。但由於未獲元帝批准，該奏疏無法形成詔書。況且請辭之章傳至邊郡的可能性較小。《漢書》中關於耿豐的記載較為簡略，故其事迹難以稽考。甄豐之名亦屢見於西北漢簡。由於簡文殘缺較甚，且無其他證據，尚難以判定簡文中的「豐」為何者。

今按，諸說多可從。該簡「臣豐奴」當即《漢書》所載「諸葛豐」。

☑□□☑　　　　　　　　　　　　　　　　　　　　　　73EJT24：598

☑律令☑　　　　　　　　　　　　　　　　　　　　　　73EJT24：603

□二年　　☑　　　　　　　　　　　　　　　　　　　73EJT24：613

【校釋】

　　未釋字胡永鵬（2015，27 頁）、（2016A，94 頁）補「甘」字，且認為原簡脫「露」字。今按，該字圖版作 ，顯不為「甘」字，當從整理者釋。

☑校郵書□□☑　　　　　　　　　　　　　　　　　　73EJT24：614

【校釋】

　　「郵」原作「部」，該字圖版作 ，左部殘泐，據字形輪廓及文義來看，其當釋為「郵」。「郵」字在金關漢簡中作 （73EJT23：787）形，可以參看。又「校部書」於義難解，而「校郵書」漢簡習見，如簡 73EJT37：41「校郵書橐他界中」，簡 73EJT37：779「校郵書表火肩水界中」等，均可為證。

☑前日不□過失☑　　　　　　　　　　　　　　　　　73EJT24：615

【校釋】

　　未釋字圖版作 ，從字形來看，或可為「夬」字，「夬」通「決」。

元始五年三月乙丑朔戊辰〔1〕，肩水城尉□移肩水金關吏□□☑

如牒，書到出入，如律令　　☑　　　　　　　　　　73EJT24：616A

肩水城尉印　　∫☑　　　　　　　　　　　　　　　　73EJT24：616B

【集注】

〔1〕元始五年三月乙丑朔戊辰：元始，漢平帝劉衎年號。據徐錫祺（1997，1691 頁），
　　　元始五年三月戊辰即公曆公元 5 年 4 月 1 日。

□□二年□☑　　　　　　　　　　　　　　　　　　　73EJT24：619A

等☑　　　　　　　　　　　　　　　　　　　　　　　73EJT24：619B

☑丑朔乙卯，守令史□☑

☑謹案，名籍臧官☑　　　　　　　　　　　　　　　　73EJT24：622A

☑□南入　　☑　　　　　　　　　　　　　　　　　　73EJT24：622B

☑□　　☑　　　　　　　　　　　　　　　　　　　　73EJT24：624

居延出□□都尉□□死……☑　　　　　　　　　　　　73EJT24：625

☑□傳□☑　　　　　　　　　　　　　　　　　　　　73EJT24：626

范陽〔1〕白　□▢

□□卿游□□▢　　　　　　　　　　　　　　　　73EJT24：628

【集注】

〔1〕范陽：人名，為致信者。

□致□略依十九□餘未別致▢　　　　　　　　　　73EJT24：630

居延卅井令史□□……□□尺二寸　　▢　　　　　73EJT24：631

明府〔1〕哀憐全命〔2〕▢　　　　　　　　　　　73EJT24：635

【集注】

〔1〕明府：曾憲通（1996，271頁）：「明府」是漢人對太守的敬稱，見《漢書‧
韓延壽傳》。韓延壽出門因騎吏後至而令定其罪，門卒謂延壽曰：「今旦明府
早駕，久駐未出，騎吏父至府門，不放入。騎吏聞之，趨走出謁，適會明府
登車。以敬父而見罰，得毋虧大化乎？」延壽舉手輿中曰：「微子，太守不自
知過。」《後漢書‧孫寶傳》：「明府位尊德重，不宜自輕。」李善注：「郡守
所居曰府。明府者，尊高之稱。前書韓延壽為東郡太守，門卒謂之明府，亦
其義也。」

王子今（2010，93頁）：「明府」稱謂使用最普遍者，是郡府屬吏稱郡府
主官。很可能「明府」稱謂的最早發生就是使用於這種隸屬關係之中。

今按，諸說是。「明府」為對郡太守的敬稱。

〔2〕哀憐全命：王子今（2010，98頁）：「明府俇憐」很可能是當時有關刑罰事務
的通行文例。

今按，說或是。「哀憐」即憐憫，憐惜。《漢書‧宣帝紀》：「言昆彌願發國
精兵擊匈奴，唯天子哀憐，出兵以救公主。」哀憐全命是說憐憫保全性命。

……　　▢

狄君稚〔1〕五十　　▢　　　　　　　　　　　　73EJT24：636A

……▢　　　　　　　　　　　　　　　　　　　73EJT24：636B

【集注】

〔1〕狄君稚：人名。

三年▢　　　　　　　　　　　　　　　　　　　73EJT24：638

長卿中□□□☑　　　　　　　　　　　　　　　73EJT24：639A

□中□　　☑　　　　　　　　　　　　　　　　73EJT24：639B

【校釋】

　　兩「中□」葛丹丹（2019，1720～1721 頁）均釋作「中孫」。今按，補釋可信，但簡牘殘斷，字多不能確知，當從整理者釋。

平祿方□尺□於……☑　　　　　　　　　　　　73EJT24：640

☑界亭長記豐　　☑　　　　　　　　　　　　　73EJT24：642

☑幸甚幸甚　　☑　　　　　　　　　　　　　　73EJT24：644

元始四年八月己亥朔甲寅〔1〕，殄北□□□☑

……移過……□酒泉、張掖、武威郡☑　　　　73EJT24：646+648+650

【校釋】

　　許名瑲（2014F）綴。

【集注】

〔1〕元始四年八月己亥朔甲寅：元始，漢平帝劉衎年號。據徐錫祺（1997，1690頁），元始四年八月甲寅即公曆公元 4 年 9 月 19 日。

☑□馮明自言從□范陽以功☑　　　　　　　　　73EJT24：651

【校釋】

　　「從」後一字圖版作，或當為「者」字。

☑□□□□☑　　　　　　　　　　　　　　　　73EJT24：652

☑長生光☑　　　　　　　　　　　　　　　　　73EJT24：657

☑□者廣明☑　　　　　　　　　　　　　　　　73EJT24：658A

☑便里李☑　　　　　　　　　　　　　　　　　73EJT24：658B

【校釋】

　　姚磊（2017F7）綴合簡 73EJT24：681 和該簡，於綴合處復原「便」「從」兩字。今按，兩簡綴合處不能復原「便」「從」二字，似不能綴合。

☑長□□叩頭，死罪死☑

☑……☑　　　　　　　　　　　　　　　　　　　　　　　73EJT24：659

☑龍起　　☑　　　　　　　　　　　　　　　　　　　　73EJT24：660

☑□毋害〔1〕　　☑　　　　　　　　　　　　　　　　　73EJT24：661

【集注】

〔1〕毋害：楊樹達（1955，240 頁）：文毋害是一事，蓋言能為文書無疵病。緣官
　　書貴於周密，稍有罅隙，即可僨事。《王莽傳》載莽孫宗刻印三，莽按驗，宗
　　自殺。莽下令云：「刻銅印三，文意甚害，不知厭足，窺欲非望。」文意甚害
　　者，正文毋害之反，即今言語有疵病之謂。不知厭足，窺欲非望，正其文害之
　　所在也。據此文毋害乃是一事，或單稱無害，則謂其人無疵病耳。

　　　　勞榦（1960，15〜16 頁）：《漢書·文帝紀》：「律說，都吏今督郵也，閑
　　惠曉事即為文毋害都吏。」……閑惠當為閑慧之假借，閑慧者閑習而明智也。
　　《漢書·趙禹傳》：「極知禹無害然文深不可以居大府」，若仁惠則不至文深，
　　故知惠為慧之假也。明智通達，則處事無疑滯，《續漢書·百官志》本注「秋
　　冬遣無害吏案訊諸囚，平其罪法，論課殿最」劉昭注：「案律有無害都吏，如
　　今言公平吏」，明智通達不必即是公平，而公平之必要條件則為明智通達，此
　　則漢世用語範圍與南朝固有不同矣。居延簡云：「文毋害可補☑」下文缺，今
　　不知所補何吏，然必是屬於需要明決者，可以概見也。由此言之，「害」者妨
　　阻之意，引申為疑滯，無害蓋即無疑滯矣。無害之解釋在《漢書·蕭何傳》王
　　先謙《補註》言之甚詳，似終不如釋為無疑滯之為得也。

　　　　陳槃（2009，38〜39 頁）：今按「毋害」者，積極之辭，有勝善之義。諸
　　解作「無比」「最能」「能最高」者，並可通。《漢書·文帝紀》：「遣都吏循行」。
　　注引如淳曰：「律說，都吏，今督郵是也。閑惠曉事，即為無害都吏」。「惠」
　　「慧」古通。「閑慧曉事」，即勝善之謂矣。

　　　　陳直（2009，140 頁）：文毋害見《漢書》蕭何、趙禹、減宣等傳。或稱
　　文無害……《史記》裴駰《集解》，謂趙禹持文法深刻，解釋為律令之文，極
　　為扼要。

　　　　郭在貽（1979，67 頁）：今考《論衡·謝短篇》云：「夫儒生能說一經，
　　自謂通大道以驕文吏；文吏曉簿書，自謂文無害以戲儒生。」細味此文，文無
　　害與通大道相對應，而又與曉簿書相承接，則「文無害」當為精通律文無人能

比之意，從而知舊說中之蘇林一說為近是（蘇林曰「毌害若言無比也」）。又考桓譚《新論》云：「賢有五品，……作健曉惠，文史無害，縣延之士也。」文史無害蓋亦言文史無比也。

王繼如（1985，43頁）：「文無害」就是於法律條文無所阻遏滯礙，也就是精通法律的意思。上列第二種說法釋「毌害」為「無比」「無能勝任」「最勝」「最能」等，是比較正確的。

孫雍長（1988，72頁）：「文無害」一語實源於《莊子》之「文弗過」……《莊子》「文弗過」，《史》《漢》諸書作「文無害」者，「害」假為「蓋」，「蓋」與「過」義相近也……是「蓋」「害」古字通，故「文毌害」即「文毌蓋」，亦即「文弗過」也。語義自有變通發展，「文弗過」本以取譬為喻，後則直指刀筆之吏精通律文無與倫比，故《史記·蕭相國世家》云：「蕭相國何者，沛豐人也，以文無害為沛主吏掾。」不過，《論衡·謝短篇》「夫儒生能說一經，自謂通大道以驕文吏；文吏曉簿書，自謂文無害以戲儒生」，細味此文，既已言「曉簿書」，精通律文之意自在其中，則「文無害」似仍為取譬，言文吏通曉簿書，自謂組繡織文之巧不能相過也。

中國簡牘集成編輯委員會（2001C，293頁）：即文無害，指掌握文理而公正無害。

沈培（2009）：「無害」的意思不必求之過深，應當就是「無災害」之意。說某人「無災害」，可能就含有此人「無過錯」「不害人」的意思，說的應該是人的品德上的事情……我們認為「文無害」就是「彌無害」，它跟《史牆盤》銘的「釁無害」一脈相承。「無害」前面加上「彌」無非是強調是一直無害、從未有害的意思。因此，同樣說官吏選拔時對候選人品德上的要求，有時可以不加「文」而只說「無害」。

蔣波（2012，124頁）：對「文毌害」釋為「無比」較佳。故《漢書音義》云：「無害者如言無比，陳留間語也。」晉灼注則更增加了說服力。至於訓「文毌害」為「文毌蓋」，則是後人進一步從文字學的角度進行正本溯源……筆者甚至認為，「害」是本字，「蓋」是借字。

冨谷至（2018，256～257頁）：「文毌害」「毌害」被用於官員的評價、任用等文書，而且是「毌害的○○官」這種加在官職前的修飾語，只不過是表示「值得任用」「作為官員，沒有問題」等情況的常用表達。

今按，「毋害」及「文毋害」史籍常見，有諸多學者予以討論。結合漢簡來看，應當以楊樹達所說最為精審準確，「毋害」就是毋疵病，無過錯。說「毋害」為無人能比顯然不妥。而「文」就是指官文書，說「文」為法律條文也不恰當。「文毋害」就是說為官文書沒有疵病、過錯。

☑以下朝致中所在□☑   73EJT24：662

☑安君　　☑   73EJT24：664

☑□□□船☑   73EJT24：670

【校釋】

「船」原作「舩」，該字實從「舟」從「台」，當釋「船」。

☑□福長印   73EJT24：675

☑令。／掾延年〔1〕☑   73EJT24：676

【集注】

〔1〕延年：人名，為掾。

☑居延□□□☑   73EJT24：677

☑□□□☑   73EJT24：684

【校釋】

首字何茂活（2016D）補釋為「關」。今按，補釋可從，但該字圖版作 ，上部缺失，不能確知，當從整理者釋。

☑□□□令史莫　☑   73EJT24：685
☑足下□□☑   73EJT24：686
☑滿寃□☑   73EJT24：688
☑□縣□☑
☑□移過所☑   73EJT24：689
☑……☑   73EJT24：695A
☑……☑   73EJT24：695B

☑　□☑　　　　　　　　　　　　　　　　　　73EJT24：696

【校釋】

　　未釋字何茂活（2016D）釋「官」。今按，釋可從，但該字圖版作✍，右部殘
缺，不能確知，暫從整理者釋。

關嗇夫☑　　　　　　　　　　　　　　　　　　73EJT24：697
☑□☑
☑前☑　　　　　　　　　　　　　　　　　　　73EJT24：700
☑□郡☑　　　　　　　　　　　　　　　　　　73EJT24：702

詔獄所遝四牒　　☑
元康元年七月甲戌朔乙酉〔1〕，治詔獄□☑
……☑　　　　　　　　　　　　　　　　　　　73EJT24：705

【集注】

〔1〕元康元年七月甲戌朔乙酉：元康，漢宣帝劉詢年號。據徐錫祺（1997，1554
　　頁），元康元年七月乙酉即公曆公元前 65 年 8 月 18 日。

☑□煩充　　☑　　　　　　　　　　　　　　　73EJT24：707
☑捕未央　　☑　　　　　　　　　　　　　　　73EJT24：708
以此知而劾之，毋它狀　　☑　　　　　　　　73EJT24：712
☑事，敢言之☑　　　　　　　　　　　　　　73EJT24：713

☑隧長益眾〔1〕敢言☑　　　　　　　　　　　73EJT24：718

【集注】

〔1〕益眾：人名，為隧長。

□入塞伏匿〔1〕，丁酉殺略〔2〕，今☑
……☑　　　　　　　　　　　　　　　　　　　73EJT24：719

【集注】

〔1〕伏匿：隱藏，躲藏。《漢書・張湯傳》：「白晝入樂府攻射官寺，縛束長吏子弟，
　　斫破器物，宮中皆犇走伏匿。」

〔2〕殺略：殺戮擄掠。《漢書·匈奴傳上》：「匈奴日以驕，歲入邊，殺略人民甚眾。」

……☑

謁移過所縣道☑　　　　　　　　　　　　　　　　73EJT24：720

☑十隊二　　☑　　　　　　　　　　　　　　　　73EJT24：727

☑勿忘也，比見，且自愛　　　　　　　　　　　73EJT24：728A

☑頭叩頭　　□　　　　　　　　　　　　　　　73EJT24：728B

☑□□史廿人居當☑　　　　　　　　　　　　　73EJT24：729

郡中，乘所占用馬一匹、軺車一乘☑　　　　　　73EJT24：730

☑戊寅　　☑　　　　　　　　　　　　　　　　73EJT24：732

☑□羽　　　　　　　　　　　　　　　　　　　73EJT24：734

【校釋】

　　未釋字圖版作　，或可釋為「子」。

☑□人　　☑　　　　　　　　　　　　　　　　73EJT24：735

☑□閭丘勝☑　　　　　　　　　　　　　　　　73EJT24：736

居延倉長司馬君□☑　　　　　　　　　　　　　73EJT24：737

趹虜〔1〕亭☑　　　　　　　　　　　　　　　　73EJT24：738

【集注】

〔1〕趹虜：張再興、黃艷萍（2017，72 頁）：此處「趹」可以讀作「趹」。《正字通·走部》：「趹，俗趹字。」西北屯戍漢簡中以「虜」命名的亭隧名前有「滅、平、破、窮、收、殄、要、遮、讄（遮）、止、制、誅、治、降、伏」等字，「趹」的意思當與這些字相類。

　　　今按，說是。趹虜為亭名。

☑酒泉，毋官獄徵

☑……　　　　　　　　　　　　　　　　　　　73EJT24：747

地節四年三月辛巳朔辛巳〔1〕，令史彊〔2〕敢☑　　73EJT24：748

【集注】

〔1〕地節四年三月辛巳朔辛巳：地節，漢宣帝劉詢年號。據徐錫祺（1997，1551
　　　頁），地節四年三月辛巳即公曆公元前 66 年 4 月 22 日。

〔2〕彊：人名，為令史。

地節二年七月庚□☑　　　　　　　　　　　　　　　　　73EJT24：759
☑有讓坐之　　　　　　　　　　　　　　　　　　　　　73EJT24：763

☑肩水守候登〔1〕移棄☑　　　　　　　　　　　　　　　73EJT24：764

【集注】

〔1〕登：人名，為肩水守候。

☑□如律令　　　　　　　　　　　　　　　　　　　　　73EJT24：767
長卿足下☑　　　　　　　　　　　　　　　　　　　　　73EJT24：772
鄭君行塞☑　　　　　　　　　　　　　　　　　　　　　73EJT24：778

☑隧與塢〔1〕☑　　　　　　　　　　　　　　　　　　　73EJT24：779

【集注】

〔1〕塢：賀昌群（2003B，148～149 頁）：營塢為屯兵防禦之所，亭隧所在，必築
　　　營塢……蓋塞上亭燧所在，必築防禦工事，圍以城垣，謂之「塢壁」，大者為
　　　鄣為塞，小者為塢。塢有陛階，內外門戶，略如城壘……亭障營塢之壁，漢時
　　　皆以未燒之磚筑之，謂之墼。

　　　　　勞榦（1948C，515～516 頁）：總結起來，「亭」，或「隧」，是邊塞視察哨
　　　的單位。有土築的烽墩為中心，這個烽墩是稱作「堠」。廣泛說來，亭內所有
　　　建築的全部都稱為亭，或隧；但單獨來說，亭或隧也有時可專指「堠」來說。
　　　烽墩上是可以修房子來住人的，但假如房子需要多些，烽燉上蓋不了，那就只
　　　好蓋到烽墩下邊，這時必需修一個堅固的圍墻，這一個圍墻就叫做「塢」。塢
　　　的位置，有時是在亭的外面的，有時還有在鄣外面的。「障」是塞上的小城，
　　　裏面有障尉來主持者，障尉亦稱塞尉，有時都尉或候官也在此治理，如果駐兵
　　　較多，非鄣所能容，那就只好在鄣外面再修一圈的塢。

　　　　　勞榦（1949，239 頁）：塞上士卒所據，大者曰城，其次曰鄣，又次曰亭
　　　隧。凡置郡縣之處，大都為城。候官治所，則皆為鄣。而候長隧長所在，則皆

亭隧也。城之地寬闊,故其外不必定有外郭。鄣為小城,亭隧則烽臺而已,其外皆需外壁,繞之,始足以容屋宇,此即塢或壁也。

勞榦(1960,44 頁):綜上各條及敦煌簡,塢有陛級,有內外門戶,有薰表,有射具,如深目及轉射,塢上可以望遠。然塢與堠又自有不同。若堠為烽臺,則塢不得為烽臺。且塢有內外戶,尤與烽臺不類。況《說文》《字林》皆以小城小障釋塢,《後漢書》則塢壁連用,或稱塢或稱塢壁。而《順紀》永和五年及《西羌傳》同記一事,一作塢,一作塢壁,尤可證塢與塢壁相同,即小城一類。蓋塢者,於烽燧之外,築壁環之,以資據守之謂也。

陳公柔、徐蘋芳(1960,48 頁):烽墩上可以修築房子來住人,在其周圍還要修築堅固的圍墻,叫做塢。

陳夢家(1980,5~6 頁):所謂城者,如 A35(內城),A38,K710,K688,K789,K749 都作長方形圍墙,版築,其面積皆在 130×130 米以上,但他們的年代很難肯定是漢代的。我們稱為障者,是指 100×100 米以內的正方形的圍墙……大致上也是方形厚牆,反向為正南北或大致上南北,門向南。《文選・北征賦》注引《蒼頡》曰「障,小城也。」其它凡包圍於亭障的方形或長方形墻垣,我們統名之為塢;它們的範圍小於城而可以大於小障,壁較薄,但也有很厚的。

金發根(2009,1321 頁):塢堡在兩漢的邊塞也是主要的防禦及瞭望工事,有獨立的,也有附在亭隧或障的外面的。塢有塢長、塢卒,有的塢內並住有人家,其設備與職司與亭隧相差不遠,但前者係隸屬於後者,受後者管轄,所以不能說「塢即亭隧」。我推測可能是有些亭隧或障所負責的區域過大,遂在其區域內再設置一個或二個塢來補充。因而我認為兩漢邊塞職官系統中,隧長之下尚有塢長一職;塢才是最基層的單位。

中國簡牘集成編輯委員會(2001G,119 頁):塢院、塢壁。塢、鄣之別,前者軍民皆可居,後者則為純軍事設施。

黃今言(2012,96 頁):在文獻、簡牘中,有時「塢」又稱「壁」「堡」,或將「塢壁」「塢堡」連稱,其義類同。均為守衛邊塞的防禦工事。

王海(2013,158 頁):「塢」最早出現於漢代西北邊塞,具有保護亭隧、傳遞信息、預警應和,為亭隧吏卒提供居住生活場所的性能。「塢」服務於負責候望預警的軍事防禦設施——「亭隧」,是它的一個組成部分。不過,並非所有漢代西北邊塞的亭隧外圍都修築有「塢」。

今按，諸說多是。塢即烽燧亭障周圍的圍墻。從漢簡來看，也有在城外單獨修築塢院供戍卒家屬居住的。塢墻和烽火臺常常共同組成一個烽燧。因此，說塢是最基層的單位，似有不妥。

□□□□觻得長武〔1〕、守丞尊〔2〕移肩水⧄（削衣）　　73EJT24：788

【集注】

〔1〕武：人名，為觻得縣長。

〔2〕尊：人名，觻得守丞。

⧄□至關見政，幸甚
⧄……　　73EJT24：790

⧄四年八月丁⧄　　73EJT24：793

⧄……
⧄河津關，如律令。／掾⧄　　73EJT24：801

⧄□出亡居延。謹案⧄　　73EJT24：803

地節四年六月□⧄　　73EJT24：809

牒書，獄所遝一牒⧄
地節三年三月丁巳朔丙⧄　　73EJT24：828+810

【校釋】

許名瑲（2014F）綴，綴合後補釋第二行末「丙」字。「丙」何茂活（2016D）釋「庚」，姚磊（2017F1）認為當從許名瑲釋「丙」。今按，該字圖版作，右下略殘，但為「丙」字無疑，釋「庚」非。

又第一行「所」高一致（2016A，17頁）釋「房」，認為簡文「房」或為「所」字之誤書。姚磊（2017F1）認為釋「房」字可從，此處用作「所」。今按，該字圖版作，從圖版來看，似為「房」字。但漢簡「所」字亦常有此種寫法，因此其當釋「所」不誤。

⧄□丞定國〔1〕兼行丞事，謂過所縣
⧄……　　73EJT24：816

【集注】

〔1〕定國：人名，為丞。

☑☑　署都倉　張掖　☑☑☑	73EJT24：817
地節	73EJT24：818
☑☑非亡人命者，各證所言，它☑	73EJT24：820
☑⋯⋯☑	
☑令☑	73EJT24：821
☑☑不急不☑	
☑☑☑☑	73EJT24：829
居延都尉丞☑	73EJT24：830
☑詔書律令／掾⋯⋯☑	73EJT24：832
☑☑☑子卿曰乙☑	73EJT24：835
☑願君☑☑☑	73EJT24：838

【校釋】

　　未釋第二字圖版作 ，或當為「之」字。

☑☑之，書到，具移☑	73EJT24：839
☑☑尉府	73EJT24：841

【校釋】

　　未釋字何茂活（2016D）補「都」。今按，補釋或可從，但該字僅存一點墨迹，不能確知，當從整理者釋。

☑卒史文不識專☑不識人☑	73EJT24：845
☑其弩主與☑☑	73EJT24：846
☑☑事，善毋恙☑	73EJT24：853
毋傳以符籍☑	73EJT24：854
☑月丙辰☑	73EJT24：855
騂北隊☑☑	73EJT24：856
☑詣候官，會☑	73EJT24：858

☑□所報者願幸☑　　　　　　　　　　　　　　73EJT24：859

【校釋】

「願幸」愿未釋，何茂活（2016D）釋。

☑主劾關☑　　　　　　　　　　　　　　　　73EJT24：862

☑幸得歸甚☑　　　　　　　　　　　　　　　73EJT24：865

☑幸□□信譚☑

☑□□□□□☑　　　　　　　　　　　　　　73EJT24：867

☑　　掾國〔1〕、獄史☑　　　　　　　　　　73EJT24：868

【集注】

〔1〕國：人名，為掾。

酒泉郡。案，毋官獄徵事☑

……☑　　　　　　　　　　　　　　　　　　73EJT24：873A

章曰河南丞印☑　　　　　　　　　　　　　73EJT24：873B

【校釋】

B面「南」原作「東」，黃浩波（2017B）釋。

地節二年十☑　　　　　　　　　　　　　　73EJT24：876

里孫得〔1〕俱，乘輻☑

九月丙寅，居延□☑　　　　　　　　　　　73EJT24：880

【集注】

〔1〕孫得：人名。

☑□移過所門亭

☑移過縣道□　　　　　　　　　　　　　　73EJT24：883

☑張小子　　☑　　　　　　　　　　　　　73EJT24：884

☑□張掖大守，遣卒□☑　　　　　　　　　73EJT24：890

☑地刑留□☑　　　　　　　　　　　　　　73EJT24：893

☑□道得☑　　　　　　　　　　　　　　　73EJT24：894

本始五年十二月甲午朔辛酉〔1〕，東☑
☑☑張掖居延☑☑☑☑☑☑   73EJT24：895

【集注】

〔1〕本始五年十二月甲午朔辛酉：本始，漢宣帝劉詢年號，本始四年改元地節。本
　　始五年即地節元年，據徐錫祺（1997，1546 頁），地節元年十二月辛酉即公曆
　　公元前 68 年 2 月 11 日。

☑☑☑   73EJT24：898
☑生皆☑   73EJT24：903
☑士吏☑   73EJT24：904
☑丑朔甲子，登☑   73EJT24：906

☑劾狀   73EJT24：908

【校釋】

　　姚磊（2017H4）綴合該簡和簡 73EJC：498。今按，兩簡屬不同地方出土，無
可密合的茬口，似不能綴合。

☑□十六□☑   73EJT24：914A
☑□余☑   73EJT24：914B
☑馬不□☑   73EJT24：915

☑案佐則☑   73EJT24：916

【校釋】

　　「案佐」原作「察伏」，何茂活（2016D）釋。

☑☑☑☑☑☑☑☑
五月己亥，卅井塞☑   73EJT24：917

☑□人皆施刑，屯居延作一日□☑   73EJT24：918

【校釋】

　　未釋字張俊民（2015A）分別補釋「百」「當」。今按，補釋或可從，但所釋之
字均大部分殘損，不能確知，當從整理者釋。

☑君急來錢憙伏☑   73EJT24：921

☑主關符傳☑   73EJT24：925+869

【校釋】

    姚磊（2016H7）綴。

☑史徐□☑   73EJT24：930

☑   □□□（削衣）   73EJT24：942

地節四☑   73EJT24：944

☑敢言之：謹移所受   73EJT24：949

☑……☑

☑編，敢言之。   ☑   73EJT24：950

【校釋】

    姚磊（2019D3）遙綴以上兩簡。今按，兩簡或可遙綴，但不能直接拼合，暫不綴合作一簡。

☑言之。謹案，縣年爵如書☑

☑□□如律令☑   73EJT24：961

長卿足下☑   73EJT24：973

……☑

……決願次翁步馬足☑   73EJT24：975

☑……之央毋予鼻疾   73EJT24：976

☑官徵事，當為傳，移所過縣邑津關，勿何留□☑

☑關，勿何留☑   73EJT24：977A

章曰雒陽丞印   ☑   73EJT24：977B

☑□不欲為趙少功行記，今欲發□☑   73EJT24：979

☑□房復騎令史立政〔1〕所騎☑   73EJT24：984

【集注】

〔1〕立政：人名，為令史。

☑幸甚夷書　☑　　　　　　　　　　　　　　　73EJT24：989

☑身自問省□☑　　　　　　　　　　　　　　　73EJT24：991

☑丙寅史長生☑　　　　　　　　　　　　　　　73EJT24：992

☑伏地叩頭☑　　　　　　　　　　　　　　　　73EJT24：993

劾狀，解何□☑　　　　　　　　　　　　　　　73EJT24：995

☑伏地再拜　　　　　　　　　　　　　　　　　73EJT24：996

☑……☑

☑□候世〔1〕以軍中候印行事□☑　　　　　　73EJT24：997

【集注】

〔1〕世：人名，為候。

☑□子卿　☑　　　　　　　　　　　　　　　　73EJT24：998

☑見非……☑　　　　　　　　　　　　　　　　73EJT24：1000

五月壬辰，庫□□□☑　　　　　　　　　　　　73EJT24：1001

八　　　　　　　　　　　　　　　　　　　　　73EJT24：1004